Joseph A. Kruse

DENK ICH AN HEINE

Joseph A. Kruse

DENK ICH AN HEINE

Biographisch-literarische Facetten

Für Yvonne Friedrichs
mit herzlichen Gedanken
zum 26. November 1991
/ Joseph A. Kruse

Droste Verlag

CIP-Kurztitelaufnahme der Deutschen Bibliothek

Kruse, Joseph A.:
Denk ich an Heine : biograph.-literar. Facetten /
Joseph A. Kruse. – Düsseldorf : Droste, 1986.
ISBN 3-7700-0709-3

Schutzumschlagentwurf: Helmut Schwanen
unter Verwendung einer Pastellzeichnung von
Marianne Gürich »Heines Matratzengruft«, 1982
(Heine-Institut, Düsseldorf)
(Foto: Walter Klein)
Gesamtherstellung: Poeschel & Schulz-Schomburgk, Eschwege/Werra
ISBN 3-7700-0709-3

Inhalt

Vorwort

An Heine denken, das ist selbst dann, wenn es Profession ist, glücklicherweise meistens eine Lust, je länger, desto lieber. Heine-Gedanken sind keine traurigen »Nachtgedanken«, sie sind, auch im Dunkeln ersonnen, hell, aufgeklärt, kritisch, aber doch nicht ohne Anteilnahme. Dieses Nachdenken geschieht zwar immer wieder konzentriert; die Sammlung solcher Gedanken ist aber kein systematisches Kompendium, sondern eher die Bündelung von Streiflichtern, von Abschweifungen über Heines Leben und Werk, einmal kurz und eher wie ein Aperçu, einmal lang und mehr eine Untersuchung. Biographische Beobachtungen und interpretatorische Hinweise folgen in ihrer Mischung der Heineschen Methode assoziativer Reihung; sie versuchen, verschiedensten Facetten seiner Persönlichkeit und seiner Texte gerecht zu werden, und mögen damit selber als literarische Form zu Facetten geraten: Versuche, in Ausschnitten Literatur anzueignen und zu vermitteln; Versuche, sich Heinrich Heine aus mehreren Perspektiven und auf verschiedenen Wegen zu nähern. Die eigenen Leseerfahrungen, der Umgang des Verfassers mit Quellen und Forschungsliteratur sollen dabei für den Leser nicht Ballast ins Haus bringen, sondern einzig und allein die reinste Verführung bedeuten, an den Gedanken über Heine in literarischen Facetten teilzuhaben und immer wieder zu Heines Werken zu greifen. Ich bin davon überzeugt, daß sie uns nottun. Denk ich an Heine, so wünsche ich mir, daß auch andere an ihn denken, oft und stets mit Sinn und Verstand, aber auch von Herzen gern.

I.

Johannes der Sanguiniker
Lukas der Choleriker
Markus der Phlegmatiker
Matthäus der Melancholiker

Heines Großmütter

»Wenn einer dein Bett aus dem Saal schiebt, wenn du siehst, daß der Himmel grün wird, und wenn du dem Vikar die Leichenrede ersparen willst, so ist es Zeit für dich, aufzustehen, leise, wie Kinder aufstehen, wenn am Morgen Licht durch die Läden schimmert, heimlich, daß es die Schwester nicht sieht – und schnell!«

So beschreibt Ilse Aichinger am Anfang ihrer »Spiegelgeschichte« das Sterben einer jungen Frau, deren Leben im Tode rückwärts verläuft und schließlich in der Kindheit, bei der Geburt endet. Wie eine »Spiegelgeschichte« können wir auch Heines Leben und Wirkung betrachten: Wir gedenken zuerst unserer Gegenwart, ihrer positiven Heine-Ereignisse wie ihrer Skandale, nehmen dabei den Dichter als Modell der Verständigung zwischen Frankreich und Deutschland, gedenken dann seines Todes im Februar 1856, seiner Jahre in Frankreich seit 1831 und kommen zuletzt auch wieder nach Deutschland und zurück in die Stadt seiner Geburt. Es fällt auch den Sachwaltern des Heine-Nachlasses schwer, ständig neue Aspekte herbeizuzaubern; seit einigen Jahren hat die Flut der Heine-Literatur in aller Welt den Originalitätsanspruch, den man Heine schuldig ist, sehr erschwert. Ich will dennoch versuchen, kleine Hinweise zu geben, die mir neu scheinen, und die eben mit jener rückwärts verlaufenden Geschichte zu tun haben, die vom Tod über die Ankunft in Paris auf Ursprünge zurückgehen, die man nicht allein mehr als Gang zu den Müttern charakterisieren kann, sondern die sogar zur »Großmutter« führen. »Heine und die Großmütter« ist ein bisher nie behandeltes Thema; und der Leser dürfte sich von Heine selbst und von mir nicht recht ernst genommen fühlen, wenn nicht dieses Thema tatsächlich einen Tiefsinn enthielte, der uns Aufklärendes über Heines Verhältnis zu Deutschland und seinen Freiheitsbegriff, sein Verständnis von Vaterlands- und Mutterliebe und sogar seine Auffassung vom Lebenssinn, unabhängig von nationalen Grenzen, vermitteln kann.

Es ist natürlich nicht die Rede von den Düsseldorfer beziehungsweise Hamburger Großmüttern Heines. Sie mögen freilich aus den Erzählungen der Familie vor seinen Augen zu jenen Symbolfiguren auferstanden sein, wie er das Bild der Großmutter dann literarisch auswertet, wobei teilweise durchaus seine Mutter, aber doch als sehr alte Frau und Großmutter seiner zahlreichen Nichten und Neffen als Urbild fungieren mußte. Drei Stellen aus dem Heineschen Werk, geschrieben in ganz unterschiedlichen Lebensperioden, will ich in Erinnerung rufen, in denen diese Ursprünge unserer Existenz: die alten Frauen und Großmütter, eine bedeutende Rolle spielen.

In den »Englischen Fragmenten«, nach dem Zeitschriftendruck im 4. Band der »Reisebilder« just zu dem Zeitpunkt erschienen, als Heine 1831 Deutschland verließ und nach Paris ging, heißt es über die Deutschen und ihr Verhältnis zu den revolutionären Idealen und Tugenden im Vergleich zu Engländern und Franzosen:

»Es läßt sich nicht leugnen, daß auch die Deutschen die Freiheit lieben. Aber anders wie andere Völker. Der Engländer liebt die Freiheit wie sein rechtmäßiges Weib, er besitzt sie, und wenn er sie auch nicht mit absonderlicher Zärtlichkeit behandelt, so weiß er sie doch im Notfall wie ein Mann zu verteidigen, und wehe dem rotgeröckten Burschen, der sich in ihr heiliges Schlafgemach drängt – sei es als Galant oder als Scherge. Der Franzose liebt die Freiheit wie seine erwählte Braut. Er glüht für sie, er flammt, er wirft sich zu ihren Füßen mit den überspanntesten Beteuerungen, er schlägt sich für sie auf Tod und Leben, er begeht für sie tausenderlei Torheiten. Der Deutsche liebt die Freiheit wie seine alte Großmutter.«

Und dann heißt es weiter im Entwurf dieses Bildes:

»Der spleenige Britte, seines Weibes überdrüssig, legt ihr vielleicht einst einen Strick um den Hals, und bringt sie zum Verkauf nach Smithfield. Der flatterhafte Franzose wird seiner geliebten Braut vielleicht treulos und verläßt sie, und tänzelt singend nach den Hofdamen (courtisanes) seines königlichen Palastes (palais royal). Der Deutsche wird aber seine alte Großmutter nie ganz vor die Türe stoßen, er wird ihr immer ein Plätzchen am Herde gönnen, wo sie den horchenden Kindern ihre Märchen erzählen kann. – Wenn einst, was Gott verhüte, in der ganzen Welt die Freiheit verschwunden ist, so wird ein deutscher Träumer sie in seinen Träumen wieder entdecken.«

Daß zu Heines Zeiten die Freiheit diese abgenutzt familiäre Stellung einnehmen mußte, ja, mit ihrem erlöschenden Leben kaum mehr wahrzunehmen war, trieb den jungen Autor, dem die Maximen der Französischen Revolution am Herzen lagen, über den Rhein nach Frankreich. Seine Hoffnung auf den Fortbestand der deutschen Freiheit als Rest einer nicht zu tilgenden Pietät zeugt zugleich von seiner Hochachtung vor diesem deutschen Erbe auf Sparflamme.

Den Zusammenhang von Privatgefühlen aus dem engsten Familienverbund mit jenen großen Anwandlungen von Staatsbürgern, die wir heute ungern formulieren und mit Heimat- oder Vaterlandsliebe meistens nur noch skeptisch oder ironisch umschreiben, kann uns Heines berühmtes »Zeitgedicht« mit dem Titel »Nachtgedanken« aus den »Neuen Gedichten« von 1844 auf sehr hintergründige Weise nahebringen: Sehnsucht nach der Heimat, nach dem Vaterland, nach Deutschland ist für den Autor mehr noch Liebe und Verlangen nach der Mutter, die hier als »Alte«, in der Handschrift wohlgemerkt großgeschrieben, apostrophiert wird, die ihn behext hat und ihn nach Deutschland zurückzieht. Durch diesen Mutterbezug werden die oft zitierten Eingangszeilen: »Denk ich an Deutschland in der Nacht, / Dann bin ich um den Schlaf gebracht« erst aufgefüllt mit jener Mischung von politischen und privaten Gedanken, die bei Heine immer so nah beieinander wohnen. Die in unserem Zusammenhang wichtige dritte Strophe lautet:

»Mein Sehnen und Verlangen wächst –
Die alte Frau hat mich behext,
Ich denke immer an die Alte,
Die alte Frau, die Gott erhalte!«

Mit diesem frommen Wunsch gelangen wir schließlich zum letzten Beleg für die Bedeutung der Großmütter. Über Heines sogenannte »Bekehrung« ist viel spekuliert worden. Sie fordert in den Diskussionen über den »späten Heine« immer wieder das fragende Interesse heraus. Bei unseren Erwägungen über den Bezug zu den Großmüttern hat das literarische Instrument für Heines Revision seiner Glaubensauffassungen, die Bibel, eben diese Rolle zu spielen, so daß sich zeigt, daß für Heine einige Grundbegriffe des Lebens: Freiheit, Heimat, Glaube im Bilde nicht einer magischen Urmutter, sondern einer alltäglichen, gemütlichen, liebenswerten Großmutter sich ausdrücken.

In der Vorrede zur zweiten Auflage des zweiten »Salon«-Bandes vom Mai 1852 heißt es über seine »Erleuchtung«, er verdanke sie »ganz einfach der Lektüre eines Buches (. . .) es ist ein altes, schlichtes Buch, bescheiden wie die Natur, auch natürlich wie diese; ein Buch, das werkeltägig und anspruchslos aussieht wie die Sonne, die uns wärmt, wie das Brot, das uns nährt; ein Buch, das so traulich, so segnend gütig uns anblickt, wie eine alte Großmutter, die auch täglich in dem Buche liest, mit den lieben, bebenden Lippen und mit der Brille auf der Nase – und dieses Buch heißt auch ganz kurzweg das Buch, die Bibel.« Auch hier die feine Ironie, die Distanz zu eigenen noch so persönlichen Gefühlen, Nöten und Erkenntnissen. Im Bilde der Großmutter ist jener Punkt einer Heimkehr bezeichnet, wo vom Leben nichts mehr zu erwarten ist, nachdem sich vieles ereignet hat, wo alles zur Ruhe gekommen ist und das Leben selbst in seinem grandiosen Fortschreiten akzeptiert wird. Damit sind wir ans Ende gelangt. Aber wie heißt es am Schluß der »Spiegelgeschichte« Ilse Aichingers: »Es ist der Tag deiner Geburt. Du kommst zur Welt und schlägst die Augen auf und schließt sie wieder vor dem starken Licht. Das Licht wärmt dir die Glieder, du regst dich in der Sonne, du bist da, du lebst. Dein Vater beugt sich über dich.

›Es ist zu Ende –‹ sagen die hinter dir, ›sie ist tot!‹ Still! Laß sie reden!«

Hofmedikus Joseph van Geldern

Heinrich Heine beschwört in der frühesten Vorform seiner »Memoiren«, die in das 1827 veröffentlichte »Buch Le Grand« eingegangen ist, folgende wehmütige Reminiszenz an seine Geburtsstadt Düsseldorf und die Vorfahren und Verwandten: »Düsseldorf ist eine Stadt am Rhein, es leben da 16 000 Menschen, und viele hunderttausend Menschen liegen noch außerdem da begraben. Und darunter sind manche, von denen meine Mutter sagt, es wäre besser, sie lebten noch, z. B. mein Großvater und mein Oheim, der alte Herr v. Geldern und der junge Herr v. Geldern, die beide so berühmte Doktoren waren, und so viele Menschen vom Tode kuriert, und doch selber sterben mußten«.

Der junge Herr van Geldern namens Joseph Gottschalk wird später im Heineschen Werk noch häufig respektvoll genannt, ohne daß Heine ein genaueres Bild von ihm hat vermitteln können. In Heines Lebensabriß vom 15. Januar 1835 an den französischen Kritiker Philarète Chasles heißt es bei der Charakterisierung des verehrten Lehrers Schallmayer: »prêtre catholique, qui prit un soin particulier de moi, je crois à cause du frère de ma mère, le conseiller aulique de Geldern, qui était son ami d'université, et je crois aussi, à cause de mon grand-père, le docteur de Geldern, fameux médecin qui lui avait sauvé la vie«. Ähnlich lautet dann die Version in den »Geständnissen«: »einer meiner Öhme, der mit ihm [Schallmayer] zu Bonn studiert hatte, war dort sein akademischer Pylades gewesen, und mein Großvater errettete ihn einst aus einer tödlichen Krankheit«.

In den »Memoiren« spielen schließlich die mütterlichen Verwandten eine besondere Rolle. Doch wird Joseph Gottschalk nur beiläufig im Zusammenhang mit der Darstellung des Bildungsgangs von Heines Mutter erwähnt: »Sie selbst hatte eine gelehrte Erziehung genossen und war die Studiengefährtin eines Bruders gewesen, der ein ausgezeichneter Arzt ward, aber früh starb«. Und innerhalb der ausführlichen Schilderung des 1833 in Düsseldorf verstorbenen zweiten Bruders seiner Mutter, Simon van Geldern, wird wenig später berichtet: »Die Nachbarn nannten ihn den Doktor, aber nicht eigentlich wegen seiner Gelahrtheit, sondern weil sein Vater und sein Bruder Doktoren der Medizin gewesen«.

Die angeführten Texte sind die wenigen Hinweise Heines auf seinen Onkel Joseph Gottschalk van Geldern, der von ihm als Hofrat (»conseiller aulique«) bezeichnet wird, wohl deshalb, weil er zum Hofmedikus des Kurfürsten Karl Theodor von der Pfalz ernannt worden war. In der französischen Übersetzung des »Buchs Le Grand« werden der Onkel wie der Großvater kurzerhand »baron de Geldern« genannt, obwohl die zeitgenössische Schreibung de Geldern keineswegs als Adelsprädikat, sondern durch die hebräische Partikel »de« im Sinne des Genitivs beziehungsweise in der Bedeutung »aus« oder »von« zu erklären ist.

Das kurze Leben dieses Arztes aus der Familie van Geldern hat nur in vereinzelten und zum Teil bisher unbekannten Zeugnissen Spuren hinterlassen. Seine Persönlichkeit verdient freilich ohne Zweifel eine besondere Aufmerksamkeit, allein schon deshalb, weil Heines Mutter Betty den Tod ihres Bruders Joseph als den, wie sie schreibt, »Tod meines zweiten Vaters« beklagen mußte.

Joseph Gottschalk van Geldern wurde am 24. November 1765 als Sohn des Düsseldorfer Arztes Gottschalk van Geldern und dessen Frau Sarla geb. Bock aus Siegburg geboren. Auf dem Düsseldorfer Jesuitenkolleg empfingen er und sein jüngerer Bruder Simon (1768 bis März 1833) ihre Ausbildung. Seine Schwestern waren Bräunelche oder Brunella, die mit Abraham Samuel verheiratet war, Hanna, die ihrem Bruder Simon später den Haushalt führte, und Peierche (Peira) oder Betty (27. 11. 1771 - 3. 9. 1859), die Mutter Heinrich Heines.

Am 2. Januar 1779 starb Josephs Mutter Sarla. Gottschalk van Geldern sah sich genötigt, den Kindern eine Stiefmutter zu geben, die sich einige Zeit nach dem Tod Gottschalks gütlich vom Geldernschen Hause trennte.

Joseph absolvierte sein Medizinstudium in Bonn, Heidelberg und Mainz und promovierte in Duisburg, wo auch schon sein Vater und dessen Vetter Moses ihr Medizinstudium abgeschlossen hatten, im April 1792 zum Dr. med. Seine dem Vater gewidmete Dissertation wird als ein bemerkenswertes Zeugnis seiner vielseitigen medizinischen Bildung bewertet. Um dem Landesgesetz zu genügen, mußte er sich einer Staatsprüfung vor dem Medizinalkollegium in München unterziehen, wo er offenbar positiv auffiel und zum Leibarzt des Kurfürsten avancierte.

Als Hofmedikus van Geldern junior, »ausübender Arzt dahier«, ließ er sich Anfang 1795 in Düsseldorf nieder und gab in den

»Gülich- und Bergischen wöchentlichen Nachrichten« vom 17. 2. 1795 bekannt, daß er, weil ihn städtische wie auswärtige Kranke vergebens suchen ließen, bis zum Bezug seiner Mietwohnung im »Brüsseler Hof« zu erfragen sei.

Im September 1795 wurde die Stadt, nachdem sie gerade in den Besitz der Franzosen übergegangen war, von der roten Ruhr heimgesucht, der zahlreiche Düsseldorfer Bürger zum Opfer fielen. Am 12. Oktober 1795 starb Gottschalk van Geldern vor Vollendung seines 69. Lebensjahres. Sein Sohn zeigte daraufhin am 20. Oktober allen »In= und Auswärtigen, welche mich mit ihrem Zutrauen beehren wollen«, an, daß er seine Wohnung verändert habe und im Hause seines verstorbenen Vaters, »bekannt unter dem Namen Juden=Doktor«, anzutreffen sei.

Die Familie van Geldern hatte am Verlust des Vaters schwer zu tragen. Am 24. Februar 1796 schreibt Peierche an ihre Freundin Hendelche in Wesel: »Heute war es nach der traurigen Katastrophe, wo das grausame Schicksal mich zur vater= und mutterlosen Waise machte, das erste Mal, daß ich vor dem Thor spazieren ging. Wir hatten einen schönen heiteren Tag, der um so angenehmer war, da wir eine Zeit lang regnerisches und unbestimmtes Wetter hatten«. Bald darauf traf ein zweiter schwerer Schlag das Geldernsche Haus. Am 25. April 1796 starb Joseph Gottschalk im Alter von dreißig Jahren. Die Geschwister zeigten seinen Tod unter dem Datum vom 27. April in den »Nachrichten« an: »tief gebeugt unter dem Schmerz machen wir diesen uns empfindlichen Verlust unsern Verwandten und Freunden bekannt«. Am 17. Mai 1796 ließen die Geschwister eine Anzeige folgen, in der sie bitten, wer »an den verstorbenen Hofmedikus van Geldern zu fordern habe«, wolle sich in den nächsten vierzehn Tagen bei ihnen melden. Zehn Tage später, am 27. Mai 1796, schreibt Peierche an Hendelche Israel über den Tod ihres »zweiten Vaters« einen Brief, dem man die näheren Umstände entnehmen kann, sowie den berechtigten Stolz, mit dem die Schwester die Tätigkeit ihres Bruders verfolgt hat und beurteilt. Es heißt dort:

> »denn die ängstliche Unruhe, und das immerwährende Nachtwachen hatte meine sonst unerschütterliche Gesundheit so zerrüttet, daß wenn mich nicht das strenge und scharfe Verbot der Ärzte, die liebevolle Sorgfalt meiner Geschwister, und die dringende Bitte meiner Freunde, vom Krankenbett entfernt hätte, so wäre ich sicher eine Beute des Todes worden. Denn durch dem daß [ich] nur mit

dem geliebten Kranken beschäftigt war, dessen Krankheit ich sich immer verschlimmern sahe, ohne dem reißenden Übel Schranken setzen, und den theuren Bruder retten zu können, wurde der Tod das Lieblingsbild meiner Phantasie und der einzige Ruhepunkt für meinen müden Geist.

Vergebens suchten meine Freunde mich mit dem Unglück meiner Mitmenschen zu trösten; meines Nachbars Wunde heilet die meine nicht. Vergebens sucht die Vernunft das vom tobenden Schmerze zerrissene Herz zu beruhigen, das nur da, wo es nicht mehr schlägt, Ruhe zu finden glaubte. Umsonst war der laute Zuruf der Weld, daß unsere Vermögensumständen uns den Beistand unseres Bruder nicht nothwendig mache[n]. O, du kalte Weld, die du deine Gefühle blos nach der Goldwage abwägst, und deinen Verlust gleich Summen zu berechnen weißt! Ach es giebt wenig Trost für den Verlust eines zärtlichen Bruders, der kaum ein Jahr Hofmedicus und hiesiger Arzt war, und schon ein Verdienst besaß, das sich täglich wenigstens auf 6 Kronthaler belief; dabei hinterließ er ein eben so großen und ungetheilten Lob, wie mein Vater, und ein gleichen Ruhm und Ehre folgte ihm ins Grab. Dies tröst[et] zwar ein wenig, aber es lindert und heilt nicht«.

Bettys Urteil über den verstorbenen Bruder hat auch im Seelengedächtnis des Memorbuches seinen Niederschlag gefunden. Dort wird Joseph Gottschalk van Geldern folgendermaßen bedacht: »Jung und gelehrt in der ärztlichen Wissenschaft, der Hausgenosse von Fürsten und Fürstinnen, beliebt am Hofe des Landesherren«.

Von Interesse ist Bettys Feststellung über die guten und durch den Tod des Bruders nicht angetasteten Vermögensverhältnisse der Geschwister. Sie hatten offenbar beträchtliche Nebeneinnahmen durch einen Pfandverleih. Auf diese Tatsache macht bereits eine Mitteilung des Hauptgerichts Düsseldorf in den »Gülich- und Bergischen wöchentlichen Nachrichten« vom 16. Juni 1775 aufmerksam. Hier wird die »Jüdin Hanna van Gelderen« mit zum größten Teil in Leinwand bestehenden »Effekten« in Verbindung gebracht, die zunächst ihre eigenen Rechtsansprüche abdecken sollen.

Auch die Nachschrift des Briefes vom 27. Mai 1796 wirft auf die finanzielle Lage der Geschwister van Geldern ein bezeichnendes Licht. Zugleich dürfte damit die erste familiäre Konsequenz des Todes von Joseph bezeichnet sein. Es heißt dort: »Von meine Stiefmutter kann Ihnen nicht grüßen, vermuthlich wissen Sie auch schon daß sie nicht mehr bei uns im Hause ist. Wir haben ihr die in ihrem Heiraths-kontrakt verschrieben gewesene Summe baar ausgezahlt, und ihr dabei aus anderm freien Willen noch verschiedene Nebengeschenke gemacht; wir sind auch gute Freunde, und sie kömmt uns auch zum öftern besuchen«.

Auf Joseph bezieht sich schließlich noch eine letzte Mitteilung der »Gülich- und Bergischen wöchentlichen Nachrichten«, in der er genannt wird, die außerdem freilich mit Bettys Heiratsplänen verquickt zu sein scheint. Im Herbst 1796 war Samson Heine aus Hamburg mehrmals in Düsseldorf zu Gast. Die gemeinsamen Pläne waren offenbar im Oktober soweit gediehen, daß die Geschwister »des verstorbenen Doktors van Geldern«, wie es am 25. Oktober und 1. November in der Zeitung heißt, das väterliche Erbe aufteilen, den gemeinsamen Haushalt aufheben und sich von einander trennen wollten; deshalb wird allen, die beim verstorbenen Vater oder bei den Geschwistern gegen Geld Pfänder hinterlegt haben, eine Frist von zwei Monaten für die Einlösung ihrer Pfänder bestimmt.

Betty konnte bald darauf gegen den Widerstand der jüdischen Gemeinde Samson Heines Niederlassungsrecht durchsetzen. An Hendelche schreibt sie im November 1796, endlich die Trauer über den Verlust von Vater und Bruder vergessend: »Liebe Freundin, hätten Sie aber wohl gedacht, daß ich mich durch meine Verlobung so viel Feinde machen würde? Doch mein Heine entschädigt mich reichlich durch seine Liebe und Treue für Allem«. Diese Feststellung hätte Betty am Ende ihres Lebens in abgewandelter Form auch über ihren berühmten Sohn treffen können, durch den die Ideale der Humanität weit nachhaltiger wirksam wurden, als Joseph Gottschalk van Geldern sie in seinem beschränkten Wirkungskreis zur Geltung hatte bringen können.

Neujahrs-Kusinen

Über Heine und die Frauen im allgemeinen, aber auch über sein Verhältnis zu den Hamburger Kusinen ist in der Heine-Forschung so viel geschrieben worden, daß sich eigentlich jede weitere Beschäftigung mit diesem Thema verbietet. Zu rechtfertigen ist ein erneutes Aufgreifen dieses biographischen Komplexes, der immer in enger Beziehung zu Heines Lyrik des »Buchs der Lieder«, doch auch zu seinem Prosastück aus den »Reisebildern« mit starken biographischen Anklängen, nämlich »Ideen. Das Buch Le Grand«, gesehen worden ist, nur durch die Eröffnung neuer Quellen und neuer Perspektiven. Tatsächlich trifft für Heines Beziehung zu seinen Hamburger Kusinen, den Töchtern seines Millionärsonkels Salomon Heine, zu, was Jost Hermand in seinem Heine-Forschungsbericht für die Zeit von 1945 bis 1975 über biographische Detailfragen dieser Art geäußert hat: »Eigentlich glaubte man, auf diesem Gebiet bereits alles zu wissen. Doch immer wieder entdeckt man, daß man selbst in diesen Dingen noch längst nicht alles weiß.«

Ein erst 1977 aufgetauchtes, bis dahin in der Heine-Philologie völlig unbekanntes und vom Heinrich-Heine-Institut Düsseldorf erworbenes Dokument des jungen Heine bietet die Veranlassung, die Frage nach Bedeutung und Funktion von Heines Beziehungen zu seinen Hamburger Kusinen aus einem veränderten Blickwinkel heraus zu erörtern. Es handelt sich bei der Entdeckung um ein Exemplar der zweibändigen Erstausgabe von E. T. A. Hoffmanns »Elixiere des Teufels« (Berlin 1815 und 1816), in deren ersten Band der achtzehnjährige Heine seiner nur wenige Monate jüngeren Kusine Fanny, einer Schwester der in der biographisch ausgerichteten Heine-Forschung stark beachteten Amalie und Therese Heine, einen Neujahrsglückwunsch zum 1. Januar 1816 (vielleicht auch verschrieben für 1817) eingetragen hat. Joachim Dyck hat den Text im Heine-Jahrbuch 1979 ediert und kommentiert.

Durch diesen wichtigen Fund sind die Dokumente aus dem Lebensbereich des jungen Heine wesentlich bereichert worden. Die Wahl gerade von Hoffmanns »Elixieren des Teufels« als Neujahrsgeschenk zeigt die frühe innere Verbindung zu diesem ›phantastischen‹ Erzähler. Heines »Traumbilder« haben vieles mit Hoffmanns unheimlicher

Welt gemeinsam. In den »Briefen aus Berlin« von 1821 sagt er selbst über dieses Hoffmannsche Werk, in ihm liege »das Furchtbarste und Entsetzlichste, das der Geist erdenken kann«. Für die Einschätzung seiner Beziehung zur Hamburger Familie bringt dieser Eintrag Heines manche Konsequenzen mit sich. Stammbucheintragungen und Buchwidmungen gehörten in der Familie Heine zu einer sorgsam gepflegten Tradition und Kultur. Besonders die Neujahrsglückwünsche, -briefe und -geschenke wurden in der Familie Heine, wie der späte Briefwechsel Heines mit seiner Mutter und der Schwester Charlotte nahelegt, als selbstverständliche Formen der verwandtschaftlichen Kommunikation ernst genommen und beachtet.

Außer der Neuentdeckung sind folgende Eintragungen für die Hamburger Kusinen bekannt:

– Ein Stammbucheintrag für Salomon Heines älteste Tochter Friederike vom 17. Februar 1815:

»Holde Mädchen geben's viele; doch nur *eine* Rika. So müssen die Engel seyn; anders gewiß nicht. Ach! Laß mich kommen in's Himmelreich, O Herr! wo solche Engel sind. –«

– Ein Stammbucheintrag für Amalie Heine vom 19. November 1817:

»Aber mein letzter Wunsch ist immer: Sie recht glücklich zu wissen.«

– Ein Neujahrseintrag für Amalie Heine in ein Exemplar von Adolf Müllners »Schuld« vom 1. Januar 1818:

»Ich wünsche Ihnen viel Glück zum neuen Jahre. Amen.«

Dieser letzten Eintragung stellt sich nunmehr der zwei Jahre (oder auch nur ein Jahr) früher für Fanny geschriebene Neujahrsglückwunsch an die Seite. Der Text lautet:

»Ich will nicht schon gleich am ersten Tage des Jahrs lügen, drum gestehe ich daß ich zwar den lieben Herrgott bitte von meinen Jahren den Ihrigen beyzulegen; aber doch nicht alle. Denn es ist doch immer gar zu schön in einer Welt zu wohnen, wo Mädchen – – – mit drey Gedankenstriche leben. –

Ich bin mit Achtung u Ergebenheit schöne, zartsinnige Fanny

Ihr Harry H.«

Im Kommentar zum Stammbucheintrag für Friedrike mutmaßte der Herausgeber von Heines Briefen Friedrich Hirth: »Darf aus dem Stammbuchblatt der Schluß gezogen werden, daß Heine, bevor er sich in Amalie verliebte, eine gewisse Herzensneigung für Friederike empfunden hatte?« Gemäß dieser Fragehaltung würde sich jetzt für Fanny das analoge Problem ergeben. Der neuentdeckte Eintrag für Fanny legt demgegenüber in der Tat eher nahe, von den »dumpfen Bereichen positivistischer Unterrocksschnüffeleien«, wie Jost Hermand die biographischen Einzelbemühungen in einem Kommentar zum »frühen Heine« einmal treffend genannt hat, endlich abzusehen und die Dokumente der Beziehung des jungen Heine zu seinen Kusinen dem intimen, schäkernden »Hamburger Familientone« zuzuschreiben, von dem Heines Göttinger Studienfreund Eduard Wedekind spricht. Dieser Familienton läßt »einen hohen Grad an Annäherung« zu, »ohne irgendeinen Anspruch auf Liebe zu gestatten«. Diese Intimität der verwandtschaftlichen Umgangssprache äußert sich ebenfalls im Stammbucheintrag Heines für seine Schwester Charlotte nach Beendigung der Hamburger Kaufmannszeit, datiert in Düsseldorf vom 20. Juni 1819:

> »Wir können die Menschen füglich in zwey Classen eintheilen: 1tens Diejenigen die uns lieben; 2tens Diejenigen die uns oft und deutlich sagen daß sie uns lieben. – Mich, liebes Lottchen, kannst Du dreist zur ersten Classe rechnen. Ich bin Dir herzlich gut; wenn ich auch nicht viel Aufhebens davon mache.«

Die zusammengestellten Texte machen insgesamt deutlich, daß der junge Heine seiner Schwester und den im Alter zu ihm passenden Kusinen als charmanter, liebenswürdiger Bruder und Vetter begegnet. Es sind durchaus Formen familiär erotischer Spielerei vorhanden. Die Metapher von Himmel und Engel im Stammbucheintrag für Friederike verwenden Topoi der Liebessprache. Auch der freundliche, mit rhetorischem Witz vorgetragene Wunsch für Fanny Heine entbehrt nicht einer bewußt eingesetzten anspielungsreichen Erotik. Überhaupt ist für alle zitierten Eintragungen Heines die Selbständigkeit der Formulierung und des Gedankens hervorzuheben. Vergleichbare zeitgenössische Alben und Gelegenheitseintragungen spiegeln oft genug nur literarische Vorlieben wieder, indem sie Zitate aus den beliebtesten Autoren bieten. Am sprödesten sind die lakonischen Eintragungen für Amalie. Allerdings ist Heines Geschichte mit ihr nach allen überlieferten Fakten auch die ernsthafteste, die den Kern seiner Existenz betroffen und in seiner Dichtung als petrarkistisches Motiv ihren Niederschlag gefunden hat. Die Metaphernsprache aus dem überirdisch-himmlischen Bereich (»Aber ich *muß* ja eine Madonna haben. Wird mir die Himlische die Irdische ersetzen?«) in bezug auf die Person Amalies findet sich dafür in Heines Brief an seinen Düsseldorfer Schulfreund Christian Sethe vom 27. Oktober 1816. Das Verhältnis zu Therese, das erst für die späten Jahre überhaupt einen Reflex in der Lyrik Heines gezeitigt hat, läßt sich durch Eintragungen und Lebenszeugnisse der frühen Jahre gar nicht belegen.

Somit interessieren in unserem Zusammenhang besonders die Eintragungen für die Kusinen aus den Jahren 1815 bis 1818 und ihre Einbindung in den sozialpsychologischen Kontext der Biographie des jungen Heine. Denn Heines Verhältnis zu den Kusinen ist nicht ablösbar von der sozialen Stellung seiner eigenen Düsseldorfer Familie und ihrem sichtbaren Unterschied zu der Hamburger Verwandtschaft. Die Hamburger Kusinen mußten dem jungen, empfindsamen Harry Heine bei Besuchen der Hamburger Verwandtschaft in Düsseldorf oder bei eigenen Besuchen in der Villa zu Ottensen wie Wesen aus einer höheren Welt und in einer den eigenen bescheidenen Erfahrungen vollkommen fremden Sphäre erscheinen. Zwar hatte die Familie Heinrich Heines in Düsseldorf eine angesehene Stellung. Immerhin waren die Vorfahren seiner Mutter Hofbankiers und Ärzte gewesen. Samson Heine, der Vater des Dichters, war in seinen ersten Düsseldorfer Jahren erfolgreich und ein geachtetes Mitglied der jüdischen Gemeinde. Seine Söhne waren die einzigen Schüler aus jüdischem Elternhaus, die in Düsseldorf die höhere Schule besuchten. Das ist ein Hinweis auf die bewußte Integration innerhalb der bürgerlichen Lebenswelt der kleinen Garten- und Kunststadt Düsseldorf in den ersten beiden Jahrzehnten des 19. Jahrhunderts. Dagegen stand dann Hamburg: eine Welt- und Hafenstadt mit alter republikanischer Tradition, eine Handelsstadt, in der Salomon Heine mit seinem Bankhaus äußerst respektiert wurde. Einige Strahlen seines Glanzes fielen auch auf den jungen Neffen aus Düsseldorf. Heine schreibt in dem oben herangezogenen Brief vom 27. Oktober 1816 an Christian Sethe in gewiß richtiger Einschätzung seines durch die Hamburger Familie bedingten sozialen Aufstiegs: »Der Neffe vom großen (???) Heine ist zwar *überall* gern gesehen und empfangen; schöne Mädchen schielen nach ihm hin, und die Busentücher steigen höher, und die Mütter kalkulieren, aber – aber – bleib allein«. Für die außerordentliche Position Salomon Heines spricht Jahrzehnte später besonders sein souveräner Einsatz während des großen Hamburger Brandes im Mai 1842. Als Salomon starb, hinterließ er, wie Michael Werner festgestellt hat, ein Vermögen, das dreimal größer war als das des zum Vergleich herangezogenen reichsten Nachlassers während der Julimonarchie in

Paris. Von diesem Gewicht des Salomon Heineschen Hauses war auch zur Jugendzeit Heinrich Heines bereits einiges zu spüren, wie seine eigene, nicht ohne Stolz ausgesprochene Bemerkung deutlich macht. Salomon wurde als der Chef der Familie akzeptiert. Er nahm wie selbstverständlich das Geschick der Düsseldorfer Familie in die Hand, als seit etwa 1814 der Gesundheitszustand seines Bruders Samson zu wünschen übrig ließ. Samson wurde von epileptischen Anfällen heimgesucht, wurde schließlich geisteskrank und mußte entmündigt werden. Die Zeit der schlimmsten Krankheit und der Entmündigung fällt in die Jahre von Heinrich Heines Hamburger Kaufmannszeit. Der Dichter fühlte sich mehr und mehr vom allmächtigen Onkel Salomon abhängig. Salomons gastliches Haus war der Ort vornehmer biedermeierlicher Lebenskultur. Als Mäzen und Philanthrop stand Salomon im Zenith der öffentlichen Anerkennung, während es mit dem Düsseldorfer Familienleben auf Grund der Samsonschen Krankheit bergab ging.

Die Töchter Salomon Heines waren dem jungen Dichter engelhafte Wesen, mit denen er glücklicherweise verwandt sein durfte. Nichts lag näher, als daß er im Rahmen des gängigen Familientons die Mädchen verehrte, bewunderte und liebte. Und nichts lag für Salomon Heine näher, als daß er einen Neffen, der nicht für das Geschäfts- und bürgerliche Berufsleben taugte, sondern als Schriftsteller bekannt wurde, nicht als Schwiegersohn anerkennen wollte. Ob eine ernsthafte Bewerbung dieser Art, etwa in bezug auf Amalie, überhaupt stattgefunden hat, ist nicht zu belegen. Der Reflex von Heines Kusinen-Liebe ist allenfalls in den Motiven der Lyrik des »Buchs der Lieder« und im »Buch Le Grand« zu finden. Die Kusinen waren für ihn anzuhimmelnde Feiertags-Geschöpfe, und insofern im Grunde nur eine einzige Person. Sie waren eben Neujahrs-Kusinen, denen im Glückwunsch die Bewunderung dargebracht oder die gekränkte Liebe ausgedrückt werden konnte. Zu erreichen waren sie dagegen nie. Diese Unerreichbarkeit der Geliebten wegen des sozialen Unterschieds drückt sich in vielen Gedichten des »Buchs der Lieder« aus. Selbst im berühmtesten Gedicht Heines, im 2. »Heimkehr«-Text des »Buchs der Lieder« klingt dieser unüberbrückbare Unterschied in neuer Stilisierung an: Heines »Ich weiß nicht, was soll es bedeuten« lebt aus der Spannung zwischen der in der Höhe auf dem Felsen golden und schön thronenden Mädchengestalt und der alltäglichen, bescheidenen Figur des Schiffers im kleinen Kahn, der durch die unerreichbare Schönheit geblendet und durch den geheimnisvollen Gesang betört wird und somit zugrunde geht. Er wird von den äußeren Verhältnissen beherrscht und bestimmt. Im Schicksal des Schiffers spiegelt sich die unglückliche Liebe des Sprechers des Gedichtes. Seine unbestimmte Traurigkeit resultiert aus der Unlösbarkeit des Konflikts zwischen der mittellosen und der reichen Verwandtschaft.

Heines Kusinen-Liebe gibt damit ein Klassenproblem auf engstem Raume zu erkennen. Daß die Hamburger Verwandtschaft ihn nicht so akzeptiert hat, wie er war, wird auch im XVIII. Kapitel des »Buchs Le Grand« deutlich, das eine Schlüsselstellung einnimmt: die Ablehnung des Liebhabers durch die Geliebte ist spiegelbildlich zum Tod Napoleons im IX. Kapitel komponiert. Auch die späten Gedichte im Umkreis der »Affrontenburg« belegen noch die Wunde, die Heine davongetragen hat. Die neuentdeckte Widmung für Fanny muß deshalb trotz ihres heiter-launigen Tones auf Heines gescheiterte Beziehung zur Hamburger Familie verweisen. Im Glückwunsch wird eine überirdisch-mythische Höhe postuliert, die (ähnlich wie bei der Loreley) vom Sprecher selbst auf Grund seiner anderen, einfacheren, unglücklicheren Bedingungen nicht erreicht werden kann. Heine scheitert an den Hamburger Neujahrs-Kusinen, nicht umgekehrt die Kusinen an ihm, wie es allerdings die Familie selbst offensichtlich gerne interpretieren wollte, indem sie allgemeine Vorurteile über Heine kolportierte. Sie fanden ihren Niederschlag im selben Exemplar Fanny Heines. Der handschriftliche Kommentar eines späteren Besitzers auf dem Innendeckel des Buches gegenüber der Widmung beleuchtet ein Stück negativer Rezeptionsgeschichte auch in der eigenen Familie. Diese Eintragung lautet:

> »Dieses Neujahrsgeschenk an ein damals tiefleidendes, von Schmerzen u. Seelenangst gequältes Mädchen characterisirt die sittliche Rohheit u. Bodenlosigkeit des Gebers schärfer u. unbezweifelbarer als seine späteren Schriften. Wer mit der Lüge Kurzweil treibt ist eben dem Teufel 3/4 verfallen, er reime so schön u. meisterhaft wie er wolle.«

Heine wurde von der Hamburger Familie nicht begriffen. Er hatte in den Kusinen Madonnen sehen wollen und seine Anbetung ernst gemeint. Die Tragik der gestörten Beziehung ist den sozialen Schranken zuzuschreiben. Die Neujahrs-Kusinen hätten Heine zu sich emporheben müssen. Daran waren sie durch die Konvention und die Zugehörigkeit zu ihrer Geldadelsschicht gehindert, es sei denn, Heine wäre durch Verhalten, Beruf und Erfolg einer der Ihren geworden. Es scheint aber sicher, daß er ohne die enge Verbindung oder gar Verheiratung mit einer seiner Kusinen den besseren Teil gewählt hatte, nämlich den der Freiheit als Schriftsteller.

II.

»Zufällig dort geboren«. Düsseldorf

Für alle Gelegenheiten, die das offizielle Düsseldorf seinem größten Sohn schuldet, hat sich die Passage aus dem VI. Kapitel des »Buchs Le Grand« von 1826 als äußerst hilfreich und beruhigend erwiesen:

»Die Stadt Düsseldorf ist sehr schön, und wenn man in der Ferne an sie denkt und zufällig dort geboren ist, wird einem wunderlich zu Mute. Ich bin dort geboren, und es ist mir, als müßte ich gleich nach Hause gehn. Und wenn ich sage nach Hause gehn, so meine ich die Bolkerstraße und das Haus, worin ich geboren bin.«

Im 19. Jahrhundert, zur Zeit Heines, war Düsseldorf in der Tat eine wunderschöne, ruhige, kunstfreundliche kleine Gartenstadt, eine Idylle für den, der dort aufgewachsen war, und für jeden, der die Stadt besuchen kam. Heines Verhältnis zu Düsseldorf ist völlig ungetrübt. Und auch umgekehrt hatte die Stadt sich lange Zeit nichts vorzuwerfen. Die widersprüchliche Aufnahme aber, die Heine aus den verschiedensten Gründen zeitlebens und bis heute in Deutschland gefunden hat, wurde Düsseldorf bereits Ende des letzten Jahrhunderts zum Verhängnis.

Dem einzigen Dichter, der ihr Lob in so unsterblicher und weltbekannter Weise gesungen, wollte oder konnte die Stadt Düsseldorf nicht jene Rechtfertigung und Anerkennung gewähren, die von ihr als Vater- (oder Mutter-)Stadt hätte ausgehen können und müssen. Wenn Außenstehende wollten, mochte die Stadt nicht so recht – und wenn die Stadt wollte, versagten nichtstädtische Gremien ihre Zustimmung. Das gilt bis zum heutigen Tag. So hat sich Düsseldorf stets schwergetan, den größten Sohn gebührend zu akzeptieren, empfand die Ehre, Heines Geburtsstadt zu sein, manchmal offensichtlich auch als Last und hat sich alles in allem doch ganz honett und tapfer geschlagen: durch eine ansehnliche Fürsorge, von der noch zu reden sein wird. Denn die Fehler und sich negativ auswirkenden Kompetenzen anderer darf man nicht alle auf den Namen Düsseldorfs häufen.

Das soll keine mir nichts dir nichts hergezauberte Absolution sein. Was im Zusammenhang mit Heinrich Heine auch in Düsseldorf hat geschehen können, ist nicht zu entschuldigen: Angriffe und Versäumnisse, Verleumdungen, Verbote, Versteckspielen, Querelen um Denkmäler und Benennungen öffentlicher Institutionen nach seinem Namen, der in aller Welt einen guten Klang hat.

Hier kann nur der knappe Versuch unternommen werden, die Geschichte Heines mit Düsseldorf bis in die Gegenwart hinein zu streifen. Diese wechselvolle Geschichte hat zuerst sein Leben bestimmt und dann seine Nachwirkung charakterisiert. Sie spiegelt das Verhältnis des Autors Heine zu seinem deutschen Publikum und dessen jeweiligem Staat wider.

Die Familien van Geldern und Heine in der Residenz- und Gartenstadt Düsseldorf

Die Verbindung Heinrich Heines zu Düsseldorf reicht durch seine Vorfahren mehrere Generationen zurück. Seine Mutter entstammte der Familie van Geldern, die seit dem 17. Jahrhundert in der Residenz- und Gartenstadt als Hoffaktoren der Regenten eines niederrheinischen Herzogtums und innerhalb der jüdischen Gemeinde ein hohes Ansehen genossen. Ein Palais der Familie an der Neusser Straße, das spätere Hubertusstift, legt Zeugnis ab von Reichtum und bevorzugter Stellung der van Gelderns. Heines Großvater Gottschalk van Geldern war Arzt, wurde der »Judendoktor« genannt und praktizierte noch eine Zeitlang neben seinem Sohn Joseph Gottschalk von Geldern, der zum »Hofmedikus« ernannt worden war. Der Großonkel Simon van Geldern war von Düsseldorf aus als Abenteurer, Gelehrter und Scharlatan durch die Welt und ins Gelobte Land gezogen und hat als Chevalier van Geldern bemerkenswerte Spuren hinterlassen. Wie später sein Großneffe H. Heine verließ er sich auf Empfehlungen von Verwandten und Bekannten und versuchte der liberalen Idee und der Emanzipation der Juden zu dienen.

Die Stadt war klein und überschaubar. Sie zählte samt Umland im Jahre 1817 laut Mindels »Wegweiser Düsseldorfs« ca. 23 000 Einwohner, darunter gab es etwa 300 Juden. Peira oder Betty van Geldern mußte den frühen Tod ihres Vaters und ihres Bruders Joseph Gottschalk beklagen und sich damit trösten lassen, daß es ihr finanziell durchaus gutgehe. Sie bewies aber nicht nur wirtschaftliche Unabhängigkeit. Denn bald darauf heiratete sie gegen den Widerstand der jüdischen Gemeinde und mit staatlicher Unterstützung Samson Heine aus Hamburg, einen liebenswürdigen Luftikus, der sich mit ihr auf der Bolkerstraße in einem van Geldernschen Haus (heute Nr. 53) als Textilkaufmann niederließ. Dieses Haus gibt allerdings wegen seiner verschiedenen Bauteile und zumal durch das Hinterhaus sowie durch die Mitnutzung von verwandtschaftlicher Seite manche Rätsel auf. Auch in diesem Fall werden, wie so oft in Heines Biographie, je mehr man in die Materie eindringt, die Probleme um so größer. Eine Anzeige Samsons in den »Gülich- und Bergischen wöchentlichen Nachrichten« von 1801 scheint zu belegen, daß gerade das Hinterhaus, das als Heines Geburtshaus gilt, von der Heine-Familie nicht (oder nicht mehr) genutzt wurde bzw. genutzt werden sollte. Jedenfalls annoncierte er am 6. und 20. Oktober: »Bei dem Kaufmann S. Heine auf der Bolkerstraß Nro. 275 ist das Hinterhauß, bestehend in 6 Zimmern, Küche, Keller und Speicher, zu verpachten.«

Die Geschäfte liefen anfangs nicht schlecht. Samson hatte Glück und konnte sich 1809 auf der gegenüberliegenden Seite (heute Nr. 42) vergrößern. In der Bürgerwehr, in der Armenpflege, als Lotteriekollekteur spielte er bedeutende Rollen. Seit etwa 1814 beginnt seine schwere Krankheit mit epileptischen Anfällen und Geistesgestörtheit. Samson mußte einige Jahre später entmündigt werden, das Geschäft machte bankrott. Er mußte 1819 Düsseldorf verlassen und besiegelte damit das rheinische Schicksal seiner Familie, die ihm Anfang März 1820 nach Hamburg und in die Bäder nach Oldesloe und Lüneburg folgte. Heinrich Heine, der längst nicht mehr in Düsseldorf lebte, war damals bereits Student in Bonn und selbständig.

Heines Kindheit und Jugend in Düsseldorf

»Aus den frühesten Anfängen erklären sich die spätesten Erscheinungen«, resümiert Heine in seinen »Memoiren«. Die Bedingungen seiner Kindheit und Jugend haben gewiß ihre Wirkungen gezeitigt. Die Düsseldorfer Zeit darf glücklich genannt werden. Sie war noch nicht überschattet von der Geisteskrankheit des Vaters. Sie war glücklich in einem Sinn, wie er für Heine später nur noch selten zutraf. Seine Erinnerungen in Lyrik, Prosa und den Familienbriefen an Düsseldorf rufen eine Zauberwelt der Unbeschwertheit, zwanglosen Assimilation und heiteren Alltäglichkeit herauf. Kontakt hält Heine nach einem Abstecher zu den Düsseldorfer Verwandten von Bonn aus, als

Eltern und Geschwister schon nicht mehr dort waren, mit dem kauzigen Onkel Simon van Geldern, der in der ›Arche Noä‹, Mertensgasse 1, wohnte, bis zu dessen Tod im Frühjahr 1833. Daß sein Freund Karl Immermann in Düsseldorf lebte und wirkte, war für Heine eine weitere Verbindung mit seiner Geburtsstadt. Die gleiche rheinische Heimat hatte im Falle der Freundschaft mit Karl August Varnhagen von Ense in Berlin und der Bekanntschaft mit Eduard von Schenk in München emotionale Bedeutung.

Düsseldorf war eine gettofreie Stadt. Französischer Geist einer liberalen Gesetzgebung herrschte vor. Heine hat diese frühen Eindrücke dem Kaiser Napoleon vielfach gedankt. Dennoch brachte die jüdische Herkunft von vornherein auch in Düsseldorf eine Benachteiligung mit sich, derentwegen die Heine-Biographen noch heute hin und her rechnen. Stammte Heine aus einem katholischen oder evangelischen Elternhaus, wüßte man heute sein Geburtsdatum, auch wenn die Kirchenbücher gleich verbrannt wären. Zu seiner Zeit wurden die jüdischen Kinder aber noch nicht in die regelmäßigen Zeitungslisten mit neuen Erdenbürgern aufgenommen, die in den »Gülich- und Bergischen wöchentlichen Nachrichten« abgedruckt wurden. Da die Unterlagen der Düsseldorfer jüdischen Gemeinde verbrannt waren und sich die amtlichen Angaben auf die Erinnerung des Rabbiners Scheuer aus dem Jahre 1809 stützen, konnte jenes nie ganz aufgelöste Verwirrspiel mit Geburtsdatum und -jahr beginnen, das auch die Geschwister Charlotte, Gustav und Max miteinschließt.

Heine bekam den Vornamen Harry wohl nicht nur, weil sein Vater Samson, wie es in den »Memoiren« heißt, einen englischen Geschäftsfreund in Liverpool hatte, sondern weil er gemäß jüdischer Sitte den Vornamen des verstorbenen Großvaters erhalten mußte, nämlich Heymann, der dann im Anklangsnamen Harry (Scheuer schreibt Hery, das Protokoll der jüdischen Gemeinde Hamburg von 1818 unter anderm auch einmal Herry) fortbestand. Doch entbehrt der Hinweis auf England nicht der historischen Überprüfbarkeit. Samson hielt von seinem Geschäft in der Bolkerstraße aus tatsächlich Kontakt nach England und war auch selber dort. Eine Anzeige vom 5. Oktober 1802 in den »Gülich- und Bergischen wöchentlichen Nachrichten« meldete: »Auf die tägliche Nachfrage: Ob meine Waaren aus England angelangt seyen? dienet meinen Freunden und Gönnern zur Nachricht, daß ich selbige erhalten habe, bestehend: in allen Sorten englischer Manufactur-Waaren, die ich selbst kürzlich bei meiner Anwesen-

heit in England, nach dem neuesten Geschmack eingekauft habe. – Durch billige Preiße werde den mir bis hierhin geschenkten Zuspruch ferner zu verdienen suchen.
S. Heine, auf der Bolkerstraße Nro. 275.«

Heines ebenfalls in den »Memoiren« erzählte Geschichte über den namensgleichen Esel, der für die Stadtreinigung eingesetzt war, seine Hinweise auf die väterliche Großzügigkeit und die vielen Ehrenämter stellen melancholisch-literarische Reminiszenzen dar und bieten darüber hinaus historische Informationen an, die wiederum die bürgerliche Situiertheit beleuchten. Die drei Söhne Samson und Betty Heines waren die einzigen jüdischen Kinder, die zu ihrer Zeit nach Auskunft eines Schülerverzeichnisses im Archiv des heutigen Görresgymnasiums Düsseldorf auf dem Lyzeum zu finden sind. Harry Heine scheint sogar die Düsseldorfer Bibliothek äußerst rege benutzt zu haben. Auf Ausbildung und Karriere legte besonders die energische Mutter Wert.

Harry Heine mußte die Volksschule, die höhere Schulanstalt und die Kunstakademie, zeitweilig alle im Gebäude des ehemaligen Franziskanerklosters untergebracht, besuchen. Ein hübscher Ertrag dieser Zeit ist sein ganz früh geschriebenes Schulepos »Wünnebergiade«. Er machte zwar keinen regulären Abschluß, war aber nach der Lehr- und Geschäftszeit in Frankfurt und Hamburg, die 1815 bzw. 1816 begonnen hatte, imstande, unterstützt durch eine kurze Hospitationszeit an seiner ehemaligen Schule in Düsseldorf, im Herbst 1819 in Bonn die Aufnahmeprüfung für das Universitätsstudium zu bestehen.

In sein Werk und die Briefe besonders aus den letzten Lebensjahren sind die Verflechtungen mit der Geburtsstadt liebenswürdig genau eingegangen: ob Erinnerungen an die Frau Hindermans, die eine Kinderverwahranstalt führte, an den Volksschullehrer Pater Dickerscheid, ob an den ehrwürdigen Rektor Schallmayer, der ebenfalls katholischer Geistlicher war und Heines Toleranzdenken früh angeregt und unterstützt hat. Nicht nur die verschiedensten Lehrer, auch Geschichten um Mitschüler oder Freundinnen der Düsseldorfer Jugendzeit: die kleine Veronika und das rote Sefchen beleuchten eine Kindheit, in der aus einem ›Zufall‹ der Geburt die als notwendig erlebte rheinische Fröhlichkeit und Frömmigkeit, der Witz und der Überlebenswille einer Landschaft nachhaltig erfahren werden. Besonders das »Buch Le Grand« ist voll kräftiger Düsseldorf-Szenen. Die »Memoiren« greifen dann am Ende des Lebens auf die Ursprünge zurück.

Im Vergleich zu Heines Erinnerungen sind die handschriftlichen

›Memoiren‹ seines Bruders Maximilian, die sich im Heine-Archiv befinden, Larifari. Heine begriff seine private Geschichte als eng mit den historischen Abläufen, mit den Folgen der Französischen Revolution verquickt. Düsseldorf spielt die Rolle der heimatlich-guten Ursprungs- und Erkenntnisstation. Keiner der späteren Aufenthaltsorte ist von Heine so schonend und verklärt behandelt worden. Die Kindheit wird tabuisiert und allenfalls freundlich ironisiert. Der Welt außerhalb dieser Zone gebührt Kritik, Entrüstung und die Anteilnahme des Spötters.

Eine Stadt besinnt sich auf ihren größten Sohn

Im September 1820 hatte Heine Düsseldorf einen letzten Besuch abgestattet. Mit dem literarischen Rheinland hatte er sich von Bonn aus ins Benehmen gesetzt und blieb den rheinisch-westfälischen Zeitschriften auch von Göttingen und Berlin aus treu.

Dennoch hat sich in Düsseldorf selbst das publizistische Interesse für Heine erst spät geregt. Die Stadt lag trotz ihres lebhaften Kunst- und Musiklebens und trotz der Immermannschen Bühne in der Provinz. Doch ist interessant, daß Heines Düsseldorfer Premiere am 18. August 1832 in der »Düsseldorfer Zeitung« von Lorenz Stahl, dem Heines ausgezeichneter Normandiebericht aus der »Augsburger Allgemeinen Zeitung« gefallen hatte, in Unkenntnis der Verfasserschaft des aus Düsseldorf stammenden Autors stattfand. Die »Düsseldorfer Zeitung« berichtet dann erst seit 1841 gelegentlich mit Interesse und aus positiver Einstellung heraus über Heine in Paris. Dagegen bezieht die zweite Düsseldorfer Zeitung »Düsseldorfer Kreisblatt und Täglicher Anzeiger« von Stahls Bruder Joseph ebenfalls in der Pariser Duellaffäre Heine und Strauß von 1841 gegen Heine Stellung.

Die spätere Düsseldorfer Rezeption entspricht in den Meldungen über Heines Krankheit dem allgemeinen Trend in der deutschen Presse. Besonders aufschlußreich ist allerdings die Resonanz neuer und kurzlebiger Blätter seit 1848. Sie propagieren bereits den politischen Heine und haben damit gewiß jenen Widerhaken in seinem Werk populär zu machen versucht, an dem sich in der Folge das Publikum immer neu widerwillig und zappelnd festbiß.

Heines Düsseldorf-Kapitel aus dem »Buch Le Grand« wurde als Beleg seiner Beziehung zur Vaterstadt bereits am 8. Mai 1848 in der nach Joseph Stahls Tod aufgeschlossenereren Zeitung, die in »Düsseldorfer Journal und Kreis-Blatt« umbenannt worden war, abgedruckt. Damit war das Verhältnis von Heine und Düsseldorf einmal entdeckt und fand nach seinem Tod im Februar 1856 relativ rasch die übliche lokale Festschreibung durch eine Plakette am Vordergebäude des Geburtshauses, das bereits 1821 abgerissen und neu aufgebaut worden war. Am 31. Januar 1867 wurde eine einfache marmorne Gedenktafel angebracht mit der Inschrift ›Geburtshaus von Heinrich Heine‹, die später durch andere Plaketten abgelöst wurde.

Zwanzig Jahre darauf allerdings scheiterte eine erste große Denkmalaktion in Düsseldorf kläglich. Kaiserin Elisabeth von Österreich wollte ein Denkmal stiften, keine Allegorie, sondern eine Heine-Darstellung. Aber ehe es soweit kam und das Denkmal für den Ananasberg im Hofgarten in Auftrag gegeben werden konnte, waren die preußischen Vorbehalte aus Berlin, die bereits antisemitische Töne hören ließen, zu stark. Der anfangs unseres Jahrhunderts immer noch vorhandene Fonds des Denkmal-Komitees hatte wenigstens den positiven Effekt, daß von dem gesammelten Geld 1905/06 die aus 1267 Titeln bestehende Heine-Sammlung Meyer aus Leipzig mit Primär- und Sekundärliteratur erworben werden konnte. Damit war der Grundstock zum Heine-Archiv im Rahmen der Landes- und Stadtbibliothek Düsseldorf gelegt. Ein Heine-Zimmer wurde in der Bibliothek, die in einem Flügel des Kunstgewerbemuseums am Grabbeplatz untergebracht war, eingerichtet. Den Raum zeichnete die große, zu diesem Zweck geschaffene Heine-Büste aus Alabaster von Adolf Schmieding aus. Die Büste hat heute im Museum des Heinrich-Heine-Instituts einen Ehrenplatz.

Es darf nicht übersehen werden, daß die Impulse zu einer Ehrung Heines und kleine Aktionen fast immer aus Privatinitiativen herrührten. So wurde bereits im April 1913 in der Gaststätte ›Im goldenen Kessel‹, einem traditionsreichen Haus neben dem Heine-Wohnhaus Bolkerstraße 42, eine Heine-Büste des Künstlers Emil Jungblut aufgestellt. Diese Büste wurde während des Dritten Reiches in einem ebenfalls vom Inhaber bewirtschafteten Restaurant am Grafenberger Wald verborgen und nach dem Zweiten Weltkrieg wieder hervorgeholt.

Die Statue des ›Aufstrebenden Jünglings‹ von Georg Kolbe, 1932 im Wettbewerb um den besten Entwurf für ein damals wiederum geplantes Düsseldorfer Heine-Denkmal als Sieger hervorgegangen, konnte nicht mehr aufgestellt werden. Die Barbarei des Dritten Reiches machte nicht nur den hoffnungsvollen Anfängen der Konsolidierung eines lebendigen Verhältnisses zu Heine ein Ende, sondern führte sogar jenes prophetische Wort Heines aus dem »Almansor« in die unvorstellbar grausamste Tat um:

»Das war ein Vorspiel nur, dort wo man Bücher
Verbrennt, verbrennt man auch am Ende Menschen.«

Die Heine-Sammlung der Landes- und Stadtbibliothek, die 1923 um einen Teil des Heineschen Nachlasses, nämlich um die 323 Bücher und Zeitschriftenhefte seiner Privatbibliothek, bereichert worden war, mußte versteckt werden. Während des Krieges konnte man sie wenigstens als ›Sammlung Meyer‹ auslagern und retten. Der Name Heines war mehr als unopportun geworden.

Nach dem Ende des Zweiten Weltkrieges mußte man sich in Düsseldorf erst langsam wieder an Heinrich Heine gewöhnen. Kolbes Denkmal wurde 1949 im Ehrenhof aufgestellt, allerdings ohne direkten Heine-Bezug. 1953 wurde auf Grund einer Privatinitiative Maillols ›Harmonie‹ auf dem Napoleonsberg im Hofgarten als ›Monument Heine‹ eingeweiht. Selbst vielen Düsseldorfern wird der Zusammenhang heute nicht klar sein. Mit Recht hat man gesagt, diese Deklaration der Maillolschen Statue zum Heinedenkmal sei »etwas mühsam« (Anna Klapheck).

Zum 100. Todestag Heines konnte für das Heine-Archiv der zweite Teil des Heine-Nachlasses mit den Handschriften und der Totenmaske, die sogenannte Sammlung Strauß, erworben werden, so daß die bedeutende Funktion des Heine-Archivs erst 1956 einsetzt. Aber auch am Rathaus selbst ging jetzt der Anspruch, Heine zu akzeptieren und zu honorieren, nicht spurlos vorüber. Eine Heine-Büste von Kurt Zimmermann wurde hier aufgestellt. 1960 stiftete die Stadt eine Heine-Medaille, die an Theodor Heuss verliehen wurde. 1963 erhielt die Heinrich-Heine-Allee ihren Namen, nachdem sie bereits Boulevard Napoléon, Alleestraße und Hindenburgwall geheißen hatte.

In den folgenden Jahren überstürzten sich die Ereignisse geradezu. Einige mußten als Skandal, andere konnten als gebührende Wertschätzung angesehen werden. Die Geschichte der Nachwirkung Heines lebt von diesen Extremen. Die große Heine-Sammlung Schocken ging 1966 bedauerlicherweise nicht nach Düsseldorf, sondern an die

Bibliothèque Nationale in Paris, weil ein Ankauf dieser Größenordnung an den bundesdeutschen Finanzentscheidungsverhältnissen scheiterte. Im September 1970 wurde die in ihrer Geschichte bis 1770 zurückreichende Landes- und Stadtbibliothek aufgelöst. Der Buchbestand ging in den Besitz der neugegründeten Universitätsbibliothek über, die Handschriftenabteilung mit dem gesamten Heine-Archiv verblieb unter dem Namen Heinrich-Heine-Institut bei der Landeshauptstadt Düsseldorf.

Der Vorschlag des Düsseldorfer Oberstadtdirektors, die 1965 gegründete Universität nach Heinrich Heine zu benennen, wurde von Rektor und Senat nicht akzeptiert. Die endgültige Ablehnung des Namens durch den Satzungskonvent am 6. März 1972 besiegelte eine weltweit geführte Auseinandersetzung und wurde überall scharf kritisiert. So entstand in der ansonsten erfreulich verlaufenden Heine-Bewegung eine fatale Dissonanz, die aber nicht etwa krähwinkeligen Stadtvätern angelastet werden kann, sondern in die Verantwortung anderer Gremien fällt.

Die Stadt hatte bereits seit 1963 als Hauptgeldgeber die Vorarbeiten für die große Historisch-kritische Gesamtausgabe der Werke Heines anlaufen lassen. 1972 richtete sie aus Anlaß des 175. Geburtstages Heines einen vielbeachteten Internationalen Heine-Kongreß aus. Im gleichen Jahr verlieh sie auch an seinem Geburtstag zum ersten Mal den alle drei, ab 1981 alle zwei Jahre zu vergebenden Heine-Preis. Erster Preisträger war Carl Zuckmayer, ihm folgte 1975 der französische Germanist Pierre Bertaux, 1978 Sebastian Haffner, 1981 Walter Jens, 1983 Carl Friedrich von Weizsäcker und 1985 Günter Kunert. Am 17. Februar 1981 wurde Bert Gerresheims Heine-Monument am Schwanenmarkt eingeweiht.

Heine-Ausgabe und Heinrich-Heine-Gesellschaft

Die von Rat und Verwaltung durchgesetzten Prinzipien einer Düsseldorfer Heine-Renaissance lösten Aktivitäten in aller Welt aus: die Heine-Ausgabe hatte bedeutende und fruchtbare Vorarbeiten, Sammlungsbemühungen und Publikationen zur Folge; der Heine-Kongreß zeitigte bedeutende Auswirkungen für ein neues differenziertes und entemotionalisiertes Heine-Bild; das Ende 1970 ins Leben gerufene Heine-Institut konnte sich unter städtischem Patronat konsolidieren und endlich seit Dezember 1974 wieder eine angemessene Dauerausstellung ›Heinrich Heine und seine Zeit‹ präsentieren.

Ein großes Desiderat der Heine-Philologie hatte seit langem eine historisch-kritische Heine-Ausgabe dargestellt. Ein solches Projekt wurde seit der Heine-Säkularfeier 1956 in Weimar erörtert und schien anfangs als gemeinsame Unternehmung der beiden deutschen Staaten durchführbar. Dann trennten sich die Wege. Besonders die Vorstellungen von Quantität und Methode differierten. Weimar begann mit der ›Säkularausgabe‹ unter Einschluß aller Briefe von und an Heine. Düsseldorf beschränkte sich von vornherein auf eine Werkausgabe, die außer einem gesicherten Text alle Stufen der Textentstehung darstellen und eine möglichst umfassende Kommentierung gewährleisten wollte. Wegen der unterschiedlichen Konzeption der beiden Ausgaben wird man in Zukunft genötigt sein, beide Ausgaben nebeneinander zu benutzen, wobei festzustellen bleibt, daß die beiden Konkurrenzunternehmen in Kooperation mit französischen Germanisten und Komparatisten entstehen und durchaus fair einer einzigen Sache dienen, die bislang in unverantwortlicher Weise versäumt worden war. Die beiden Ausgaben spiegeln die Bedeutung eines Autors von eminent historischer Bedeutung und politischer Kompetenz. Sie bilden darüber hinaus ein Stück deutscher Geschichte ab.

Solche immens zeitraubenden und kostspieligen Anstrengungen der Wissenschaft, die in Düsseldorf unternommen werden, hätten nicht ihren enormen Widerhall mit Langzeitwirkung in der Öffentlichkeit finden können, wenn nicht die bereits seit 1956 stetigen, lebendigen und abwechslungsreichen Bemühungen der auf privater Basis arbeitenden Heine-Gesellschaft den Boden bereitet hätten und immer auf die Vermittlung zwischen wissenschaftlicher Forschung und interessiertem Publikum abgestellt gewesen wären.

Die Heine-Gesellschaft hatte sich in Düsseldorf konstituiert, war aber von Anfang an überregional und international. Ihre Aufgabe sah sie stets überparteilich, aber engagiert. Durch wissenschaftliche Vorträge, Veranstaltungen gesellig-literarischer Art und durch eigene kleinere Publikationen bzw. durch Anregung von Heine-Veröffentlichungen, dann als Mitherausgeberin des seit 1962 erscheinenden »Heine-Jahrbuchs« war und ist sie ein Zusammenschluß von kritischen Heine-Freunden, ohne die eine Öffentlichkeitsarbeit für Heinrich Heine nicht denkbar wäre. Von Bedeutung war die Schaffung einer Heine-Plakette, die seit 1965 an Max Brod, Hilde Domin, Marcel

Reich-Ranicki, Martin Walser und Peter Rühmkorf verliehen wurde. Die Gesellschaft hatte auf dem Heine-Kongreß von 1972 eine wesentliche Funktion, bald darauf sorgte sie für eine didaktische Aufarbeitung des Heineschen Werks durch die Herausgabe eines »Heine-Lesebuchs«, das besonders für Schulen gedacht ist, und legte Heines »Wintermärchen«, mit Unterrichtshinweisen und -hilfen versehen, vor. Schließlich veranstaltete sie Anfang Juni 1977 ein fachdidaktisches Kolloquium unter dem Titel ›Heine im Spannungsfeld Deutschunterricht‹. Damit sollte den Fachdidaktikern und Wissenschaftlern, die in der Bundesrepublik über Probleme der Heine-Vermittlung gearbeitet und publiziert hatten, Gelegenheit zu einem Erfahrungsaustausch gegeben werden, die sich bewährt hat. Von Bedeutung war auch ihre Beteiligung an den Düsseldorfer Tagungen über den späten Heine zum 125. Todestag im Frühjahr 1981 und über das Junge Deutschland im Februar 1986.

Heinrich-Heine-Institut

Die Gründung des Heinrich-Heine-Instituts im Herbst 1970 hat aus der Not (nämlich der Abgabe der kostbaren Buchbestände der Landes- und Stadtbibliothek an das Land) eine Tugend gemacht: die Verselbständigung des Heine-Archivs und aller sonstigen Nachlässe und Sammlungen zu einem Literaturarchiv, so daß nach dem Vorbild des Goethe- und Schiller-Archivs in Weimar und des Schiller-Nationalmuseums in Marbach nun auch der dritte große deutsche Dichter, dessen Name besonders im Ausland stets in dieser Trias genannt wird, Mittelpunkt und Maßstab einer Institution wurde, die sich der Überlieferung literarisch-kulturhistorischer Quellen verpflichtet weiß. Wie auch in anderen Literaturarchiven, die sich um einen Nachlaß gebildet haben, ist das Sammlungsfeld ausgesprochen weit. Aus Gründen der Stadtgeschichte und wegen einer stets berücksichtigten Landschaftsbezogenheit sind innerhalb der beim Literaturarchiv klassisch zu nennenden Dreieinheit Archiv, Bibliothek und Museum im Heine-Institut Literatur, Kunst, Musik und Wissenschaft besonders des rheinischen Raums vom 17. Jahrhundert bis zur Gegenwart vertreten.

Die Eigenständigkeit des Heine-Archivs und der Neuanfang wurden besonders augenfällig, als am 13. Dezember 1974 in der Bilker Straße 14 das Museum im sogenannten Heine-Haus eingeweiht werden konnte. Beim Institutsgebäude mit seinem historischen Flair handelt es sich um das ehemalige Stadtpalais des Fürsten Salm-Reifferscheidt-Krautheim, in dem von 1819 bis 1821 die Dichterin Louise Hensel als Gesellschafterin der Fürstin gelebt hat. Der Umzug der Verwaltung und von Teilen des Bestandes sowie die Einrichtung der Lesesäle erfolgten im Herbst 1975. Als Gäste wurden die Arbeitsstelle für die Heine-Ausgabe und die Heine-Gesellschaft mit ihrem Geschäftszimmer aufgenommen. Im Herbst 1977 konnte endlich der gesamte Bestand im Institutsgebäude an der Bilker Straße konzentriert werden. Der alte, vom Krieg stark in Mitleidenschaft gezogene Bau der Landes- und Stadtbibliothek am Grabbeplatz mußte dem Neubau der Landesgalerie weichen. Damit ist ein bewegtes Kapitel der Geschichte des Heine-Archivs und seines Domizils endgültig abgeschlossen.

Das Herzstück des Heine-Instituts bildet das Heine-Archiv mit seinen über 4000 Werkmanuskriptseiten Heines, den ca. 150 Briefen von ihm und den ca. 830 Briefen an ihn sowie seiner Nachlaßbibliothek. Das Archiv, dessen größter handschriftlicher Teil sich aus der Sammlung Strauß rekrutiert, wird laufend durch neu auftauchende Manuskripte und Briefe ergänzt und ausgebaut. Für die historisch-kritische Heine-Ausgabe und die sonstige Heine-Philologie ist es die unabdingbare Grundlage.

Weiterhin werden im Archiv (nach der aus systematisch-organisatorischen Gründen notwendigen Abtretung der mittelalterlichen Handschriften und Inkunabeln an die Universitätsbibliothek Düsseldorf im Frühjahr 1977) rund 300 neuere Handschriften verwaltet. Unter diesen Handschriften sind Friedrich von Spees »Güldenes Tugendbuch« und die Rapparini-Handschrift besondere Glanzstücke.

Die allgemeine Autographensammlung enthält Dichter, Musiker, Künstler, Philosophen usw. besonders aus dem Heine-Umkreis, dem Jungen Deutschland und Vormärz, aber auch zum Düsseldorfer und rheinischen Geistesleben. Die über 110 Nachlässe, Teilnachlässe und Sammlungen geben ein breites Spektrum des kulturellen Bereichs: Jacobi, Immermann, Varnhagen und Grabbe müssen genannt werden; bei den neueren Autoren geht die Linie über Herbert Eulenberg, der sich immer für Heine in Düsseldorf eingesetzt hat, bis zu Heinrich Böll. An Künstlern verdienen Moritz Oppenheim, Cornelius, Schadow, Julius Hübner und Reinick Erwähnung. Unter den Musikern nimmt Robert Schumann, der kongeniale Vertoner von Heines Lyrik, eine hervorragende Position ein: er ist mit gut 40 Musikautographen, Stichvorlagen und Widmungsexemplaren von Drucken und etwa 80 Briefen besonders eindrucksvoll vertreten. Das Schumann-Archiv enthält darüber hinaus die herausragende Dickinson-Sammlung, die 1984 erworben werden konnte. Aber auch Mendelssohn und Brahms, Hiller, Joachim und Max Bruch sind repräsentativ gesammelt worden. Von den Modernen ist Jürg Baur im Archiv vertreten.

Viele der Namen hängen direkt oder indirekt mit Heine zusammen, andere sind aus lokalen Gründen von Bedeutung. Auch wenn die Namen der Nachlasser oft keinen allgemeinen Bekanntheitsgrad erreicht haben, ergänzen die vielfältigen Quellen teilweise das Heine-Archiv (so Teile des Campe-Nachlasses, Müller von Königswinter) oder besitzen einen eigenständigen kulturhistorischen bzw. literarischen Wert wie beim Benzenberg-Nachlaß, dem Nachlaß Sarnetzki und den Nachlässen von Otto zur Linde, der übrigens über Heine promoviert hatte, und sonstiger Charontiker.

Die umfassende Heine-Sammlung von ca. 10 000 Titeln mit aller greifbaren Literatur von und über ihn hat sich neben dem Heine-Archiv zu einem der wichtigsten Instrumente der internationalen Heine-Forschung entwickelt. Außerdem enthält die Bibliothek des Heine-Instituts etwa weitere 25 000 Bände im Handbestand, in den Nachlaßbibliotheken und an spezieller Quellen- und Forschungsliteratur. Die jährliche Heine-Bibliographie im Heine-Jahrbuch ist der Arbeit der Bibliothek zu verdanken. Mit dem Archiv zusammen leistet sie die notwendigen Vorarbeiten für Ausstellungen und Publikationen.

Durch den Museumsbestand an Bildern, Büsten und Graphik wird die Dokumentation der kulturhistorischen Sammlungen im Heine-Institut abgerundet. Hier kommen neben anderen kostbaren Zeugnissen dem Heine-Porträt von Gottlieb Gassen, dem Bilde von Kietz, das Heine mit seiner Frau Mathilde darstellt, dem Popperschen Heine-Bild und nicht zuletzt der Totenmaske Heines bevorzugte Stellungen zu.

Die Haupttätigkeit des Instituts beruht auf dem Sammeln, Bewahren, Katalogisieren und Auswerten seines reichen Materials. Durch Ausstellungen im Museum, durch Führungen, Autorenlesungen und sonstige Veranstaltungen, die zum Teil in Zusammenarbeit mit der Heine-Gesellschaft erfolgen, wird versucht, Heine und seine Zeit sowie sonstige damit verwandte Problemkreise einem möglichst vielschichtigen und breiten Publikum nahezubringen. Die Tatsache, daß im Jahr rund 20 000 Besucher im Museum des Heine-Instituts gezählt werden, spricht für das lebendige Interesse auch der Düsseldorfer Bevölkerung. Das Archiv und die Bibliothek werden laufend von Studenten und Wissenschaftlern, vor allem von Heine- und Schumann-Forschern, aus aller Welt benutzt.

Im Heine-Institut werden das »Heine-Jahrbuch« und die »Heine-Studien« redigiert. Eine Reihe »Veröffentlichungen des Heinrich-Heine-Instituts« berücksichtigt auch Komplexe, die nur am Rande des Heine-Archivs liegen oder sich aus den sonstigen Beständen des Instituts ergeben. Besonders wichtig ist der internationale Kontakt innerhalb der Heine-Forschung mit Weimar und Paris, mit Forschern in den USA, Japan, Italien, England und Australien.

Als Heinrich Heine am 29. August 1837 melancholisch gestimmt war und auf Gegenwart und Zukunft keine großen Hoffnungen setzte, schrieb er aus Le Havre an seinen Bruder Maximilian: »Ich werde wahrscheinlich die Zahl jener edelsten und größten Männer Deutschlands vermehren, die mit gebrochenem Herzen und zerrissenem Rock ins Grab steigen. In Düsseldorf wird mir dann wohl ein Monument gesetzt werden.« Es ist zu wünschen, daß er im Düsseldorfer Literaturarchiv seines Namens ein lebendiges Monument gefunden hat, ein Denkmal, das seinem Andenken Ehre macht und das die Anliegen und Ziele eines der »edelsten und größten Männer Deutschlands« immer nachhaltiger ins öffentliche Bewußtsein bringen kann.

»In den dumpfen Bogengängen des Franziskanerklosters«. Schulzeit

Kein Ort in Heines Geburtsstadt ist mit der Atmosphäre, mit dem Wohl und Wehe der Stadt zur Zeit von Heines Kindheit und Jugend so eng verquickt wie das Franziskanerkloster, das durch die Vielzahl seiner Funktionen Heines Entwicklung und Erinnerung nachhaltig beeinflußt hat. Hier wurde Heine zum Rheinländer.

Als vorherrschende Elemente des damaligen Volkscharakters werden bei Wilhelmi in seinem »Panorama von Düsseldorf und seinen Umgebungen« aus dem Jahre 1828 »Heiterkeit, Gutmüthigkeit und ein reges Gefühl für Anstand« genannt, »Streit und Zank, und jede andern Ausbrüche roher Wildheit« waren in Düsseldorf völlig ungewöhnlich. Wen wundert es da, daß der Auswärtige sich durch die »allgemein verbreitete Höflichkeit und Gefälligkeit angenehm überrascht« und hier bald zu Hause fand. Wilhelmi stellt fest: »Außer einigen Duellen von Fremden ist von hier, seit einer langen Reihe von Jahren, kein Mord, nicht einmal eine bedeutende Verwundung zur criminellen Ahndung vorgekommen.« Dieser Lichtseite des Volkscharakters entspricht allerdings eine vergleichsweise harmlose Schattenseite, »die sich durch Hang zum Luxus in Kleidung, Vergnügungssucht« usw. aussprach. Wen wundert es wiederum, daß in einer solchen Stadt auf organisierte Formen der Geselligkeit Wert gelegt wurde. Es heißt nämlich weiter: »In den vielfachen geselligen Kreisen, weht im allgemeinen der Geist einer anständigen Unterhaltung. Freimüthig zwar, aber nie die Grenzen der Schicklichkeit und der Achtung, die man dem Gesetze, den Behörden und den Verhältnissen schuldig ist, verletzend, spricht jeder, auch über öffentliche Angelegenheiten sich aus.«

Unser Gewährsmann schreibt weiter: »Endlich ist die hier vorherrschende, wahrhaft christliche Toleranz der verschiedenen Confessionen eine erfreuliche Erscheinung. Eine schönere Eintracht unter den Geistlichen und den Gliedern aller Bekenntnisse kann es nicht geben.« Heine hat diese Toleranz verdient und selbst geübt. Einer der Ursprünge der Heineschen Toleranz liegt in seinen Düsseldorfer Schulerfahrungen begründet.

Das ist eine Behauptung, die sich nicht so sehr auf die Erinnerungen Heines an die Volksschule im Franziskanerkloster und auch nicht auf den Großteil der Veranstaltungen des Lyceums unter dem gleichen Dach stützen kann: denn da herrschen bezeichnenderweise die unvergessenen Prügelstrafen vor und sind die positiven Seiten nur zwischen den Zeilen ablesbar; unsere Behauptung ist beinahe ausschließlich der Person des ehrwürdigen Rektors des Lyceums, Schallmayer, verpflichtet. Diese Andeutungen bedürfen nun einer kurzen historischen Erläuterung, damit die Funktionen des Franziskanerklosters während der Heineschen Schulzeit klar werden. 1803 wurde im Zuge des Reichsdeputationshauptschlusses der seit Mitte des 17. Jahrhunderts in Düsseldorf auf der Citadellstraße existierende Franziskanerkonvent aufgehoben. Die 1734 bis 1737 neuerrichtete Kirche und die erweiterten Klostergebäude (die Ausstattung des sehenswerten Antonius-Saales stammt übrigens etwa aus dem Jahre 1766) mußten anderen Bestimmungen dienen. Am 1. August 1804 wurde die, nach über einjährigem Bestehen der 1. Normalschule in der Ritterstraße, nunmehr 2. Düsseldorfer Normalschule im älteren Franziskanerkloster auf der Citadellstraße eröffnet. Lehrer der Jungenschule war Bernhard Dickerscheid, der für die Prügel, die er austeilte, berüchtigt war. 1808 heißt es in einem Beschwerdebrief des Innenministers über die unerlaubten tätlichen Mißhandlungen ihrer Schüler besonders im Falle Asthövers, Dickerscheids und des Rechenmeisters Sulzbach: »Herr Dickerscheid soll nämlich einen Knaben dermaßen geschlagen haben, daß seine Ältern einen Wundarzt zu dessen Heilung gebrauchen mußten«. 1809 erhielt er zusammen mit der Lehrerin, die die Mädchenvolksschule im Franziskanerkloster leitete, einen Verweis »wegen des ordnungswidrigen Sollicitierens [offensichtlich eine Art Betteluntemehmen!] auf dem Spielplatz bei der Schule.«

In der Normalschule sollten, falls keine eigenen jüdischen Schulen eingerichtet waren, laut kurfürstlicher Verfügung vom 18. Juni 1804 auch die Kinder jüdischer Eltern der Schulpflicht genügen. Das Schuldirektorium hatte dafür Sorge zu tragen, »damit dabei die Religions- und Gewissens-Freiheit der jüdischen Jugend nicht verletzt und Anlaß zum Mißtrauen der Eltern gegeben werde, weshalb die jüdischen Schüler weder dem Religionsunterrichte, noch dem Gebete in den Schulen beyzuwohnen haben.« Damit ist Heines Volksschulzeit im Franziskanerkloster erklärt.

Am 19. Juni wurde aus der Klosterkirche, die dem hl. Antonius von Padua geweiht war, die zweite Pfarrkirche der Stadt und zu Ehren des Landesherren Maximilian Joseph nach dessen Namenspatron genannt. Seit November 1805 konnte das in einen desolaten Zustand geratene ehemalige Jesuitengymnasium zum Lyceum (die heutige Nachfolgeschule ist das Görres-Gymnasium) umstrukturiert und ebenfalls im Franziskanerkloster – diesmal im Trakt an der Schulstraße – untergebracht werden, so daß die Gebäude schließlich außer der Bürgerschule und den Lehrsälen für die juristische und theologische Akademie die Wohnungen für Pastor und Kapläne und einige Lehrer (wie z. B. Schallmayer und Daulnoy) und seit März 1810 auch die Kunstakademie umfaßten, da deren Räume im nahen Hondheimschen Palais anderweitig gebraucht wurden. Das Lyceum erhielt erst 1831 einen Neubau an der heutigen Heinrich-Heine-Allee.

Die Schwierigkeiten, die die Volksschule im Franziskanerkloster mit sich brachte, scheinen gering im Vergleich mit denen der Lyceumsgeschichte. Drei Professorenstellen waren ausgeschrieben worden, da die ehemaligen Jesuiten als Lehrer fast ausschließlich versagt hatten. Unter den über vierzig Bewerbern befanden sich viele, die die deutsche Sprache nur mangelhaft beherrschten; ein Doktor der Weltweisheit entpuppte sich als Landstreicher. Schließlich konnte nur ein einziger ausgewählt und angestellt werden: der Minorit Dr. Aegidius Jacob Schallmayer, geboren 1757 in Eupen, Professor für Patrologie und Moraltheologie an der Universität Bonn bis zu deren Aufhebung, danach Lehrer in Bonn.

Schallmayer wurde das Rektorat übertragen, dem er in der Folge nicht gewachsen war; er wurde im November 1808 zwar vom Amt entbunden, der respektable Nachfolger blieb aber nur ein halbes Jahr, so daß Schallmayer die provisorische Verwaltung des Rektorats wieder übergeben werden mußte, bis er aus Gesundheitsrücksichten Mitte 1813 das Amt an den äußerst fähigen Karl Wilhelm Kortüm, vordem Hauslehrer im Jacobischen Haus in Pempelfort, abtrat. Am 18. Januar 1814 wurde das Lyceum preußisches Gymnasium. Schallmayer ist 1817 gestorben.

Trotz großer Schwierigkeiten wurden nach und nach auch andere Lehrer gewonnen, die z. T. gleichzeitig wie Schallmayer an der zu gründenden, dann aber nicht zustande gekommenen Düsseldorfer Universität als Professoren tätig sein sollten: so der Abbé Daulnoy, Professor Joseph Schram von der juristischen Akademie für einige Deutschstunden, der Physiker und Astronom Johann Friedrich Benzenberg, der das Amt bald wieder aufgeben mußte, Johann Paul Brewer als dessen Nachfolger. Friedrich Schlegel mußte die Stelle des ausgeschiedenen Altphilologen Kuithan 1806 aus familiären Gründen ablehnen. Als Hilfskraft für den Sportunterricht wurde Ostern 1815 auf Vorschlag von Turnvater Jahn ein Primaner namens Wilhelm Zernial eingestellt, der in Heines »Wünnebergiade« eine kleine Rolle spielt.

Die meisten Lehrer waren wegen des geringen Gehalts auf Nebeneinnahmen angewiesen, sie betätigen sich manchmal erlaubterweise als Privatlehrer oder verbotenerweise als Kommissionsbuchhändler besonders für Schulbücher. Die Organisation des Lyceums blieb flexibel: Für gewöhnlich gibt es die Vorbereitungsklasse von Professor Asthöver mit zwei beziehungsweise drei Abteilungen und drei Lyceums-Klassen, später sogar vier Klassen und zusätzlich die philosophische von Schallmayer. Die meisten Schüler blieben etwa sechs bis acht Jahre auf dem Lyceum.

Die Schülerzahl (ohne die Vorbereitungsklasse) schwankt von 1805 bis zum Winterhalbjahr 1812/13, als Heine im Verzeichnis der philosophischen Klasse aufgeführt wurde, zwischen 60 und 90.

Was die Disziplin betraf, ging es oft genug drunter und drüber. Die Lyceisten waren im ordentlichen Düsseldorf der reinste Bürgerschreck. Häufig mußte die Polizei einschreiten. Die Schulordnung für das Lyceum läßt erahnen, was alles vorkam, da es ausdrücklich verboten wird. Vieles erscheint uns heute halb so schlimm: über die Bänke steigen, Schwätzen, Unfug mit den Tintenfässern, Gebrauch von Rauch- und Schnupftabak, Vorsagen, Spielen um Geld, Tauschen und Handeln; für besonders schwere Fälle durften Rutenstreiche eingesetzt werden.

Diese vielen verwirrenden Hinweise zu einem uns, abgesehen von den Disziplinarstrafen, sehr durchlässig und lasch erscheinenden Schulsystem sollen genügen. Heine hat im Franziskanerkloster die Volksschule besucht, hat am Lyceumsunterricht teilgenommen, aber auch noch andere Möglichkeiten des Düsseldorfer Bildungsangebots wahrnehmen müssen, so die Kinderschule der Jungfer Hindermans, Rintelsohns jüdische Unterweisung in der Ratinger Straße, einige Zeichenstunden in der Kunstakademie und die Vahrenkampfsche Handelsschule. Darüber können am besten seine Texte selbst Auskunft geben. Denn hier die alte Streitfrage nach Zeitpunkt und Reihenfolge des jeweiligen Schulbesuchs zu erörtern, würde zu weit führen.

Heine hat das Lyceum zum Repetieren offensichtlich noch einmal 1819 vor dem Übergang zur Bonner Universität nach seiner dreijährigen Hamburger Lehrzeit gelegentlich für einige Stunden besucht. Seine Brüder Gustav und Maximilian waren mit unterschiedlicher Intensität ebenfalls Schüler des Lyceums bzw. Gymnasiums, übrigens zu ihrer Zeit als die einzigen jüdischer Herkunft. Kortüms Abgangszeugnis für Maximilian vom 5. März 1820 signalisiert das Ende der Düsseldorfer Zeit der Familie Heine.

Heine in Düsseldorf. Variationen

1. *Heine-Stätten*

Wofür ein Autor in der Regel am wenigsten kann, nämlich für seine zufällige Geburt an einem ebenso zufälligen Ort, dadurch bringt er manchmal bereits seine Mit-, eher noch, falls er sich einen bestimmten hohen Grad öffentlicher Anerkennung erobert hat, seine Nachwelt in günstige, oftmals sogar werbewirksame Umstände oder aber auch in verzwickte, bisweilen peinliche Situationen. Was wäre Stratford ohne Shakespeare, Marbach ohne Schiller und selbst Frankfurt, das historisch gesehen durchaus Reputierliches zu bieten hat, ohne Goethe. Dennoch läuft die patriotische Freude an bedeutenden Söhnen und Töchtern einher mit der Last der Verantwortung, ein kulturelles Erbe tragen zu müssen, das oft genug nicht unwesentliche Störungen bürgerlichen Wohlbefindens impliziert.

So ergeht es im Positiven wie Negativen Düsseldorf mit Heinrich Heine. Man hat sich im offiziellen Sprachgebrauch zwar angewöhnt, ihn als größten Sohn der Stadt zu reklamieren, und nimmt es gern in Kauf, den Abglanz seiner Beliebtheit und seines internationalen Ruhms auf die Stadt an der Düssel fallen zu sehen, ist zugleich aber stets von neuem irritiert, wenn es nicht ohne Ärger, Proteste und Querelen abgeht, selbst nicht bei den gut gemeinten Heine-Preisverleihungen seit 1972.

Denn Heine ist nicht Goethe und Schiller, auf deren Lorbeeren sich nachgewachsene Mitbürger allenfalls noch ausruhen können, auch wenn das nicht im Sinne der Bekränzten ist. Heines Werke und Ruhm sind so widerspenstig und stachelig, daß immer mit neuen Überraschungen gerechnet werden muß. So gern auch die Vater- (oder biographisch richtiger: die Mutter-) Stadt Düsseldorf mit Heine ihren lieben Frieden hätte, Unruhe wird es auch in Zukunft geben, dafür hat durch alle Bedingungen seiner Existenz, für die er nichts kann, und durch fast alle literarischen Ergebnisse eines aufregenden Schriftstellerlebens, für die er sehr wohl geradesteht, Heine selbst zur Genüge gesorgt.

Es wurde stets von neuem und von vielen Seiten wiederholt, das Verhältnis Düsseldorfs zu Heine sei miserabel. In Wahrheit ist das

Verhältnis nicht besser und nicht schlechter als das des ganzen deutschen Publikums zu Heine, das mit ihm von jeher besondere Probleme gehabt hat. Düsseldorf mußte nur das traurige Paradigma für eine wechselvolle Rezeption abgeben. Scheinheilige Kritiker suchen in Düsseldorf Wunden, die bedauerlicherweise wirklich vorhanden sind, aber auch im übrigen Land bluten. Die leichtlebige Stadt am Rhein hätte allerdings wirklich manchmal mutiger für ihren größten Sohn eintreten können und müssen. Die Tragik des Nachlebens von Heines Wirkung und Werk besteht aber gerade darin, daß wir heute sogar dankbar zu sein haben, weil in Düsseldorf während der Naziherrschaft das Heine-Archiv gerettet worden ist. Und damit ist viel gerettet, vor allen Dingen symbolisch.

Das Verhältnis Heines zu Düsseldorf ist der Familie seiner Mutter und einer relativ unbeschwerten Kindheit in dieser Stadt zu danken. Wie historische Inseln durchziehen noch heute die Adressen der van Geldernschen oder Heineschen Häuser die Stadt: in der Bolkerstraße, in der Mertensgasse, in der Neusser Straße. Hinzu kommt als historische Heine-Stätte der Marktplatz mit dem Reiterstandbild Jan Wellems, das Grupello geschaffen hat. Das ist ein Stück Düsseldorf, an dem sich der junge Heine festhielt, wohl wissend, daß mit den nachrevolutionären Folgen der napoleonischen Zeit ein Stück alter feudaler Geschichte abgeschlossen war. Die Weltgeschichte spiegelte sich im Kleinen. Auch dafür und damals schon mußte Düsseldorf das Exempel abgeben. Am getreuesten hat sich das Düsseldorf der Heine-Zeit vielleicht durch seine Schule im ehemaligen Franziskanerkloster neben der Maxkirche erhalten. Ganz in der Nähe liegt heute in der Bilker Straße das Heine-Institut, dem wiederum Schumanns letztes Düsseldorfer Wohnhaus schräg gegenüberliegt.

Die historischen Streifzüge durch die Stadt machen auf einen Mangel aufmerksam, der nur schwer zu verwinden ist: es gibt keine Memorialstätte für Heine, nicht ein für ihn hergerichtetes Geburtshaus, in das man eintreten und sich von der Atmosphäre einfangen lassen könnte, nicht das Wohnhaus der Familie aus späteren Jahren und auch sonst kein Haus, das mit Heine in direktem Zusammenhang steht. Das Heine-Institut ist zwar im historischen Rahmen untergebracht, der freilich nur die Heine-Zeit suggeriert, nichts Originäres von Heine und seiner Familie selbst vorweist. Aber immerhin hat hier die Tochter der Fürstin Gallitzin residiert und Louise Hensel als feinsinnige Gesellschafterin beschäftigt. Durch deren Bruder, Wilhelm

Hensel, schließt sich dann doch der Kreis der Beziehung zu Heine: von ihm stammt ein geniales Heine-Porträt; mit seiner Frau Fanny und seinem Schwager Felix Mendelssohn war Heine ebenfalls bekannt. Das 19. Jahrhundert blieb gewöhnlich sehr unter sich.

Heine hat in Düsseldorf nur seine Schulzeit verlebt, hier nicht den Beruf ausüben und als ein sich selbst, seiner Linie und Partei bewußter Autor die Zeit verbringen müssen. Deshalb gibt es für ihn wenig Reibungspunkte. Er hat die Heimatstadt aus den bekannten Gründen der Ausbildung bei seinem Millionärsonkel Salomon frühzeitig gegen Hamburg eingetauscht und ihr wahrscheinlich deshalb, solange er lebte, freundlich-herzliche Gedenkzeilen gewidmet, wie er sie keiner seiner zahlreichen übrigen Stationen in dieser Weise gegönnt hat. Allerdings hat auch niemand seiner Düsseldorfer Vorgänger und Nachfolger für die ehemalige kleine Kunst-, Garten- und Residenzstadt diesen Charme aufgeboten. In seinen Werken und Briefen hypostasiert er auf so rührende Art seine Geburtsstadt zum Ursprungsort heiteren Menschseins und melancholisch-verflossenen Lebens, daß geradezu paradiesische Zustände geborgenen, heilen Daseins durch seine Imagination vermittelt werden.

Die Annäherung zwischen Düsseldorf und Heine vollzog sich dagegen eher wellenförmig mit einigen Höhepunkten und manchen Tiefschlägen. Zuerst geschah einmal, bis man von ihm als einem Düsseldorfer Autor Notiz genommen hatte, lange Zeit gar nichts. Heine und seine nächste Familie waren seit Menschengedenken fort, und damit hatte es sich. Erst im Verlauf der denkmals- und erinnerungssüchtigen Jahre, die der Klärung deutschen Selbstverständnisses nach 1870 dienten, als für Goethe in Frankfurt und Weimar, für Schiller in Marbach und ebenfalls in Weimar, für andere anderswo per Denkmal, Gedenkstätte, Archiv oder Museum gesorgt wurde, kam man auch in Düsseldorf auf den Gedanken, dem in aller Welt anerkannten Sohn ein Denkmal zu setzen. Kaiserin Elisabeth von Österreich war die begeisterte Initiatorin und scheiterte vor allem aus politischen Gründen: Heine wurde nicht als guter deutscher Patriot akzeptiert. Er war ein brisanter politischer Kritiker und von jüdischer Herkunft. Beides zusammen machte seinen Landsleuten das Andenken schwerer, als ihnen vielleicht manchmal selber lieb war; immerhin hatte er die schönsten volksliedhaften Gedichte geschrieben und ihren Rhein besungen. Die beiden aus dieser Zeit herrührenden Denkmäler stehen statt in Düsseldorf in New York und Toulon, damit deutlich auf

Heines Weltbürgertum verweisend. Unter mehrfach verschobenen Spektren und von einigen psychologischen Imponderabilien der Nachkriegszeit beschwert, gelten die Schwierigkeiten mit einer sonstwo anderen Dichtern selbstverständlich erwiesenen Ehre sogar bis heute. Nicht so sehr die Tatsache der Nichtbenennung, als vielmehr der unglückliche Verlauf der Affäre um die Namengebung der Düsseldorfer Universität nach Heinrich Heine Ende der 60er und Anfang der 70er Jahre ist dafür ein Beispiel.

Das nicht zustandegekommene Heine-Denkmal von 1888 fand wenigstens 1906 als finanzielle Rückendeckung beim Ankauf einer Heine-Büchersammlung im Rahmen der damaligen Landes- und Stadtbibliothek Düsseldorf am Grabbe-Platz eine rühmliche und lebendige Gestalt. Das sogleich eingerichtete Heine-Zimmer zog bis zu Beginn des Dritten Reiches zahlreiche Besucher an. Als nach dem 2. Weltkrieg ein planvoller Ausbau möglich war, erhielt das Heine-Archiv den größten und wichtigsten Zuwachs durch den Erwerb des handschriftlichen Nachlasses im 100. Jahr seines Todes, nämlich 1956, das für viele Aktivitäten bahnbrechend geworden ist: die Begründung der Heinrich-Heine-Gesellschaft erfolgte ebenso, wie der Plan einer Heine-Gesamtausgabe Gestalt annahm, der schließlich zu einem doppelten Unternehmen in Weimar und Düsseldorf gedieh. Die intensive Auseinandersetzung mit Heine als einem international längst entdeckten und in Deutschland weithin unterrepräsentierten Schriftsteller mag sich darin ausdrücken, ebenfalls auch Heines soziale und politische Aktualität. Das Heine-Archiv und die Stadt Düsseldorf erlitten 10 Jahre später eine Schlappe, als die große Heine-Autographensammlung Schocken nicht vom Archiv erworben werden konnte, sondern nach Paris ging. Aber auch in diesem von vielen als Skandal empfundenen bundesdeutschen Unvermögen, kulturpflegerisch im rechten Moment schnell genug aktiv zu werden, bildet sich Heines Biographie auf eine zugleich weltläufig-interessante wie leidvolle Weise ab.

Eine im Zuge der wichtigen deutschen wie ausländischen Heine-Renaissancen epochemachende Düsseldorfer Entwicklung war die Entscheidung für ein eigenständiges Heinrich-Heine-Institut im Jahre 1970. Als Literaturarchiv mit den drei Dokumentationsbereichen Archiv, Bibliothek und Museum rekrutierte es sich aus dem Heine-Archiv und der Handschriftenabteilung der ehemaligen, seit 1770 bestehenden Landes- und Stadtbibliothek, deren Buchbestand an die neu ins Leben gerufene Universitätsbibliothek Düsseldorf ging. Damit waren endlich die Denkmalsbestrebungen aus den 50er Jahren, deren Ergebnis in Gestalt der Maillolschen »Harmonie« niemanden hatte so recht zufriedenstellen können, und pure Straßenbenennungen, wie es bei der Heinrich-Heine-Allee der Fall war, in die zweite Reihe der bis heute mit jeweils neuen Projekten ebenfalls in diese Richtung zielenden Heine-Verehrung samt ihren Wiedergutmachungstendenzen verwiesen worden. Damit soll nichts gegen solche Formen der aktuellen Einbürgerung Heines in Stadtbild und Bewußtsein der Öffentlichkeit gesagt sein. Nur können eine Heine-U-Bahn-Station und das schönste neue Heine-Denkmal am Schwanenmarkt nicht die Basis einer wissenschaftlichen und vermittelnden Tätigkeit eines Archivs mit seinen Quellen und Dokumenten zu Heine und seiner Zeit ersetzen. Erst im Zusammenspiel aller genannten Faktoren ist die Düsseldorfer Heine-Tradition lebendig und voller Zukunft.

Das Heinrich-Heine-Institut öffnet durch sein Museum die Türen für jedermann. Führungen, Vorträge, Lektürekurse, Veranstaltungen mehr geselliger Art, zumeist in enger Zusammenarbeit mit der Heine-Gesellschaft, versuchen erfolgreich ein breites Publikum anzusprechen. Durch Sonderausstellungen auch aus den anderen Themenbereichen der über 130 Nachlässe, Teilnachlässe und Sammlungen des Instituts vom Barock bis zur Gegenwart soll ein möglichst großes kulturelles Kommunikationsfeld abgesteckt werden, in dem aufgrund der Sammlungen die Gebiete Literatur, Kunst, Musik und Wissenschaft in zumeist archivalisch-musealer Kombination erschlossen werden. Durch von lebhafter Resonanz begleitete Heine-Ausstellungen im Ausland strahlt das Institut auch optisch aus, während das vom Heine-Institut betreute »Heine-Jahrbuch«, das seit 1962 erscheint, und die »Heine-Studien«, die seit 1971 in lockerer Folge Monographien bieten, für die Heine-Philologie eine anerkannte Diskussionsgrundlage darstellen und die Einzelforschung vorantreiben. Das Museum des Heine-Instituts bestimmt hauptsächlich die Außenwirkung und legt seinerseits durch Expositionen auf eine Vermittlerrolle wert. Dagegen werden im Archiv und in der Bibliothek jene Sammel- und Aufarbeitungstätigkeiten durchgeführt, ohne die eine wissenschaftliche Beschäftigung mit Heine und seiner Zeit nicht möglich wäre. Das Heine-Archiv mit seinem mittlerweise enorm angewachsenen Umkreis, der den Verleger Campe, den aus Düsseldorf stammenden Freund Varnhagen, einige Jungdeutsche wie Gutzkow, Laube und Leopold Schefer, den

Maler Kietz und selbst Heines letzte Liebe, seine sogenannte »Mouche«, betrifft, wird ergänzt durch viele Abteilungen, die besonders das 19. Jahrhundert dokumentarisch vervollständigen, aber auch bis in die Gegenwart führen. Robert und Clara Schumann haben hier ihren Platz; Mitglieder der Düsseldorfer Malerschule und beispielsweise der Charon-Dichter Otto zur Linde, der über Heine promoviert hat, sind ebenfalls präsent und für die Benutzer ein weites Feld zur Erarbeitung neuer Vergangenheits-Perspektiven, die durch solche Quellen Lebendigkeit, Anschaulichkeit und Farbe gewinnen.

Trotz aller großen Anstrengungen und mancher Konsolidierung einer stetigen Auseinandersetzung mit dem Werk Heines und seiner Zeit kommt die Bemühung einer solchen Einrichtung, wie sie das Heine-Institut verkörpert, nicht zu einem Ende. Da ergeht es den Mitarbeitern des Instituts wie den Sammlern: je mehr sie sich in die Materie vertiefen, je vertrauter ihnen die Objekte sind, je mehr man mit ihnen lebt, um so weniger lassen sie einen los, um so mehr nährt man die Neugierde auf Unbekanntes. Was allerdings den Heine-Archivar von einem Heine-Sammler und Antiquar unterscheidet, ist die durch den Beruf auferlegte Treue zum Sammlungsgegenstand. Diese archivalische Tugend ist freilich sehr oft aus der antiquarischen Not geboren, nämlich den Geschäftsregeln gehorchen zu müssen. Heine hat aus dieser Gegenseitigkeit für gewöhnlich profitiert, denn sonst gäbe es nicht die vielen tausend Stücke, die den Reiz des Heine-Archivs und des Museums ausmachen.

2. Heine-Monument

Die seit hundert Jahren heftig geführte Diskussion um hinreichende Ehrungen und adäquate Denkmäler gehört in einem Maße zur Wirkungsgeschichte des Autors Heinrich Heine, wie es bei anderen Schriftstellern und Künstlern seines Ranges nie der Fall gewesen ist. Will man es negativ sehen (und leider muß es in den meisten bisherigen Fällen so betrachtet werden), sind diese Streitigkeiten, die jeweils einer achtenswerten, vernünftigen und von breiten Bevölkerungsschichten getragenen Initiative für Heines Andenken in seiner Vaterstadt (aber auch in anderen Orten Deutschlands) auf dem Fuße folgten, aus dunkel emotionalen Gründen erwachsen. Die Versuche, das Werk eines international anerkannten Dichters schulmeisterlich und kleinlich herabzusetzen, wurden aus restaurativen, antiliberalen, antisemitischen und borniert selbstgefälligen Quellen gespeist. Die Geschichte der Heine-Denkmäler und -Ehrungen verlief deshalb in Düsseldorf so unglücklich wie kaum eine andere Kultur-Angelegenheit.

Die erstaunlich weit gediehene Denkmalsaktion von 1888 unter dem Patronat der Kaiserin Elisabeth von Österreich scheiterte an den politischen und ideologischen Widerständen Preußens. Die unter allgemeiner Anteilnahme 1932 großartig vorbereitete zweite Denkmalsinitiative konnte wegen der Heine in allem widersprechenden deutschen Entwicklung, wie sie dann 1933 bis 1945 ihren wahnwitzigen Ausdruck fand, nicht mehr zu Ende geführt werden.

Daß der erste Preis des Wettbewerbs von 1932, Georg Kolbes »Aufstrebender Jüngling«, nach dem Zweiten Weltkrieg stillschweigend und ohne Heine-Bezug im Ehrenhof aufgestellt wurde, ist ein Indiz dafür, daß nichts ungeschehen gemacht werden kann.

Die Einrichtung einer Heine-Denkmalsanlage 1953 mit Maillols »Harmonie« auf dem Napoleonsberg im Hofgarten war eine gut gemeinte Notlösung. Nichts hat dann im Zusammenhang mit Heine weltweit so hohe Wogen geschlagen wie der wohl anscheinend endgültig mißlungene Vorstoß der Stadt Düsseldorf, unterstützt von namhaften Stimmen des In- und Auslandes, die 1965 gegründete Universität nach Düsseldorfs größtem Sohn zu benennen und damit ein selbstverständliches Zeichen der Wiedergutmachung zu setzen. Will man hingegen den ewigen Streit um Heine positiv bewerten, so ist der – oft geradezu als Phrase wiederholte – Trost tatsächlich nicht von der Hand zu weisen, daß der Autor und sein Werk durch solche Auseinandersetzungen bis in die Gegenwart hinein lebendig geblieben seien.

Ohne diese lange und widersprüchliche Vorgeschichte kann das Unternehmen Bert Gerresheims, in Düsseldorf für einen öffentlichen Platz ein von einem Mäzen gestiftetes Heine-Monument auszuführen, nicht verstanden werden.

Bemerkenswert an der Idee seines Monuments ist im Unterschied zu früheren Denkmalsplänen, daß es sich nicht um eine ausgeschriebene Auftragsarbeit, sondern, wenn der Begriff erlaubt ist, um eine selbstgestellte Möglichkeitsarbeit handelt. Das bedeutet: Der Mäzen bot dem Düsseldorfer Künstler die Möglichkeit, irgendeine Großplastik zu schaffen. Gerresheim, ausgewiesenermaßen ein origineller Porträtist hintergründiger Köpfe, an denen er seine sogenannte Vexiermethode erprobt hat, wählte speziell für Düsseldorf und aus eigenem Antrieb die Aufgabe, ein Heine-Monument zu entwerfen. Die Stadt ihrerseits sah sich vor die Gelegenheit gestellt, auf diese Weise ein großes modernes Heine-Denkmal zu erhalten, für das sie nur noch das Grundstück auf dem Schwanenmarkt freigeben mußte.

Diese Möglichkeitsarbeit, aus freien künstlerischen Stücken gewählt, hat auch in ihrer Planung und Entstehung alle Formen der dem Künstler Gerresheim gemäßen Annäherung an das Objekt Heine und an ein Denkmal für ihn in einer Zeit, die von Denkmälern offenbar wenig hält, durchgespielt. Dabei scheint besonders wichtig, daß von Anfang an das Abbild Heines selbst im Mittelpunkt der Bemühung stand, nicht die Schaffung einer Allegorie, wie sie bei Kolbe bewußt für das Heine-Denkmal, bei Maillol nachträglich für ein solches eingesetzt wurde. Dagegen gab es 1888 beim Denkmalsplan der österreichischen Kaiserin die Alternative: Heine-Abbild oder Heine-Allegorie. Ein Abbild, nämlich die lebensgroße sitzende Figur des späten Heine vom dänischen Künstler Hasselriis, hat sich die Kaiserin auf Korfu aufstellen lassen; heute befindet sich dieses würdige und ergreifende Denkmal nach langen Irrfahrten in Toulon. Der große allegorische Loreley-Brunnen von Herter dagegen wurde Ende des vergangenen Jahrhunderts in New York errichtet.

Gerresheims Vorarbeiten für das Heine-Abbild bestanden in kleinen, dem Manierismus verpflichteten Bozetti, die sowohl den jugendlichen wie den späten Heine darstellen, in Vexierungen des Heine-Porträts, so daß dem Betrachter ein mehrfaches und damit vieldeutiges Gesicht begegnet, in Zeichnungen und Holzschnitten und verschiedenen Kompositionen. Die meisten Annäherungen fingen jenen faszinierenden Gegenstand aus dem Heine-Nachlaß immer neu und abgewandelt ein: seine Totenmaske. Dieses realistische Zeugnis von Heines Äußerlichkeit hat sich für Gerresheim als die eigentliche Herausforderung unter allen Exponaten, die im Museum des Heine-Instituts das Leben und Werk Heines nachzuzeichnen versuchen, herausgeschält. Viele Menschen haben gerade vor Totenmasken eine große, verständliche Scheu und erleben vor ihnen unbewußt jenen Eindruck, dem Heine selbst am Ende des ersten Teils seiner »Florentinischen Nächte« Ausdruck gegeben hat:

»Solche Masken verleiden uns die Erinnerung an unsere Lieben. Wir glauben in diesem Gipse sei noch etwas von ihrem Leben enthalten, und was wir darin aufbewahrt haben, ist doch ganz eigentlich der Tod selbst. Regelmäßig schöne Züge bekommen hier etwas grauenhaft Starres, Verhöhnendes, Fatales, wodurch sie uns mehr erschrecken als erfreuen. Wahre Karikaturen aber sind die Gipsabgüsse von Gesichtern, deren Reiz mehr von geistiger Art war, deren Züge weniger regelmäßig als interessant gewesen; denn sobald die Grazien des Lebens darin erloschen sind, werden die wirklichen Abweichungen von den idealen Schönheitslinien nicht mehr durch geistige Reize ausgeglichen. Gemeinsam ist aber allen diesen Gipsgesichtern ein gewisser rätselhafter Zug, der uns, bei längerer Betrachtung, aufs unleidlichste die Seele durchfröstelt; sie sehen alle aus wie Menschen, die im Begriffe sind einen schweren Gang zu gehen.«

Die Starrheit und Rätselhaftigkeit der Heineschen Totenmaske wird nun gerade in Gerresheims endgültigem Heine-Monument dadurch aufgehoben, daß sie nur das plastische Material darstellt, aus dem neue Ordnungen – und zwar solche symbolischer Natur – geschaffen werden, so daß ein Ausgleich zwischen den bisherigen Gegensätzen von Abbild und Allegorie erreicht wird. Die Konfrontation von Abbild und Symbol macht das Monument zu einem bewußt verunglückten Denkmal, zu einem Antidenkmal, zugleich aber zu einer Nachdenk-Stätte. Die übliche Form des Abbildes ist verändert, um neuen Möglichkeiten der räumlichen Gliederung Platz zu geben. Unter einem rechteckigen Gestänge ist ein magischer, nach allen Seiten offener Bezirk angedeutet, nachempfunden dem Glasschutz der Totenmaske im Heine-Institut. In diesem Feld ragt ein Gesichtsgebirge, fast die ganze linke Hälfte einer ins Überdimensionale gestalteten Totenmaske, empor, deren Profil das unverkennbare, wenn auch bereits verfremdete Porträt-Denkmal bildet.

Außerhalb dieses offenen Grabes oder dieser Anlage einer »Matratzengruft«, wie Heine sie acht Jahre durchlitten hat, wachsen aus dem Boden heraus oder versinken in ihn Stücke dieser linken Gesichtshälfte, teilweise wie unter einem Tuch verborgen. Damit sind Geburtsort und Endpunkt der Persönlichkeit des in Paris gestorbenen Dichters miteinander in Beziehung gebracht, wird das Grab zugleich die Wiege für eine Zukunft, die im Sinne dessen, dem das Denkmal errichtet wurde, von denen, die es sehen, zu gestalten ist. Denn gerade dieser Gegensatz vom Denkmal des *nach* seiner Zeitlichkeit dargestellten Dichters am Ort seiner Geburt hat auf vorsichtig stille Art den Hinweis des Vertrauens auf die Fortwirkung literarischer Anstöße in sich. Anders gewendet bedeutet das auch, daß der Tod des Dichters den Anfang setzt einer Nachfolge in seinen Lesern, ähnlich wie Heine im Düsseldorf-Teil des »Buchs Le Grand« das Vermächtnis des sterbenden Tambours, der ihn die neuere Geschichte gelehrt hat, in seine Literatur übernimmt, damit es dort fortlebe.

Überdies gelangt im Monument der ironische, spöttische Heine zur Anschauung, der sich bis in seine Krankheit hinein der Öffentlichkeit ausgeliefert und sich ihr gleichzeitig durch die Form der sprachlichen Vermittlung wieder entzogen hat. Das Monument hat dieser letzten Konsequenz Heines, zugleich aber seiner Vieldeutigkeit Ausdruck verliehen. Dabei sollte man Heines eigenen Vorbehalt vor den verspäteten Bemühungen um das Andenken großer Menschen nicht vergessen. In einem seiner ersten Briefe aus Paris, wohin Heine im Mai 1831 emigrieren mußte, schrieb er am 27. Juni 1831 an seinen Düsseldorfer Landsmann und Berliner Freund Varnhagen von Ense über das Panthéon in Paris: »Die kleinen Menschen errichten solche Tempel für die großen Menschen, nach ihrem Tode – man sollte solche Inschriften (›Aux grands hommes la patrie reconnoissante‹) lieber auf Verys Restauration setzen, und die großen Männer bey Lebzeit gut füttern, statt sie nach ihrem Hungertode oder sonstigem Qualtode zu verehren.«

Auch daran kann das unbequeme Monument in seiner zerbrochenen Vollendung erinnern.

Gerresheims Heine-Denkmal hat bereits und wird noch mehr Widerspruch hervorrufen, auch und gerade bei den Heine-Freunden, weil es unsere Denkmalserwartungen auf den Kopf stellt, weil es selbst mehr eine Erinnerung an die »denkmalswürdige Erscheinung«, wie Thomas Mann Heine genannt hat, bildet als dieses im traditionellen Sinn zu erwartende Denkmal selbst. Schwierigkeiten des Betrachters mit dem am 17. Februar 1981 der Stadt übergebenen Denkmal in seiner eigenwilligen Modernität können nicht schaden, sondern eher dieses Monument wirklich zu einer Stätte des Nachdenkens machen, an der auch wir die Möglichkeit haben, unser Verhältnis zur Vergangenheit zum Nutzen der Zukunft zu befragen.

III.

558(R) Heine in der Campagna, 1975

»Die Qual dieser armen Schwäne«. Hamburg: Realität und Fiktion

Was hier unternommen wird, ist schon häufig für verschiedenste Autoren und unter abweichenden Blickwinkeln begonnen worden. Bei Wilhelm Dilthey würde mit Sicherheit unser Thema psychologisch gewendet lauten: »Das Erlebnis und die Dichtung«, und man findet dazu schlicht und einfach ausgeführt: »Poesie ist Darstellung und Ausdruck des Lebens. Sie drückt das Erlebnis aus, und sie stellt die äußere Wirklichkeit des Lebens dar«. »Realität« als äußere Wirklichkeit des Lebens, »Verwandlung« oder »Fiktion« als das durch die Poesie greifbar gewordene Erlebnis, als eine Wirklichkeit des Textes, entstanden durch die Reaktion auf Realität – so könnten die beiden Begriffe umschrieben werden; dennoch sind »Realität« und »Fiktion« noch deutlicher miteinander zu verknüpfen und aufeinander zu beziehen. Die Wirklichkeit kann auf sehr verschiedene Weise interpretiert und durch die Literatur wiedergegeben werden. Heine selbst unterscheidet in der »Romantischen Schule« drei große Weltauffassungen beziehungsweise Möglichkeiten, die Welt auszusagen: die romantisch-rückwärtsgewandte Schule, die Kunstrichtung Goethes, die über den Tagesproblemen schwebt, und die jungdeutsche Schule, für die jene großen Bereiche Wissenschaft, Religion, Politik und Kunst ungetrennt in die Literatur eingehen. Die Betonung liegt bei den Jungdeutschen aller Schattierungen – man denke nur an die Naturalisten! – nicht auf dem Historischen und nicht auf der Ästhetik, sondern eben auf der realen Umwelt mit ihren Bedürfnissen und sozialen und politischen Fragen.

Das literarische Ergebnis dieser Weltbetrachtung ist – bei allem Vorbehalt gegenüber dem vielschichtigen Begriff – ein Realismus, nicht ohne weiteres als literarische Epoche verstanden, sondern als Stilrichtung im formalen und materialen Sinn, die vielen Epochen eigen sein kann und durch mehrere Nationalliteraturen hindurchgeht. Bertolt Brecht beschreibt diese Tradition des Realismus in seinem Aufsatz über die »Weite und Vielfalt der realistischen Schreibweise« und ordnet ihr Autoren wie Shelley, Balzac, Cervantes, Swift und Grimmelshausen zu.

Auch Heine kann man mit Recht in diese Reihe aufnehmen. Und daß er die Weite und Vielfalt der realistischen Schreibweise brillant beherrscht, soll an einem Beispiel vor Augen geführt werden. Dieses Beispiel ist Hamburg. – Ich gebe zu, es handelt sich nur um ein Beispiel, um ein besonders einleuchtendes zwar, aber der Städtename ist austauschbar, man könnte Düsseldorf einsetzen, Berlin, Göttingen usw. und vor allem Paris. Der Städtename ist austauschbar, nur sehen jeweils »Erlebnis« und »Dichtung« anders aus.

Unsere Frage lautet demnach: Wie findet sich die Realität Hamburgs zur Heine-Zeit verwandelt im Werk Heines wieder? Oder allgemeiner: Wie verhält es sich mit Realität und Fiktion?

Doch zuvor noch einige Bemerkungen zur »Fiktion«, damit die spezielle Frage nach der Rezeption Hamburgs im Werk Heines nicht als bloße Marotte, philologische Schnüffelei und Kleinigkeitskrämerei bizarre Blüten treibt. Fiktion gleich Dichtung, anverwandeltes Milieu, Erleben – oder anders gewendet: eine Stadt und ihre Gegebenheiten als historische Realität auf der einen, der Autor mit seinem Werk, in dem sich Ort und Zeit spiegeln, auf der anderen Seite – allerdings mit der Einschränkung, daß Fiktion als Verwandlung von Wirklichkeit zu Literatur nicht unbedingt Veränderung dessen, was und wie es sich zugetragen hat, sein muß, sondern auch einfach Verwendung der Realität bedeuten kann zu höheren Zwecken. Die Verwendung der stadtgeschichtlichen Realität macht die entsprechenden Passagen zur historischen Quelle, die Verwendung zu höheren Zwecken: um humoristisch zu erzählen oder sarkastisch auf Dinge hinzuweisen, die im Argen liegen, macht die Texte zu literarischen Texten, in denen banale Realität, objektive Klein-Historie und x-beliebige Fakten auf die poetische, fiktionale, subjektive, symbolische, zeitlose Ebene gehoben werden. Die Realität ist in einen literarischen Realismus überführt worden, so schwierig und verschwommen dieser Begriff auch bleibt, in einen Realismus, der bei Heine doch nicht ganz einer Epochenzuweisung enträt, sondern ihn im Verband des Jungen Deutschlands auf der Schwelle zum poetischen Realismus des 19. Jahrhunderts zeigt. Durch zum Teil unveränderte, mit der historischen Wirklichkeit übereinstimmende Fakten aus dem hamburgischen Alltag und Leben, die als Einsprengsel im Gesamtwerk zu finden sind, wird freilich in der Darstellung Heines mehrfach Veränderung im andern, moralisch-politischen Sinne intendiert. Fiktion bedeutet also nicht einen ästhetischen Selbstzweck, sondern Interpretation der konkreten Realität und zähe Kritik an leidigen Zuständen in einer engen, überschaubaren Sphäre, die dennoch das Exempel bietet für den Weltzustand insgesamt.

Ein einleuchtendes und einfaches Beispiel für diese Form des Übergangs von der Realität zur Fiktion, vom bloßen Anlaß zum Symbol, von der faktisch-historischen zur literarisch-ästhetischen Wirklichkeit ist Heines Gedicht über das Neue Israelitische Hospital zu Hamburg, eine Stiftung von Heines Onkel Salomon, das am 7. September 1843 eröffnet worden war. Das Krankenhaus wird zum Sinnbild für die jüdische Geschichte und dient darüberhinaus zur Deutung existentieller, unausweichlicher Grundbedingungen:

»Ein Hospital für arme, kranke Juden,
Für Menschenkinder, welche dreifach elend,
Behaftet mit den bösen drei Gebresten,
Mit Armut, Körperschmerz und Judentume!

Das schlimmste von den dreien ist das letzte,
Das tausendjährige Familienübel,
Die aus dem Niltal mitgeschleppte Plage,
Der altägyptisch ungesunde Glauben.«

Diesem Leiden, so Heine, kann das Hospital nicht beikommen; über die Zukunft des Judentums (»Das dunkle Weh, das sich vererbt vom Vater/Herunter auf den Sohn«) kann er nichts sagen. Mit einer Frage endet die erste Hälfte des achtstrophigen Gedichts, die Hälfte, die das Hospital und die Patienten als greifbar-lebende Metapher auffaßt. Die zweite Hälfte des Gedichts gilt dem Stifter. Und auch die Spende stellt mehr dar als ein bloßes Geldgeschenk, Salomon Heine als Spender ist selbst Glied der historischen Kette, die im Niltal ihren Anfang nimmt:

»Er gab mit reicher Hand – doch reichre Spende
Entrollte manchmal seinem Aug, die Träne,
Die kostbar schöne Träne, die er weinte
Ob der unheilbar großen Brüderkrankheit.«

Dieses Beispiel für die literarische Vermittlung des Allgemeinen und Besonderen hat bereits an die Einzelheiten herangeführt. Hamburg im Werke Heines – außer den allgemeinen Vorüberlegungen bedarf es kurzer Hinweise, die den Zusammenhang der Hansestadt mit der Biographie Heines beleuchten sollen.

Heines Vater Samson kam von Hamburg (und nicht von Hannover) aus nach Düsseldorf, drei Brüder Samsons lebten in Hamburg: Meyer, Henry und Salomon, der wegen seines Reichtums und seiner überragenden Persönlichkeit die Familie mehr oder weniger beherrschte. Der junge Heine kommt 1816 zur Ausbildung in die Hansestadt, die er spätestens Anfang 1815 kennengelernt hat. Diese norddeutsche Zeit bedeutet für Heine den Übergang von der Provinz in eine Weltstadt. Von da an ist die Düsseldorfer Zeit abgeschlossen. Nachdem Samson Heine wegen seiner jahrelangen Geisteskrankheit im Frühjahr 1819 entmündigt werden mußte, erhielt Salomon die gesamte Verfügungsgewalt über die Düsseldorfer Familie, die zur Zeit, als Heine schon in Bonn studierte, dem kranken Vater nach Hamburg folgte. In Oldesloe, Lüneburg und Hamburg kann Samson unter der Aufsicht seiner Brüder Salomon und Henry den Lebensabend verbringen. Betty Heine bleibt nach Samsons Tod im Dezember 1828 in Hamburg, wo Heines Schwester Charlotte schon seit einigen Jahren verheiratet ist. Heine kehrt während seines Studiums immer wieder nach Hamburg zurück und lebt hier nach der Promotion in unregelmäßigen Abständen bis zum 1. Mai 1831. Man kann ca. dreizehn Hamburger Aufenthalte und als Aufenthaltsdauer insgesamt fünf Jahre und neun Monate ermitteln. Von Paris aus besucht er Hamburg zweimal, nämlich in den Jahren 1843 und 1844. Sein Gedicht »Denk ich an Deutschland in der Nacht« und das »Wintermärchen« sind die bekannten Zeugnisse seines Heimwehs und der Rückkehr.

Heinrich Laube, zum Jungen Deutschland gehörig und ein Freund Heines, sagt in seinem Nekrolog, der nach den Falschmeldungen über Heines Tod am 6. September 1846 entstand und den Karpeles in seinem Heine-Buch von 1899 mitteilt, daß Heine bei allen Reisen und Ortsveränderungen bis zur Übersiedlung nach Paris immer Hamburg als seine spezielle Heimat bewohnt und betrachtet habe. In der Geburtsstadt Heines hat man diese zeitgenössische Feststellung nicht gerne hören wollen. Aber so viel scheint doch sicher, daß für ihn, den »Wandermüden«, nur Menschen und deren zufälliger Wohnsitz Heimat bedeuten konnten, nämlich die Mutter, die in lebenslang spielerischer Erotik geliebte Schwester Charlotte in Hamburg und das »dicke Kind« Mathilde in Paris. Zu diesem zwischenmenschlichen Aspekt tritt noch der literarisch-geschäftliche Gesichtspunkt: Hamburg ist der Verlagsort, die Freundschaft und Verbindung mit Julius Campe muß der Hansestadt eine Sonderstellung einräumen, die in der Literatur- und Verlagsgeschichte nur wenige Beispiele kennt.

Der Abschied des jungen Heine von Düsseldorf hat uns ein zwar unbeholfenes, aber aufschlußreiches Pubertäts-Gedicht beschert, die Verse, die Heine seinem Mitschüler Franz von Zuccalmaglio gewidmet hat und die mit der Zeile beginnen: »Es zieht mich nach Nordland ein goldner Stern«. Diese Gelegenheitsreime dokumentieren den naiven Stolz des jungen Sängers, der ein idealistisches Bild von Nordland und Norderstrand, vom blühenden Rhein und vom Vaterland tradiert. Nichts gibt Wirklichkeit wieder, ist anschaulich, ist Erlebnis, einzig die Gelegenheit, der Abschied vom Rheinland, verbindet die Zeilen überhaupt mit der Realität, der Rest spielt sich auf der romantischen und künstlichen Ebene ab: die Poesie als süßes Bräutchen, die feiernden Fluten, das Saitenspiel, die schöne Maid usw. Mit der etwa zur gleichen Zeit entstandenen witzig-köstlichen »Wünnebergiade« haben die Verse nichts gemeinsam. Heines Abschiedsgedicht zeigt die eine Seite seiner Jugendlyrik: das Abwandeln bekannter Muster und Traditionen, die »Wünnebergiade« vor dem Düsseldorfer Schulalltag zeigt die andere Seite der Heineschen Begabung, die sich dann nach und nach durchsetzt: Beobachtung und Darstellung der äußeren Wirklichkeit und der eigenen Erfahrung und die Fähigkeit, im Alltäglichen und Besonderen das Allgemeine zu sehen.

Für Hamburg trifft das in der Jugendlyrik relativ selten zu. Die Hansestadt bildet zwar oft den schemenhaften Hintergrund für konventionelle Themen, aber nicht mehr. Ein sicherlich unbeabsichtigter Hinweis auf diese Unverbindlichkeit in der Gestaltung der hansestädtischen Wirklichkeit findet sich in einem Brief Fanny Lewalds an Heine vom 6. August 1848 nach einem Besuch in Hamburg. Die emanzipierte Schriftstellerin schreibt: »Uebrigens hat mich die Schönheit von Hamburgs Wällen, die ganze Lage der Stadt und die Anmuth der Elbufer wahrhaft überrascht; und tausendmal habe ich gedacht, wenn ich auf den Wällen umherging, welches von Ihren Gedichten, Sie wohl hier gemacht haben mögen? – Ihr Buch der Lieder ist zehn, fünfzehn Jahre lang mein beständiger Begleiter gewesen«. Man muß sich in der Tat fragen, wie man Hamburg in der Lyrik des »Buchs der Lieder« wiederfinden kann, und nicht nur Hamburg, sondern auch jene immer sehr wichtig genommenen Liebesbeziehungen Heines zu seinen

Kusinen Amalie und Therese, die in der Villa ihres Vaters Salomon in Ottensen bei Hamburg lebten. Man kann in den Gedichten kein reales »Persönchen« eruieren, das dem Autor einen Korb gegeben hätte. Die Andeutungen – wenn schon von einer wirklichen Beziehung ausgegangen werden soll – bleiben im Gegensatz zur Alterslyrik, die sich um diese frühe Hamburger Liebe und die Affrontenburg gruppiert, äußerst vage und ganz den traditionellen Schemata verhaftet, obwohl der Stil und die effektvollen ironischen Abwandlungen den unverwechselbaren Heine-Ton erzeugen.

Anders verhält es sich z. B. in den Gedichten über Lüneburg »Mein Herz, mein Herz ist traurig« und Düsseldorf »Mein Kind, wir waren Kinder«, in sämtlichen Nordsee-Gedichten und den eben schon erwähnten späten Gedichten von 1853, die auf die hamburgische Sippe reflektieren wie etwa »Ein Wetterstrahl, beleuchtend plötzlich« und »Du warst ein blondes Jungfräulein, so artig«. Besonders die Varianten zur dritten Strophe dieses letzten Gedichtes über Therese Heine machen den Prozeß deutlich, wie Realität verwandelt und die Verwandlung wiederum verfremdet wird. Die Strophe lautet:

»Am Strand des Rheins, wo Rebenhügel ragen,
Ergingen wir uns einst in Sommertagen.
Die Sonne lachte; aus den liebevollen
Kelchen der Blumen Wohlgerüche quollen.«

Eine frühere Fassung nennt statt des Rheins wie selbstverständlich die Elbe; eine spätere Handschrift deutet den schrittweisen Verfremdungsvorgang an. Zuerst steht dort: »Am Elbestrand, wo Gartenhügel ragen«; Heine verändert »Elbe« in »Weser«; nach dem folgenden Korrekturgang lautet die Zeile: »Am schönen Rhein, wo Traubenhügel ragen«, bis sich zuletzt die endgültige Eingangszeile ergibt.

Das entsprechende Gegenstück zum Düsseldorfer Abschiedsgedicht aus dem Jahre 1816 stellt das Hamburger Abschiedsgedicht von 1819 dar. Es ist formal vollendeter, und auch mit dem Anlaß, dem Weggang von Hamburg, wird schon so verfahren, wie wir es beispielhaft im Gedicht über das Israelitische Hospital gesehen haben:

»Schöne Wiege meiner Leiden,
Schönes Grabmal meiner Ruh,
Schöne Stadt, wir müssen scheiden, –
Lebe wohl! ruf ich dir zu.

Lebe wohl, du heilge Schwelle,
Wo da wandelt Liebchen traut;
Lebe wohl, du heilge Stelle,
Wo ich sie zuerst geschaut.«

In den folgenden drei Strophen wird die unglückliche Liebe weiter ausgeführt. Die Geliebte weist den entsagenden Liebhaber fort. Die letzte Strophe lautet:

»Und die Glieder matt und träge
Schlepp ich fort am Wanderstab,
Bis mein müdes Haupt ich lege
Ferne in ein kühles Grab.«

Hamburg ist gegenwärtig, aber kaum zu sehen, die unglückliche Liebe ist idealisiert und keine manifeste biographische Tatsache. Das Gedicht tut außerdem der Stadt zu viel Ehre an, denn so übermäßig groß war die Zuneigung Heines zu Hamburg nicht. Man muß – und dafür sind vor allem die Briefe Heines der Beleg – von einer Art »Haßliebe« sprechen, die sich dann Ende der 20er Jahre auch in der Lyrik und später besonders im »Wintermärchen« äußert.

Daß die Wahrheit konkret ist, können das letzte Gedicht des »Neuen Frühlings« und die verzweifelten Strophen von »Anno 1829« zeigen. Nr. 44 des »Neuen Frühlings« lautet:

»Himmel grau und wochentäglich!
Auch die Stadt ist noch dieselbe!
Und noch immer blöd und kläglich
Spiegelt sie sich in der Elbe.

Lange Nasen, noch langweilig
Werden sie wie sonst geschneuzet,
Und das duckt sich noch scheinheilig
Oder bläht sich, stolz gespreizet.

Schöner Süden! wie verehr ich
Deinen Himmel, deine Götter,
Seit ich diesen Menschenkehricht
Wiederseh, und dieses Wetter!«

Der Süden, nämlich Italien, das Heine Ende 1828 verließ, weil sein Vater im Sterben lag, ist auch zur Zeit der Entstehung des Gedichts zwei Jahre später für Heine, wie für viele seiner Schriftsteller-Kollegen, der Garant des Glücks. Die Charakterisierung des Hamburger Winterwetters ist nach Karl Gutzkow in seinen »Rückblicken auf mein Leben« von 1875 eine typisch Heinesche Erfindung.

Die unabänderliche Langeweile in einer feindlichen Umgebung begründet auch die Ironie und Verzweiflung des Gedichts »Anno 1829«:

»Daß ich bequem verbluten kann,
Gebt mir ein edles, weites Feld!
O, laßt mich nicht ersticken hier
In dieser engen Krämerwelt!

Sie essen gut, sie trinken gut,
Erfreun sich ihres Maulwurfglücks,
und ihre Großmut ist so groß
Als wie das Loch der Armenbüchs.«

So die ersten beiden Strophen des Gedichts. Die Bitte an die Wolken, den Poeten auf ihrer Reise mitzunehmen, wird nicht erhört. Das Gedicht endet:

»O, nehmt mich mit – Sie hören nicht –
Die Wolken droben sind so klug!
Vorüberreisend dieser Stadt
Ängstlich beschleungen sie den Flug.«

Heine hat sich nicht in diese Krämerwelt Hamburgs einschließen lassen. Paris ist für ihn, nach den Worten seines Düsseldorfer Landsmannes und Berliner Freundes Varnhagen von Ense, tatsächlich der angemessenste Wohnort, ein Weltschauplatz ohne Enge und Zersplitterung (an Heine, 12. November 1843). Das Gedicht weist deutlich auf die Entwicklung von pubertär-lyrischer Naivität zu kritischer Reflexion hin. Heinrich Laube behauptet in seiner »Geschichte der deutschen Literatur« von 1840 mit Recht, Heine sei durch seine Hamburger Zeit zur Opposition gelangt und für die Negation reif geworden. Diese kritische Distanz ist in der Prosa über Hamburg und natürlich im »Wintermärchen« von Anfang an vorhanden. Doch verleugnet die Heinesche Kritik den zweiten Bestandteil des Wortes »Haßliebe« keineswegs.

Die Prosa und das »Wintermärchen« verlieren sich zum Teil in Anspielungen und Passagen über hamburgische Eigentümlichkeiten. Sie verwenden hamburgisches Kolorit und Ereignisse aus dem politischen, sozialen und kulturellen Leben oft genug so beiläufig, daß nur philologische Kleinarbeit und beflissene stadtgeschichtliche Untersuchungen den verwickelten Konnex zwischen Tatsächlichkeit und literarischer Funktion auflösen können.

Bevor wir die hamburgische Realität und ihre Fiktionalisierung im weiteren Werk aufsuchen, muß vorausgeschickt werden, wie man sich Hamburg zur Heine-Zeit vorzustellen habe. Die Stadt Hamburg einschließlich St. Georg und St. Pauli zählte 1811 etwa 107 000 Einwohner. 1831 war die Zahl auf 145 000 gestiegen. Eduard Beurmann, der den Jungdeutschen nahestand, hat in seinen »Skizzen aus den Hansestädten« von 1835 (erschienen 1836) eine repräsentative Charakteristik Hamburgs verfaßt, in der es heißt: »Hamburg ist Weltstadt. In den letzten zwanzig Jahren hat sie sich zu dem Zenith ihres Ansehens erhoben; sie hat Amsterdam, die erste Seestadt des europäischen Kontinents, hinter sich gelassen, sie rivalisirt mit London und Liverpool; sie ist nicht die schönste, aber die angenehmste Stadt Deutschlands. Wien mag einen ansprechenderen Volkshumor gewähren, Berlin und München mögen als die Kunst- und literarischen Museen Deutschlands Hamburg überbieten; aber wo findet man jenes reiche, üppige Handelsleben, jenes geschäftige Volkstreiben, wie in Hamburg? [. . .] Dieses Bild bietet keine deutsche Stadt. Die transatlantische Welt und ganz Europa haben sich bestrebt, dasselbe auszuschmücken. Westindien, Mexiko, die nordamerikanischen Freistaaten, Frankreich, Holland, Rußland und sogar Konstantinopel haben an diesem Panorama mitgearbeitet«. So darf man sich also die Hansestadt zur Heine-Zeit vorstellen. So verhält sich, in Übereinstimmung mit vielen anderen Belegen, die historische Realität. Freilich ist anzumerken, daß die langsam und planlos gewachsene Hansestadt durch den großen Brand im Mai 1842 nach Aussehen und Struktur grundlegend verändert wurde.

Heine nennt sich selbst in einem Brief an Karl Immermann im Oktober 1826 einen armen Subjektivling. Ein Jahr zuvor trägt er sich in Hamburg und dann im Sommer 1826 in Norderney mit Selbstmordgedanken, die erst 1849 während seiner schweren Krankheit wieder auftauchen. Ich will damit andeuten, daß die Hansestadt durch ihre Bedingungen verwandtschaftlicher und sozial-kultureller Art einen nicht unbeträchtlichen Teil zu seiner verzweifelten Lage beigetragen hat und daß unter diesem Aspekt Heines Sicht der Hansestadt eigenwillig und kritisch ausfallen mußte.

In dieser Auseinandersetzung mit Hamburg gewinnt die Stadt Symbolcharakter, ist als Stadtstaat eine Miniaturwelt, in der auf kleiner Bühne geschieht, was sich im tragikomischen »Welttheater« unübersichtlich abspielt. Heine ist ein armer Subjektivling – in seinem privaten Urteil, wie es die Briefe spiegeln, ist Hamburg dreifach zu klassifizieren. Diese Stufen des Urteils finden sich auch in seinen Texten wieder, obwohl natürlich viele andere Nebentöne mitschwingen. Die drei thematischen Kriterien sind folgendermaßen zu umschreiben:

1. Hamburg ist der klassische Boden seiner Liebe.
2. Hamburgs Liederlichkeit ist himmelschreiend.
3. Der kaufmännisch-bürokratische und kunstfeindliche Charakter der Stadt ist abstoßend.

Daß Hamburg »der klassische Boden« seiner Liebe sei, wo er in »großen, schönen, erinnerungssüchtigen Zimmern« wohne (19. 11. 1830), wie er an seinen Freund Varnhagen schreibt, zeigt sich in den hier nicht weiter behandelten, ziemlich vagen Stadtgedichten des »Buchs der Lieder« und in der späten Lyrik, vor allem aber im »Buch Le Grand«. Die Bemerkung über den klassischen Boden seiner Liebe fällt in den Mai 1826. Am Ende desselben Jahres arbeitet Heine in Lüneburg an seinen »Ideen. Das Buch Le Grand« und setzt die Arbeit Anfang Januar 1827 in Hamburg fort, und zwar eben in einer Straße nahe seiner Druckerei mit dem sprechenden Namen Düsterstraße, der zur Stimmung des Schreibers paßt, so daß Realität und Fiktion in diesem Falle kongruent sind. Im »Buch Le Grand« ist der klassische Boden Hamburg italienisch-indisch kostümiert, und es wird innerhalb der tragischen Liebesgeschichte dem Selbstmordkandidaten und Todgeweihten durch eine Sitte des klassischen Rom das Leben geschenkt.

Im 2. Kapitel berichtet der Erzähler, daß er sich als Graf vom Ganges in Venedig aus Liebesqual auf der Via Burstah ein paar schöne Pistolen gekauft habe und dann in den Keller des Signor Unbescheiden hinabgestiegen sei, um dort Austern zu essen und Rheinwein zu trinken. Er sieht im Glase die indische Heimat. Dann heißt es: »und ich trank hastig den Wein, den hellen, freudigen Wein, und doch wurde es in meiner Seele immer dunkler und trauriger – Ich war zum Tode verurteilt – – – Als ich die Kellertreppe wieder hinaufstieg, hörte ich das Armesünderglöckchen läuten, die Menschenmenge wogte vorüber; ich aber stellte mich an die Ecke der Strada San Giovanni und hielt folgenden Monolog«. Es folgt ein Stück aus seinem »Almansor«, und nach einigen Reflexionen über den Monolog vorm Totschießen und über »solche Lebensabiturienten-Reden« fährt der Text fort:

»Und so geschah es, daß ich an der Ecke der Strada San Giovanni etwas lange stehen blieb – und als ich da stand, ein Verurteilter, der dem Tode geweiht war, da erblickte ich plötzlich *Sie*!

Sie trug ihr blauseidenes Kleid, und den rosaroten Hut, und ihr Auge sah mich an so mild, so todbesiegend, so lebenschenkend – Madame, Sie wissen wohl aus der römischen Geschichte, daß, wenn die Vestalinnen im alten Rom auf ihrem Wege einem Verbrecher begegneten, der zur Hinrichtung geführt wurde, so hatten sie das Recht, ihn zu begnadigen, und der arme Schelm blieb am Leben. – Mit einem einzigen Blick hat sie mich vom Tode gerettet, und ich stand vor ihr wie neubelebt, wie geblendet vom Sonnenglanze ihrer Schönheit, und sie ging weiter – und ließ mich am Leben.«

Man kann den Weg, den der Graf vom Ganges nimmt, vom Großen Burstah aus über die Mühlenbrücke und Große Johannisstraße bis zum Breitengiebel verfolgen, die Waffenhandlung von Sellier, später Hagenest, ermitteln, den Austernhändler Johann Hinrich Philip Unbescheiden verifizieren, schließlich den Standort ausmachen, wo der Graf vom Ganges seinen Monolog hält, nämlich auf der Kreuzung, wo die Große Johannisstraße zum Berg verläuft. Und eben an diesem Punkt der Ermittlung zeigt sich, daß unausgesprochene Fakten und Stadtgegebenheiten den verwandelten Kulissen erst die rechte Bedeutung geben. Am Berg, dem ältesten Marktplatz von Hamburg, nahe der Petrikirche, stand nämlich die 1826 gerade renovierte Frohnerei, die Wohnung des Frohns oder Scharfrichters. Der Graf vom Ganges steht also in der Nähe des Hamburger Richtplatzes, kann sein Armesünderglöckchen hören und durch den Blick seiner Geliebten begnadigt werden.

Aber Hamburg war nicht nur der klassische Boden einer ersten traurigen Liebe, sondern eine ganz handfeste und weltbekannte Hochburg des Vergnügungslebens, dem Heine bei weitem nicht so moralisierend gegenüberstand, wie es manche seiner privaten Stellungnahmen glauben machen könnten. Im ersten Brief aus Hamburg an seinen Düsseldorfer Freund Christian Sethe vom 6. Juli 1816 schreibt Heine: »Wahr ist es, es ist ein verludertes Kaufmannsnest hier. Huren genug, aber keine Musen«. Und im Dezember 1825 schreibt er nach Lüneburg: »Hamburg ist am Tage eine große Rechenstube und in der Nacht ein großes Bordell«. Der eben schon zitierte Eduard Beurmann meint 1835, daß sich die Zahl der Hamburger Dirnen auf sechstausend belaufe, im Verhältnis zu etwa 150 000 Einwohnern eine stattliche Zahl. Noch im Oktober 1850 nennt Heine Hamburg ein »Sündennest«, wo ihn eine heuchlerische bürgerliche Sittlichkeit, die mit einer phantasielosen Liederlichkeit gepaart gewesen sei, gequält habe. Es sei sein einziges Pläsier gewesen, daß er sich »besser vorkam, als alle Andern.« Diese moralischen Zustände und die daraus resultierenden sozialen und medizinischen Mißstände sind die Realität, die freilich nicht verhindert, daß Heine aus dem »rohen Materialismus«, wie Beurmann die partielle Sittenlosigkeit Hamburgs nennt, Maximen der sexuellen Revolution ableitet, die noch unserer Gegenwart zugute kommen.

In der Praxis wird Heine schon in Hamburg »den gemeinsten Straßendirnen bei Tag und Nacht« nachgerannt sein, wie Ludwig Börne seiner Freundin Jeanette Wohl entrüstet über die erste Pariser Zeit berichtet. Und dabei genierte Heine sich nicht – so Börne –, »von seinen gemeinen Ausschweifungen als von etwas Schönem öffentlich« zu sprechen, er habe an »dieser häßlichen Gemeinheit [. . .] ein ästhetisches Vergnügen« gefunden.

Dieses Vergnügen spiegelt sich in zwei Reiseberichten, deren Endstation Hamburg ist, nämlich im Tannhäuserlied aus den »Elementargeistern« und in den unterdrückten Strophen über die hamburgischen Freudenmädchen im »Wintermärchen«. Es äußert sich aber auch – ich will nur kurz darauf hinweisen – in der Erwähnung jener lustigen Mädchen Heloise und Minka aus den »Memoiren des Herren von Schnabelewopski«, die im Sommerbild den Taugenichts vor dem Schweizerpavillon an der Alster entzücken, im Winterbild aber, das der Rückkehr Schnabelewopskis nach zwölf Jahren zugeordnet ist, dem verkommenen Hamburger Hurenalltag erlegen sind. Dieses Winterbild in den »Memoiren des Herren von Schnabelewopski«, die 1834 veröffentlicht wurden, nimmt prophetisch die tatsächlich unternommene Reise nach Hamburg vom Jahre 1843 vorweg, in deren Folge das »Wintermärchen« entstand.

Heine trifft bei seinem Besuch in Hamburg auf der Drehbahn, wo sonst die leichten Mädchen promenierten, die dralle Stadtgöttin Hammonia. Der Dichter fragt nach der Vergangenheit, und Hammonia antwortet, indem sie die Mädchen als Personen aufzählt und nicht als Objekte:

»Du suchst vergebens! Du findest nicht mehr
Die lange Male, die dicke
Posaunenengel-Hannchen, du findest auch nicht
Die Braunschweiger Mummen-Friedrike.

Du suchst vergebens! Du findest nicht mehr
Den Schimmel, die falsche Marianne,
Pique-Aß-Luise, die rote Sophie,
auch nicht die keusche Susanne.

Du findest die Strohpuppen-Jette nicht mehr,
Nicht mehr die große Malwine,
Auch nicht die Kuddelmuddel-Marie,
Auch nicht die Dragoner-Kathrine.

Das Leben verschlang sie, das Ungetüm,
Die unersättliche Hyder;
Du findest nicht die alte Zeit
Und die Zeitgenössinnen wieder!«

Die Ungeniertheit der sprechenden Namen stellt in der Mischung mit der melancholischen Altersstimmung die Freizügigkeit eines anderen, trotz und neben seiner Kunstrichtung großen Realisten, nämlich Goethe, in den Schatten. Besonders die lange Male hat eine wichtige Rolle gespielt und mag in derb-tatsächlicher Hinsicht so viel bedeuten wie im ätherischen Bereich Amalie Heine. Julius Campe erwähnt die lange Male noch in seinem Brief an Heine vom 14. Oktober 1838. Karl Immermann hatte bei seinem Besuch in Hamburg das Nachtleben und Heines Milieu kennenlernen wollen und erliegt manchen Mystifikationen: »Immermann hat aus Mundts Delphin 1838 erfahren, daß Ihr Schatz: Riecke legrand – noch existierte. Er wünschte sie zu sehen, – wie so einen alten Opfer Altar der Freya –; weil diese nun Ihrer Zeit nicht existierte, und die lange Male damit nur gemeint seyn kann, konnte sein Wunsch nicht befriedigt werden. Die gute

Male ist gewiß verschollen und schwerlich aufzufinden, wenn sie nicht etwa einen ehrlichen Schuster als Bettgenoß dient, wo der Sachkundige sie allenfalls ausmitteln dürfte. Die Geschichte von Riecke legrand hat sich Mundt als einen Bären aufbinden laßen; ich weiß auch von wen: von Dr. Wille«.

Es bleibt uns noch der fiktive Reisebericht des Tannhäuserliedes mit seiner tieferen Bedeutung, das den gereimten Höhe- und Endpunkt der »Elementargeister« bildet. Die Deutschlandkritik dieser »Legende. Geschrieben 1836« zeigt deutliche Vorstufen der Kritik im »Wintermärchen« nach der realen Deutschlandreise. Das Gedicht berichtet vom siebenjährigen Aufenthalt Tannhäusers bei Venus im Venusberg, eine Parallele zu Heines Parisaufenthalt seit 1831. Die Reise endet in Hamburg, und die letzte Strophe in der »Elementargeister«-Fassung lautet:

»Zu Hamburg, in der guten Stadt,
Soll keiner mich wiederschauen!
Ich bleibe jetzt im Venusberg,
Bei meiner schönen Frauen.«

Die Reise endet in Hamburg. Deshalb darf man annehmen, daß der Venusberg auch hier zu lokalisieren und als die Hamburger Straße gleichen Namens im Michaelis-Stadtteil zu realisieren ist, die dann als Symbol genommen wird für Heines Pariser Exil, wie auch eine Bemerkung anläßlich der Schilderung seiner Parisreise vom Mai 1831 in den »Geständnissen« nahelegt, wo das Straßburger Münster mit dem Kopfe wackelt, »wenn er einen jungen Fant erblickt, der nach dem Venusberg zieht«. Das ist gewiß spekulativ, aber der Heinesche Realismus ist so weit und vielfältig, daß die sublimsten Anspielungen und Deutungen möglich werden.

Dem Gespann von unglücklicher Liebe und Emanzipation des Fleisches gesellt sich eine dritte Qualität Hamburgs bei: das Kaufmannsnest und die Rechenstube. Am 27. Oktober 1816, im zweiten Brief an Sethe, sagt Heine über das kulturelle Leben, »daß in dieser Schacherstadt nicht das mindeste Gefühl für Poesie zu finden ist, – es seyen denn eigends bestellte und baar' bezahlte Hochzeits- Leichen- oder Kindtaufs *Carminaden*«. Heines Beobachtung trifft generell zu, obwohl man die künstlerische Subkultur und den Überbau der zahlreichen Künstler und Dilettanten aller Richtungen, mit denen Heine ja eng verquickt ist, nicht zu gering veranschlagen darf. Aber die

Subkultur und die kleinen, feingeistigen Zirkel prägen noch längst nicht das Gesicht einer Riesenstadt! In einem »Sittengemälde von Hamburg im Jahre 1811« heißt es schon: »Den Wert der Menschen und Dinge stempelt der Kaufmann«. Heine äußert 1823 ironisch seinem Berliner Freund Moser gegenüber: »Ich will suchen daß ich so reich werde wie die Hamburger Gaudiebe, Esel, Schweinigel und übrige Ehrenmänner«. All diesen kaufmännischen Bürokraten und kunstfeindlichen Geldwechselern hat er ein groteskes Denkmal gesetzt, das die Spanne von der banalen Realität bis zur Verwandlung in hoffnungslose und tödliche Erfahrung abschreitet. Ich meine das Winterbild aus dem 4. Kapitel der »Memoiren des Herren von Schnabelewopski«.

»Ich hatte sie schon vor zwölf Jahren, um dieselbe Stunde, mit denselben Mienen, wie die Puppen einer Rathausuhr, in derselben Bewegung gesehen, und sie hatten seitdem ununterbrochen in derselben Weise gerechnet, die Börse besucht, sich einander eingeladen, die Kinnbacken bewegt, ihre Trinkgelder bezahlt, und wieder gerechnet« – Und weiter heißt es: »Auf einmal aber ergriff mich selbst ein närrischer Wahnsinn, und als ich die vorüberwandlende Menschen genauer betrachtete, kam es mir vor als seien sie selber nichts anders als Zahlen, als arabische Chiffern; und da ging eine krummfüßige Zwei neben einer fatalen Drei, ihrer schwangeren und vollbusigen Frau Gemahlin; dahinter ging Herr Vier auf Krücken; einherwatschelnd kam eine fatale Fünf, rundbäuchig mit kleinem Köpfchen; dann kam eine wohlbekannte kleine Sechse und eine noch wohlbekanntere böse Sieben« – usw. Dieser Prozession der Zahlenmenschen entspricht ein Leichenzug auf dem Jungfernstieg. Dann folgt eine Passage, die ich für den exemplarischen Beleg der Transformation von Wirklichkeit halte: »Aber noch unheimlicher und verwirrender als diese Bilder, die sich wie ein chinesisches Schattenspiel schweigend vorbeibewegten, waren die Töne, die von einer anderen Seite in mein Ohr drangen. [...] Das Bassin der Alster war zugefroren, nur nahe am Ufer war ein großes breites Viereck in der Eisdecke ausgehauen, und die entsetzlichen Töne, die ich eben vernommen, kamen aus den Kehlen der armen weißen Geschöpfe, die darin herumschwammen und in entsetzlicher Todesangst schrieen, und ach! es waren dieselben Schwäne, die einst so weich und heiter meine Seele bewegten. Ach! die schönen weißen Schwäne, man hatte ihnen die Flügel gebrochen, damit sie im Herbst nicht auswandern konnten, nach dem warmen Süden, und jetzt hielt der Norden sie festgebannt in seinen dunkeln Eisgruben [. . .] Ach! auch mir erging es einst nicht viel besser, und ich verstand die Qual dieser armen Schwäne; und als es gar immer dunkler wurde, und die Sterne oben hell hervortraten, dieselben Sterne die einst, in schönen Sommernächten, so liebeheiß mit den Schwänen gebuhlt, jetzt aber so winterkalt, so frostig klar und fast verhöhnend auf sie herabblickten – wohl begriff ich jetzt, daß die Sterne keine liebende mitfühlende Wesen sind, sondern nur glänzende Täuschungen der Nacht, ewige Trugbilder in einem erträumten Himmel, goldne Lügen im dunkelblauen Nichts«.

Ich darf darauf verzichten, sämtliche Belege dafür zu bieten, daß der hamburgische Alltag, die hansestädtischen Sitten und Gebräuche exakt verarbeitet sind; ich nenne nur die Sitte des Trinkgelds für die Dienstboten bei Einladungen, den Leichenzug der Ratsdiener, denen Heine statt des roten einen grünen Regenschirm mitgibt, damit die Farbe von den roten Gesichtern absticht, und die Schwäne, die am südlichen Ende des Jungfernstiegs ihr abgepfahltes Winterquartier hatten. Die Zahl der Schwäne betrug Ende der 20er Jahre etwa 190. Die Alsterfischer besorgten das Einfangen und machten die Jungen flugunfähig. – Man ist an die Gedichte »Himmel grau und wochentäglich« und »Anno 1829« erinnert. Möglicherweise entstammt dieser Text derselben Zeit. Heine stellt den grotesken Zahlenmenschen die freien, südlichen Schwäne gegenüber und erhebt die städtische Maßnahme, die bei der Wartung der Schwäne notwendig war, zum Symbol für die Sehnsucht nach Freiheit und die Unerfüllbarkeit aller Hoffnungen auf einen glücklichen Himmel. Hier geschieht ein Vorgriff auf den in Heines »Geständnissen« ausgestalteten Bericht über Hegels desillusionierende Erklärung der Sterne. Was in Jean Pauls »Rede des toten Christus vom Weltgebäude herab, daß kein Gott sei« als Möglichkeit der Verzweiflung und des Nihilismus durchgespielt wird, was am Ende ein böser Traum bleibt, ist bei Heine unsentimentale Gewißheit.

Wir haben Hamburg als Beispiel für den Vorgang literarischer Umsetzung gewählt und konnten wiederum nur einige wenige Beispiele für das Modell zusammentragen. Die Verflechtung von Heines Gesamtwerk mit Hamburg ist sehr eng. Die vielen Belege und Anspielungen sind ein weites Feld, das man außer mit dem inhaltlichen auch mit einem chronologisch-formalen beziehungsweise strukturbezogenen Maßstab abstecken könnte.

Der große Brand in Hamburg, der vom 5. bis zum 8. Mai 1842 wütete und dem ungefähr ein Drittel der inneren Stadt zum Opfer fiel, bildet die chronologische Grenze innerhalb der Hamburg-Erwähnungen und -Verwertungen. Der norddeutsche biedermeierliche Stadtstaat vor dem Brand vertritt eine ganz unverwechselbare Epoche und kann von Heine auch nach dem Mai 1842 als einzige Erinnerungsstufe gemeint sein. Der Brand selbst und seine Folgen werden von ihm symbolisch verstanden und fordern den teilnehmend-kritischen Korrespondenz-Artikel »Hamburg« heraus. Das »Wintermärchen« ist bald darauf die letzte große Auseinandersetzung mit der Hansestadt.

Der von außen diktierten chronologischen Gliederung ist eine werkimmanente chronologische und strukturelle Gliederung zuzuordnen. Im einzelnen bedeutet das folgendes: Am Ende der »Harzreise« ist Hamburg der literarische Ort der Niederschrift mit entsprechend bezeichnenden Anspielungen; das gleiche trifft für Teile des »Buchs Le Grand« zu. Allerdings bildet hier, wie wir gesehen haben, Hamburg nicht nur den Hintergrund der augenblicklichen Schreibsituation, sondern weiterhin auch die Kulisse für die im Imperfekt erzählte Erinnerung an die Liebesgeschichte. Die »Bäder von Lucca« haben ebenfalls nicht auf Hamburg als Hintergrund der Erzählung verzichtet. Hamburg kontrastiert zur italienischen Umgebung und Lebensart. Durch den Vergleich mit Lucca und dem Markese Gumpelino, der auf der ganzen Linie konvertiert ist, wird die Hansestadt mit verblüffender Stadtplangenauigkeit gegenwärtig. Übrigens zeigt sich besonders in diesem »Reisebild«, daß Heine wie Shelley ein Freund der unteren sozialen Klasse ist. Hirsch-Hyazinth, der kleine ehrliche Jude aus Hamburg mit seinen Geschichten über kleine arme Leute in eben diesem »Stiefvaterländchen«, ist ein Stück ironisch-humoristischer Selbstcharakteristik.

In den »Memoiren des Herren von Schnabelewopski« ist Hamburg Gegenstand der Reisebeschreibung, die sich auf zwei Erinnerungsstufen bewegt: der junge Theologiestudent aus Schnabelewops (sprich: Düsseldorf) lernt in Hamburg den »Lebensmaterialismus« – wie Theodor Mundt in seinen »Vertrauten Briefen aus Hamburg« von 1837 den hamburgischen Sinn für die Wirklichkeit nennt – kennen und schätzen, kehrt, älter geworden, nach Hamburg zurück und erlebt jetzt die Stadt als Exempel der Vanitas mundi.

Daß Hamburg ein Musterbeispiel für die Vergänglichkeit und das

Unglück darstellt, belegen dann der Artikel »Hamburg«, der für die Augsburger »Allgemeine Zeitung« als subjektiv-poetischer Tatsachenbericht geschrieben wurde, und das »Wintermärchen«, wiederum eine Form der Reisebeschreibung. Der Korrespondenz-Artikel beweist Heines Anhänglichkeit an das alte Stadtbild, mit dem die Erinnerungen seiner Jugend verwachsen sind. »Die Stadt wird bald wieder aufgebaut sein mit neuen gradlinigen Häusern und nach der Schnur gezogenen Straßen, aber es wird doch nicht mehr mein altes Hamburg sein, mein altes, schiefwinklichtes, schlabbriges Hamburg«. Sehr klar werden die durch den Brand nicht bewirkten, aber notwendigen Veränderungen formuliert: »Namentlich die bürgerliche Gleichstellung der verschiedenen Konfessionen wird gewiß jetzt nicht mehr in Hamburg vertagt werden können. – Wir wollen das Beste von der Zukunft erwarten; der Himmel schickt nicht umsonst die großen Prüfungen«.

Das »Wintermärchen« verflicht Hamburg in eine politische Groteske. Die Hochzeit Europas mit dem Genius der Freiheit, wie das erste Caput sie beschwören will, hat ihre parodistische und ernüchternd hoffnungslose Parallele in der gescheiterten Vermählung Hammonias mit dem Dichter. Die repressiven Zustände sind stärker, die Zensur verhindert die »Ehe« zwischen Autor und Publikum, indem sie kurzerhand das Instrument der Kommunikation, das literarische Produkt, verstümmelt. Dennoch ist die Kastration unwirksam. Der Dichter hat die inhuman Herrschenden besiegt, weil er sie für immer lächerlich gemacht hat, das heißt, er stellt die Zustände dar und bannt sie durch die poetische Verwandlung in eine beständige, treffsichere Form. Diese Literatur ist nach Heine per se wirksame Veränderung und politische Tat. Was im »Don Quichote« Rosinante oder die Windmühlen sind, ist im »Wintermärchen« die imaginäre Gestalt der Hammonia, die eine politische Realität verkörpert und auch als Sagen- und Traumgestalt einen revolutionären Realismus stiften kann.

Zum Abschluß ein Beispiel, das durch seine Art der Verallgemeinerung dem Gedicht über das neue Israelitische Hospital entspricht. Wenn ich das »Wintermärchen« die letzte große Auseinandersetzung mit der Hansestadt genannt habe, so muß dieses Beispiel die letzte kleine liebenswürdige »Erinnerung an Hammonia« heißen, und damit ist die Überschrift des Gedichts aus den »Vermischten Schriften« von 1854 zitiert. Der Anlaß, nämlich der Zug der uniformierten Waisenkinder des städtischen Waisenhauses am ersten Donnerstag im

Juli durch die Stadt nach St. Georg, wo sie ausgiebig verpflegt wurden, und die Interpretation dieser alten Sitte, die bis gegen Ende des letzten Jahrhunderts bestand, erteilen eine soziale und politische Lektion.

Heine kann das berühmte Volksfest nur 1817 miterlebt haben. Die handschriftlichen Entwürfe aus den fünfziger Jahren sind in dieser Jahresangabe korrekt. Der Umzug der Waisenkinder wird humoristisch und mit allen passenden Attributen geschildert. Die Endfassung ist allgemeiner als die Vorstufe, die beispielsweise statt des frommen Herrn, der einen Louisdor spendet, den Namen Hartwig Hesses nennt, jenes Philantropen, den Heine schon 1827 kennengelernt hatte und der 1831 seine Parisreise finanziert zu haben scheint.

Neun Strophen beschäftigen sich mit den kleinen Hamburger Waisenkindern und ihrem Publikum, in den zwei im folgenden wiedergegebenen Abschlußstrophen hebt Heine das lokalgeschichtliche Detail ins Allgemeine:

»Leider kommt mir in den Sinn
Jetzt ein Waisenhaus, worin
Kein so fröhliches Gastieren;
Gar elendig lamentieren
Dort Millionen Waisenkinder.

Die Montur ist nicht egal,
Manchem fehlt das Mittagsmahl;
Keiner geht dort mit dem andern,
Einsam, kummervoll dort wandern
Viel Millionen Waisenkinder.«

»Residenz der Langeweile«. Lüneburg

Aufenthalte in Lüneburg

Der Lebenslauf Heinrich Heines hat viele Stationen. Die Kopplung »Heine und ...« ist innerhalb der Zeit, die er in Deutschland verbrachte – vom 19. Mai 1831 bis zu seinem Tode am 17. Februar 1856 lebte er in Paris – für Düsseldorf, wo er am 13. Dezember 1797 geboren wurde, für Frankfurt, Hamburg, Bonn, Berlin, Göttingen, Cuxhaven, Norderney, Helgoland, München und auch für Lüneburg möglich und häufig so oder so ähnlich formuliert worden.

Heines Lüneburger Zeit wirkt zwar im Vergleich mit anderen Lebensabschnitten unauffällig, hat aber für Heines geistige Entwicklung eine wesentliche und ziemlich klar bestimmbare Bedeutung.

Heines Besuche bei seinen in Lüneburg seit Frühjahr 1822 wohnenden Eltern sind folgendermaßen zu datieren:

[1.] vom 21. 5. - 4. oder 5. 7. 1823;
sowie vom 13. 9. 1823 - 19. 1. 1824 = 175 Tage.

In der Zeit vom 6. Juli bis zum 13. September ist er vor und nach seinem sechswöchigen Kuraufenthalt in Ritzebüttel in Hamburg bei seinem Millionärsonkel, dem Bankier Salomon Heine. Dann dauert es eindreiviertel Jahr, bis er wieder nach Lüneburg kommt:

[2.] vom 1. oder 2. 10. - 14. 10. 1825;
sowie vom 17. 10. - 22. 11. 1825 = 50 Tage.

Inzwischen ist er in Göttingen Doktor juris (Promotion am 20. Juli 1825) und, am 28. Juni 1825 in Heiligenstadt getauft, evangelischer Christ geworden. Der dritte längere Aufenthalt liegt:

[3.] vom 23. 9. 1826 - 14. 1. 1827 = 124 Tage.

Bis zum Wegzug der Familie im Mai 1828 war Heine dann noch zweimal kurz zu Besuch: am 7. April 1827 (?) und am 27.-30. Oktober 1827. Über spätere Besuche liegen keine sicheren Angaben vor.

Die Zusammenfassung dieser Aufenthaltszeiten ergibt rund ein Jahr. Von einem »Lüneburger Jahr« Heines zu sprechen, scheint insofern erlaubt, als die Aufenthalte im Zeitraum von 1823 bis 1827 eine innere Einheit bilden.

Die Zeit in Lüneburg gab dem jungen Heine wieder das Gefühl der Geborgenheit in der Familie und festigte seine herzliche Verbindung zur Mutter und zur Schwester Charlotte; sie hat ihm die wichtige und fördernde Freundschaft mit Rudolf Christiani ermöglicht und damit den Zugang zu vielfältigen, wenn auch kurzlebigen Bekanntschaften verschafft; sie bot Gelegenheit zur geistigen Auseinandersetzung mit der Welt biedermeierlicher Frömmigkeit. Immer wieder ging es um die Gretchenfrage, wie er es mit der Religion halte.

Anfängliche Schwierigkeiten

Hier in Lüneburg begegnete Heine einer geschlossenen Welt des Biedermeiers, wie sie in seiner Biographie sonst nicht so ausgeprägt und in sich ruhend-unveränderlich vorkommt. Diese Welt ist selbstgenügsam, leicht übersichtlich, in sich emsig gesellig bewegt und bildet eine ihr selbst fast unbewußte Einheit des Geistes und der Haltung. Der Heine, der in dieses kleinstädtisch friedsame Leben sich einzufinden hatte, kam als ein in Berlin zum erklärten Großstädter Gewordener, als einer, der von seinen romantisch-zeitbedingten Anfängen nichts mehr wissen wollte, als Hegelschüler, als philosophisch-theologischer Freigeist und distanzierte sich ironisch von Geist und Haltung dieser geschlossenen Welt. Die Bildungserlebnisse des Berliner Studiums machten sich geltend. Dazu auch die Reformbewegung im Berliner Judentum, an der Heine lebhaften Anteil genommen hatte. So sieht er seine Umwelt mit den Augen eines Menschen, dem das religiöse Erbe nicht bloß theologische Ansicht, sondern Belastung und Unausweichlichkeit ist. Aus der ihm gegenüberstehenden kompakten Mehrheit von 14 000 Christen (Einwohnerzahl Lüneburgs um 1833), zum Teil pietistisch fromm, jedenfalls christlich fundiert, rekrutierte sich die Bildungsschicht der Honoratioren, in der keiner von den 40 Juden Lüneburgs (nach der Zählung von 1833) eine Rolle spielte. So drohte vollständige Isolation, zumal auch die Familie keinerlei geselligen Verkehr aufgenommen hatte.

In dieser Lage wird der intelligente und elegante Rudolf Christiani, um Literatur bemüht und nicht unbegabt in ihr tätig, zum Vermittler. Er öffnet Heine die Türen der Lüneburger Gesellschaft.

Die Voraussetzungen für Heines Lüneburger Aufenthalte waren familiärer Art: sein Vater, seit etwa 1814 an epileptischen Anfällen leidend, geriet mit zunehmender Geisteskrankheit in Bankrott, mußte sein Düsseldorfer Tuchwarengeschäft aufgeben und schließlich im

Frühjahr 1819 im Alter von 55 Jahren entmündigt werden. Seine beiden Hamburger Brüder, Salomon und Henry Heine, nahmen sich der bedrängten Familie an und holten sie in die Hansestadt. Aus Kurgründen war zunächst Oldesloe und dann seit Frühjahr 1822 Lüneburg der vom mächtigen Bruder Salomon ihnen zugewiesene Alterswohnsitz. Hier konnte Heines Vater Samson als »Privatmann« ruhig leben. Sein Zustand hatte sich durch die Kur in Oldesloe soweit gebessert, daß seine vorzeitige Senilität die Familie nicht mehr übermäßig belastete. Harry – so hieß und nannte sich der junge Heine vor seiner Taufe – hatte den gesundheitlichen und geschäftlichen Ruin nur bei seinen spärlichen Besuchen erlebt. Seine früh abgebrochene kaufmännische Lehre in Frankfurt, seine Tätigkeit als junger Kaufmann in Hamburg, sein Studium in Bonn, Göttingen und Berlin hielten ihn in der Ferne fest. So war zum Beispiel sein letzter Besuch – der in Oldesloe Ende Februar 1821 – eindreiviertel Jahr her, als er im späten Mai 1823 in Lüneburg ankam. Die nun folgenden, im ganzen mindestens äußerlich ruhigen 175 Tage (knapp ein halbes Jahr) in Lüneburg brachten ihm die Familie wieder nahe. Schon nach drei Wochen – am 10. Juni 1823 – kann er in Briefen an den romantischen Dichter Friedrich de la Motte-Fouquè und an Karl Immermann vom »Schoß der Familie« sprechen, in dem er nun lebt. Und sie waren alle zusammen, Harry, der Älteste, Charlotte, die geliebte Schwester, Gustav und Max, der das Johanneum besuchte und dem im Abgangszeugnis bescheinigt wurde (am 30. 5. 1825): »unermüdlicher Fleiß, den sehr herrliche Anlagen unterstützen« und »ein äußerst sittliches und stilles Betragen«, durch das er sich »auf das Vorteilhafteste ausgezeichnet hat«. Dem Berliner Freund Moses Moser teilt Heine gleich nach seiner Ankunft mit, er habe seine Eltern »in vollem Wohlseyn« angetroffen, seine Schwester heirate am 22. Juni, er selbst werde wohl mehrere Monate in Lüneburg bleiben und sich langweilen, die Bibliothek seines Bruders (Max) bestehe nur aus lateinischen und griechischen Klassikern, die er aus Langeweile lesen werde.

Als Autor fühlt sich Heine von seiner Familie allerdings nicht verstanden. Seine eben in Berlin bei Dümmler erschienenen »Tragödien nebst einem lyrischen Intermezzo« (1823) hatten in seiner Familie kaum Resonanz gefunden.

> »Was die Aufnahme derselben bey meiner Familie betrifft so hat meine Mutter die Tragödien und Lieder zwar gelesen aber nicht

sonderlich goutirt [d. h. sie haben ihr nur wenig gefallen], meine Schwester tolleriert sie bloß [d. h. läßt sie gelten, kann ihnen aber nichts abgewinnen], meine Brüder verstehn sie nicht, und mein Vater hat sie gar nicht gelesen.«

Dennoch läßt sich die Heimkehr in den »Schoß« der Familie gut an. Am 17. Juni teilt er Karl August von Varnhagen, seinem Berliner Protektor mit:

»Günstige Umstände haben, in der letzten Zeit meine Eltern und auch meine Geschwister mit so viel Erfreulichem und Behaglichem umgeben, daß ich auch für mich einer heiterern Zukunft entgegensehen würde, wenn ich nicht wüßte daß das Schicksal gegen deutsche Poeten seine böse Nücken selten unausgeübt läßt.«

Die Nücken, die Heine in Lüneburg von Anfang an fürchtete, hatten weniger mit seinem Schriftstellerberuf zu tun als mit seiner jüdischen Herkunft. Schon in seinem Drama »Almansor« und besonders während der Berliner Zeit als Mitglied des fortschrittlichen »Vereins für Cultur und Wissenschaft der Juden« hatte er sich mit den Problemen der jüdischen Existenz in der deutschen Welt gründlich, bohrend und leidend befaßt und so ein feines Gespür entwickelt für die kleinsten, besonders schmerzlichen Folgen der immer wieder behinderten und bedrohten Bemühungen um die bürgerlich-rechtliche Gleichstellung der Juden. Die Kabinettsordre vom 18. August 1822, welche die judenfreundlichen Bestimmungen des Edikts von 1812 in Preußen aufhob und Juden den Eintritt in den Staatsdienst verwehrte, hatte ihn tief getroffen. Der Abbruch des Studiums in Berlin zu Beginn des Sommersemesters mit einem Abschied von seinen Freunden und Bekannten, der den deutlichen Zug der Endgültigkeit trug, ist nicht zuletzt darauf zurückzuführen, daß der junge jüdische Student Harry Heine sich rücksichtslos aus seiner Zukunftsbahn geworfen fühlte. Er muß das Gefühl gehabt haben, es sei nun seine Aufgabe, einen neuen Weg in die Zukunft zu finden, und da alle Entscheidungen, die in dieser Hinsicht zu treffen waren, vom »goldenen Onkel« Salomon in Hamburg gebilligt werden mußten, bedeutete der abrupt eingeschlagene Weg nach Lüneburg auch den Weg zu Verhandlungen mit dem ihm nicht immer gleichmäßig wohlgesonnenen großen Finanzier und Wohltäter. Im stillen mag der junge Mann gehofft haben, seine Erfolge als Liederdichter, als Journalist, als Dramatiker und Kritiker würden ihm die Bahn in ein freies Schriftstellerleben eröffnen können, gesichert durch die Unterstützung des Onkels, wenn er ihm die entsprechenden Erfolge vorweisen könnte. Eine solche Hoffnung war nicht reiner Wahnwitz. Heine wußte, daß Onkel Salomon eine sehr günstige Rezension über die Gedichte des Neffen Harry in der Westentasche bereit hielt, um sie stolz bestimmten Bekannten vorweisen zu können. Im ganzen aber wird das Leiden an seiner jüdischen Herkunft, vermischt mit dem Stolz, dem Judentum mit seiner grandiosen Geschichte zu entstammen, ihn in eine leicht irritierbare Gesamtstimmung versetzt haben. Schon im ersten Brief aus Lüneburg an Moser kommt er auf die judenfeindliche Haltung der Lüneburger zu sprechen, auf den sogenannten »Rischeß«, die allgemeine Voreingenommenheit gegen die jüdische Minderheit. Das klingt im Brief vom 18. Juni 1823 in oft zitierter Bildhaftigkeit dann so:

»Ich lebe hier ganz isolirt [»Ganz isoliert« ist in den ersten Monaten eine Standardformel seiner Briefe!], mit keinem einzigen menschlichen Menschen komme ich zusammen, weil meine Eltern sich von allem Umgang zurückgezogen. Juden sind hier, wie überall, unausstehliche Schächerer und Schmutzlappen, christliche Mittelklasse unerquicklich, mit einem ungewöhnlichen Rischeß, die höhere Classe ebenso im höheren Grade. Unser kleiner Hund wird auf der Straße von andern Hunden auf eigene Weise berochen und maltraitirt, und die Christenhunden haben offenbar Rischeß gegen den Judenhund.«

Die unangenehme und schwierige Zeit der Gewöhnung an Lüneburg dauert bis Anfang November 1823. Dann gewinnt er endlich Kontakt mit Mitgliedern der »höheren Klasse«. Noch am 27. September 1823 hatte Heine nach dem Erholungsaufenthalt in Ritzebüttel resignierend an Moser geklagt:

»Ich bin jetzt wieder in Lüneburg, in der Residenz der Langeweile.«

Das ist leider der berühmteste Ausspruch Heines über seine zeitweilige Heimat. Seiner Schwester Charlotte aber kann er am 12. Oktober 1823 berichten:

»Es ist hier sehr langweilig, doch ich bin vergnügt.«

Endlich hat er nämlich am Ende dieses Oktobers in Rudolf Christiani »einen sehr gelehrten und literarisch gebildeten Mann« gefunden, so daß er Anfang November im Brief an Charlotte der schon formelhaft gewordenen Kritik an Lüneburg eine anerkennende Bemerkung folgen lassen kann:

»Bildung ist hier gar keine; ich glaube auf dem Rathhause steht ein Culturableiter. Aber die Menschen sind nicht schlimm.«

Durch den erfreulichen Kontakt mit Christiani hatte er den Zugang zu diesen »nicht schlimmen« Menschen gefunden.

Das Leben in Lüneburg ist häuslich und biedermeierlich. Besonders die Briefe an die Schwester in Hamburg betonen den gemütlich-kleinstädtischen Charakter. Heine geht die Möglichkeit auf, in Lüneburg heimisch zu werden. Anfang November 1823 schreibt er von seinem Mops, der habe »den schwarzen Pudel des Drosten zum Liebhaber«. Der Mops, der in den ersten Wochen den Vergleich für Heines Unbehagen liefern mußte, wird immer mehr zum angenehmen und anhänglichen Hausgenossen. In ihm verdichtet sich symbolisch Heines Stimmung. Als Heine Lüneburg verläßt, um sein juristisches Studium in Göttingen wieder aufzunehmen, erzählt er im Brief an seine Hamburger Schwester:

> »Auch von Amiechen wird mir der Abschied schwer. Die kleine Bestie hat mir hier wahrlich manche Stunde verschönert. Wenn ich des Abends lese, sitzt das nette Thierchen auf meiner Schulter und fängt immer wieder an zu bellen wenn ich an eine schöne Stelle des Buches komme. Amiechen hat mehr Verstand und Gefühl als alle deutschen Philosophen und Poeten.«

1827, als er in Göttingen durch Promotion und Taufe seinem Leben eine anerkannt bürgerliche Richtung geben will, kann er in einem Brief an Charlotte auf die Lüneburger Aufenthalte zurückblickend sogar von den »Blumenauen Lüneburgs« sprechen.

Lüneburg in Heines Werk

Am Beispiel Amis zeigt sich übrigens, daß Lüneburg auch einen liebenswerten Platz in Heines Werk gefunden hat. Heines Gedicht »Daß ich dich liebe, o Möpschen« ist ohne die Lüneburger Zeit nicht denkbar.

> »Daß ich dich liebe, o Möpschen,
> Das ist dir wohlbekannt.
> Wenn ich mit Zucker dich füttre,
> So leckst du mir die Hand.
>
> Du willst auch nur ein Hund sein,
> Und willst nicht scheinen mehr;
> All meine übrigen Freunde
> Verstellen sich zu sehr.«

Ebenfalls weist das »Buch Le Grand« durch die Anspielung auf den Mops Ami, der hinter dem Schreiber steht und bellt, Lüneburg als Teil des Hintergrunds der Erzähl-Situation aus. Im XIV. Kapitel heißt es:

»Während ich dieses schreibe, steht hinter mir mein kleiner Mops und bellt – Schweig nur, Ami, dich habe ich nicht gemeint, denn du liebst mich und begleitest deinen Herrn in Not und Gefahr und würdest sterben auf seinem Grabe, eben so treu wie mancher andere deutsche Hund, der in die Fremde verstoßen, vor den Toren Deutschlands liegt und hungert und wimmert – Entschuldigen Sie, Madame, daß ich eben abschweifte, um meinem armen Hunde eine Ehrenerklärung zu geben«.

Auch der Kutscher Pattensen,

»der auf der weiten Lüneburger Heide, in Nacht und Nebel, den Weg zu finden weiß«,

ist am Anfang des Kapitels ein Hinweis auf Lüneburg, wo das »Buch Le Grand« zum Teil entstanden ist.

Daß Heine auch noch während seines Lebens in Paris Landschaft und Besonderheit Lüneburgs in gutem Andenken hält, zeigen die Lesarten zum Eingangskapitel des Versepos »Deutschland. Ein Wintermärchen«.

»Denkt Euch, mit Schmerzen sehne ich mich
Nach Torfgeruch, nach den lieben
Heidschnucken der Lüneburger Heid,
Nach Sauerkraut und Rüben.

Ich sehne mich nach Tabaksqualm,
Hofräten und Nachtwächtern,
Nach Plattdeutsch, Schwarzbrot, Grobheit sogar,
Nach blonden Predigerstöchtern.«

Weiterhin verweisen auf Lüneburg: in den »Geständnissen« der Vergleich des norddeutschen Protestantismus mit dem Judentum und die lobende Erwähnung des Rechtssprichwortes niedersächsischer Bauern: »Hundert Jahre Unrecht machen nicht ein Jahr Recht«, womit sie ihren »ethischen Unwillen« bekunden über das von den Römern eingeführte Recht der Verjährung.

Und als es im Winter 1842 am 12. Januar auch in Paris bitterkalt ist, da erinnert sich der Korrespondent Heine der Kälte der Lüneburger Heide, die allerdings die augenblicklich in Paris herrschende nicht überbieten kann.

Auch im »Ludwig Börne« ist Heine die Lüneburger Zeit gegenwärtig; er gedenkt der Spaziergänge mit Christiani:

»Wenn mein Vetter in Lüneburg dies liest, erinnert er sich vielleicht unserer dortigen Spaziergänge, wo ich jedem Betteljungen, der uns ansprach, immer einen Groschen gab, mit der ernstlichen Vermahnung: ›lieber Bursche, wenn du dich etwa später auf Literatur legen und Kritiken für die Brockhausischen Literaturblätter schreiben solltest, so reiß mich nicht herunter!‹«

Heine und Christiani

Christiani ist eindeutig die Schlüsselfigur während Heines Lüneburger Aufenthalte. Heine schreibt Anfang November 1823 an Charlotte:

»Und was hätte ich Dir auch zu schreiben? Wie wir leben weißt Du; Ich werde hier sehr honorirt. Besonders bin ich oft in Gesellschaft bey dem Superintendent Christiani; der Dr Christiani hat mich in ganz Lüneburg berühmt gemacht und meine Verse rouliren [laufen um]. Indessen suche ich immer, wo ich es kann, mich zurückzuziehen; meine Kopfschmerzen, die noch immer nicht verschwinden, und meine Jurisprudenz beschäftigen mich zu sehr.«

Man muß sich Christiani und Heine – trotz mancher Gemeinsamkeiten – sehr gegensätzlich vorstellen. Der Lüneburger Berichterstatter Carl Cassau betont in einem Beitrag von 1885 Christianis Eleganz, nennt ihn nach dem Urteil von Zeitgenossen einen »Apollo«. Die Damen Lüneburgs hätten gemeint, wenn sie in den Himmel sehen wollten, so brauchten sie nur in Christianis Augen zu blicken. Heines unauffällige, kleine Erscheinung dagegen wird in Lüneburg nicht sonderlich gewürdigt. Friedrich Wilhelm Rogge hatte man Heine in Lüneburg »immer als ein kleines durchsichtiges Männchen geschildert, bleich und abgezehrt und verlebt«, so daß er überrascht war, ihn im Frühjahr 1836 in Paris »zwar nicht korpulent, aber doch frisch und wohlgenährt« vor sich zu sehen. Das umständliche und sehr allgemeine Urteil J. F. Jägelers bei Cassau geht in die gleiche Richtung und stimmt in manchen Beobachtungen (Heines nervöses Augenzwinkern, die gebeugte Haltung, seine vernachlässigte Toilette) mit den Urteilen anderer Zeitgenossen überein.

Die Bekanntschaft, Freundschaft und spätere Verwandtschaft Heines mit Christiani überwindet die augenfällige Verschiedenheit. Ihren Ursprung verdankt sie in erster Linie den gemeinsamen literarischen Interessen und einer aufgeklärten geistigen Unabhängigkeit der beiden Juristen. Als verbindendes Element mag auch Christianis Herkunft aus jüdischer Familie und Tradition nicht ohne Bedeutung gewesen sein. Sein Großvater war noch Jude, sein Vater Christoph Christiani (1761-1841), der von 1793 bis 1810 als Hofprediger in Kopenhagen gewirkt hatte, war 1814 als Pastor primarius an der Johanniskirche und als Superintendent nach Lüneburg gelangt. Dessen erste Ehefrau war die interessante und abenteuerliche Schriftstellerin Caroline Auguste Venturini (1764-1842), Tochter eines Hofmusikanten in Braunschweig. Sie wurde unter dem Namen Auguste Fischer bekannt. Kurz nach der Geburt ihres Sohnes Rudolf in Kopenhagen verließ die temperamentvolle Frau ihren trockenen und strengen Mann und kehrte nach Deutschland zurück, wo sie ein wechselvolles Schicksal erlebte. Christoph Christiani heiratete später Anna Metthea Hallager (1772-1842) aus Bergen/Norwegen. Heine hat also nur Rudolf Christianis Stiefmutter kennengelernt.

Rudolf Christiani

Rudolf Christiani (27. 1. 1797 - 21. 1. 1858) studierte, wie wenige Jahre später der ein knappes Jahr jüngere Heine, in Göttingen Jura und promovierte im Herbst 1818. Er ließ sich anschließend als Advokat in Lüneburg nieder, wurde Ende 1824 provisorischer Stadtsekretär und blieb in diesem anspruchslosen Amt, das seine Begabung in keiner Weise zur Geltung brachte, bis 1846. In den dreißiger Jahren spielte er eine führende Rolle als liberaler Politiker in der hannoverschen Ständeversammlung, war aber später ohne Bedeutung.

An der Universität hatte er sich literarischen Neigungen hingegeben und übersetzte dänische Werke. Er gehörte in Göttingen als Danteut oder Flaccus Danteut von Axelstadt zur »Poetischen Schusterinnung an der Leine« und war Mitarbeiter der »Wünschelruthe«, die im ersten Halbjahr 1818 vom späteren Heine-Freund Heinrich Straube, dem Jugendbekannten der Annette von Droste-Hülshoff, und von

Johann Peter von Hornthal herausgegeben wurde. Seine Gedichte »Liebesbild« und »Licht und Leben« bezeugen ein erstaunliches Talent und deuten auf einen melancholisch-resignierenden Grundton hin. Christiani ließ nur wenig drucken. 1818 erschien in Göttingen seine Übersetzung von Oehlenschlägers Trauerspiel »Hugo von Rheinberg«. Später bemühte sich Heine, Christiani zu weiteren Veröffentlichungen zu veranlassen, konnte aber den zaudernden Freund nicht aus seiner Lethargie reißen. Christiani, ein großer Goethe-Enthusiast, arbeitete ohne größeren Ehrgeiz, so zum Beispiel an der Übersetzung von Oehlenschlägers Romanzenzyklus »Helge« (1814). Heine verlangte Anfang 1827 einige Meerschilderungen aus dieser Übersetzung, weil er daraus ein Motto für die »Seebilder« des zweiten »Reisebilder«-Bandes wählen wollte. Christiani scheint dem Wunsch nicht nachgekommen zu sein. Heine wählte statt dessen als Motto: Xenophon's Anabasis IV.7.

Christiani wird nicht nur in Lüneburg für Heine wirksam, er will besonders in Hamburg nützliche Bekanntschaften vermitteln. So verweist er Heine nach der Promotion im Winter 1825 an seinen Hamburger Bekannten Dr. Adolf Halle, den späteren Mann von Heines Kusine Therese. Heine ist von dieser Bekanntschaft nicht begeistert. Er schreibt nach Lüneburg:

> »Ihren Freund Dr Halle habe ich besucht. Er ist sehr liebreich, sehr zuvorkommend und ein wahrer Jude. Er zeigte sich nemlich im ersten augenblick schon jüdisch zuvorkommend mit der Frage: Sie werden doch mein College?«

Viel wichtiger ist die vermittelnde Funktion, die Christiani in bezug auf den aus Lüneburg stammenden Kaufmann Friedrich Merckel in Hamburg ausgeübt hat. Heines anfangs lebhafter Kontakt und die kameradschaftliche Verbindung mit Christiani verlieren sich allmählich. Der Lüneburger Jurist hat Heine in Hamburg noch häufiger besucht, zum Beispiel auch während der Wandsbecker Zeit 1830. Ludolf Wienbarg trifft ihn hier mit Heine an der Linstantschen Gasttafel, und Heine stellt Christiani vor als den Mann, »der so ausgezeichnet redet und so miserabel schreibt«. Schließlich heiratet Christiani durch Charlotte Embdens Vermittlung am 28. August 1833 Heines Kusine Charlotte Heine (1813 - 30. 9. 1869) aus Bordeaux. Bald darauf hat das junge Paar Heine anscheinend in Paris besucht; nach Maximilian Heines Ansicht hat Christianis Begeisterung für den Dichter aber sehr nachgelassen. Auch 1838 hat Heine Christiani und Charlotte anläßlich der Hochzeit von Heines Vetter Carl in Paris gesehen. Die Verbindung zwischen den Freunden bleibt so beständig, daß Heine seinen Vetter im Testament vom 13. November 1851 mit der Gesamtausgabe seiner Werke beauftragt, obwohl Christiani sehr heruntergekommen war und das gesamte Vermögen verspielt hatte. Christiani wäre vielleicht der Herausgabe von Heines Werken, zu der er sich selbst durch Campe anbot, um Heine Zeit und Gelegenheit für neue Produktionen zu verschaffen, nicht gewachsen gewesen. Einzig seine Bekanntschaft mit Heines Verleger Julius Campe hätte ihm die Aufgabe erleichtert. Er starb jedoch, bevor er für eine Edition eintreten mußte.

Die zufällige Begegnung in der kleinen norddeutschen Stadt führte zu einer lebenslangen Verbundenheit. Für längere Zeit innerhalb der deutschen Zeit Heines war diese Bekanntschaft so wichtig wie seine Freundschaft mit Moses Moser in Berlin und Friedrich Merckel in Hamburg. Christianis Stellung als literarischer Ratgeber und Kritiker ist bemerkenswert. Vor allem ist aber hervorzuheben, daß er Heine in Lüneburg mit der Gesellschaft bekannt machen konnte, bevor die »Reisebilder« und das »Buch der Lieder« Heines Ansehen begründet hatten. Daß der Kontakt mit der Gesellschaft nicht selbstverständlich und nur der besonderen Stellung von Christoph Christiani und seinem gewandten Sohn zu verdanken war, kann die Tradition im Wahlstabschen Haus andeuten. Noch die Reaktion der alten Frau Wahlstab und ihrer Haushälterin ca. im Jahre 1926 auf die Mieter vor einem ganzen Jahrhundert ist durchweg negativ: Die Eltern Heines hätten gesellschaftlich tief unter der Familie des Buchhändlers Wahlstab gestanden, besonders gerügt werden Heines ungeniertes Benehmen und seine Respektlosigkeit.

> »Heine lief in Unterhosen durch das ganze große Haus, der stille Ort war im Hof gelegen, gewiß, aber hätte der junge Mann sich nicht richtig anziehen können, da sieben junge heiratsfähige Töchter im Hause waren? Sieben junge Damen! Frau Wahlstab ist ehrlich entrüstet.«

Die Respektlosigkeit des Dichters reizt die Umgebung, sich mit dem Gast zu beschäftigen. Heine wurde in der Stadt berühmt. Seine oben schon zitierte Bemerkung von Charlotte Embden Anfang November 1823 dürfte zutreffen: Seine Verse roulierten, und das war dem jungen Autor sehr wichtig. An Moses Moser schreibt er sogar am 2. Februar 1824 aus Göttingen über seine vergangene Lüneburger Zeit:

»In Lüneburg werde ich rasend viel gelesen und gefeyert.«

Diese persönliche Anerkennung ließ vergessen, daß es ihm gesundheitlich anfangs nicht gut ging.

»Ich glaube«,

schreibt er am 31. Januar 1824 nach seiner Ankunft in Göttingen an seine Schwester Charlotte,

»Lüneburg muß eine schlechte Luft haben; fast keine ganz gesunde Stunde genoß ich dort. Die Leute dort haben zwar alles aufgebothen, um mir das Nest angenehm zu machen; besonders zuletzt. – Ich habe die Reise ohne besondere Vorfälle abgemacht. Die Lüneburger Heide ist 1/3 von der Ewigkeit und hat mich hinlänglich gelangweilt.«

Biedermeierliches Lüneburg

Persönliche Verflechtungen innerhalb der Lüneburger Gesellschaft, seien sie freundschaftlicher oder verwandtschaftlicher Art, sind für die gesamte Lüneburger Zeit von Bedeutung, erleichtern ein gegenseitiges Kennenlernen und machen das »langweilige« Lüneburg doch noch interessant.

Heines gesellschaftlich-literarische Beziehungen zu Lüneburger Bürgern lassen sich etwa so gruppieren:

1. Honoratioren Lüneburgs, mit denen Christiani Heine bekannt gemacht hat und die er im »Club von 1785«, in Wienebüttel oder bei anderer Gelegenheit (Totenkasse) trifft;

2. die aus diesen offiziellen Bekanntschaften sich entwickelnden privaten Verbindungen im familiären Rahmen (hier sind Grüter und Christiani von Bedeutung);

3. und schließlich die Verbindung zu Spitta und Frau Jochmus.

Diese letzte Beziehung gerät bald in eine komplizierte Spannung durch Heines aufgeklärt-ironisches Verhalten und Spittas wachsenden Pietismus, dessen vom Gefühl geführte Frömmigkeit den eigentlichen Gegenpol für den Lüneburger Heine bildet. Die Auseinandersetzung mit Spittas pietistischer Richtung, verstärkt durch die nicht wenigen Sympathisanten in der Lüneburger Gesellschaft, wie zum Beispiel auch Grüter und Frau Siebold, verhilft Heine zur Klärung der eigenen Anschauungen und prägt seine distanziert-großstädtische Religiosität.

Als der »liebenswürdige Jüngling«, wie Heine ihn geschildert hat, war Christiani der Verbindungsmann zu einzelnen Lüneburger Honoratioren und zur Gesellschaft. Er dürfte zum Beispiel Georg Theodor Meyer (1797 - 12. 9. 1870), der aus Lüneburg stammte, ebenfalls in Göttingen studiert hatte, Mitglied der »Poetischen Schusterinnung« und seit Herbst 1818 wie Christiani Jurist in Lüneburg war, mit Heine bekannt gemacht haben. Meyer wurde 1839 Senator in Lüneburg und war 1848 Mitglied der Frankfurter Nationalversammlung und seit dem Herbst 1850 für ein Jahr hannoverscher Kultusminister. Er war tief religiös und dichtete als Treuwert an der Ilmenau in der Nachfolge des Göttinger Hains. Seine Biographie zeigt beispielhaft das biedermeierliche Nebeneinander von literarischer Bemühung und Berufsleben, von jugendlich-schriftstellerischem Elan an der Universität und Rückkehr zum normalen Alltag in der Provinz. Ähnlich literarisch engagiert oder interessiert muß man sich auch die übrigen Gebildeten Lüneburgs denken. Die beste Möglichkeit zu dieser und den vielfältigen Bekanntschaften mit führenden Bürgern der Stadt bot der Club von 1785. Die tonangebenden Herren der Lüneburger Gesellschaft waren Mitglieder des Clubs und konnten ihrerseits Gäste mitbringen. Am 10. Oktober 1823 führte Christiani Heine in diesen Kaulitzschen Club ein. Als vornehmste Lüneburger Vereinigung bestand er über ein Jahrhundert bis zum 1. Oktober 1901, eine angenehme und traditionsreiche Kommunikationsmöglichkeit! Heine konnte gelegentlich am Clubleben teilnehmen. Am 1. Oktober 1826 hat er sich selbst als »H. Heine. Dr. Jur.« in das Clubbuch eingetragen, das seit 1806 für die Gäste geführt wurde. Am 15. November desselben Jahres ist er mittags beim »Kaulitzschen Clubschmaus« und trifft dort Merckels Schwager Heinrich Küster. Auch für Grüter spielt der Club eine große Rolle. Am Abend des 19. November 1826 schreibt er in sein Tagebuch:

> »Gestern war ich bei Mehlis. Heine und Christiani wurden erwartet. Ich war sehr gespannt, beide einmal in einem kleinen, durch steifes Ceremoniell minder bewegten Kreise zu sehen«,

womit er gewiß auf Zusammenkünfte im Club anspielt. Denn er notiert nach wenigen Sätzen:

> »Heine sagte, er hätte um sieben einen Menschen auf dem Club gesehen, den er für mich gehalten und doch nicht für mich erkannt habe. Um sieben war ich nicht mehr auf dem Club gewesen!«

In einen ähnlich zeremoniellen Kreis führt Cassaus Schilderung über Heines Teilnahme an Zusammenkünften der Totenkasse und seine Bekanntschaft mit dem Juristen Daniel Ludwig Wallis. Die überlieferten, respektlosen und humoristischen Bonmots verdienen hier mitgeteilt zu werden, da sie Heines Ton treffen und im Kern durchaus authentisch sein können:

»In hiesiger Stadt wohnte auch ein kleiner verwachsener Advokat Dr. Wallis, ein kluger Kopf, der in mancher Beziehung im Orte tonangebend war. Er fungirte daher auch als Vorstand einer sogenannten Todtencasse. Nach einer gewissen Zeit pflegte man damals wie heute den Ueberschuß der Casse zu – verzehren. Zu einem solchen Schmause durfte jedes Mitglied einen Freund einführen, und so brachte Dr. Christiani Heinrich Heine mit. Wallis aber, als Tisch-Präsident oben an der Tafel hockend, meinte sich an Heine wendend, als der Wein schon anfing seine Wirkung auszuüben: ›Machen Sie doch mal einen Witz, Herr Doctor.‹

›Jawohl!‹, entgegnete der Schlagfertige: ›Sehen Sie da, meine Herren‹, – auf Wallis zeigend und die Tafel mit den Augen streifend – ›einen kleinen Punct hinter einer langen Periode!‹

Ein anderes Mal gehen die Herren vor dem Thee nach Hause. Im Vorzimmer bückt sich der Dichter, um die Klappen seiner Galoschen zuzuschnüren. ›Ah‹, sagt Wallis, ›sehen Sie, Herr Doctor, das habe ich nicht nöthig! Es ist eine Feder in den Galoschen, die in den Absatz springt! Sehen Sie? Eine Erfindung von mir selbst!‹

›Teufel‹, versetzte Heine, ›nun weiß ich doch, welche Feder Ihren Namen auf die Nachwelt bringen wird!‹ Wallis war, nebenbei gesagt, auch Schriftsteller im juristischen Fache.«

Der vornehm-zeremonielle Club und die Totenkasse hatten ihr Pendant in der Wienebütteler Kaffeewirtschaft. Diese Treffpunkte gaben Heine Gelegenheit, den Bekanntenkreis zu erweitern und selbst bekannt zu werden. Arthur Zechlin nennt als Gäste in Wienebüttel Vertreter von Verwaltung, Kirche und Schule: den Superintendenten Christiani, Pastor Merckel, Protosyndikus Küster, den Abjunkt des Direktors (seit 1826) am Lüneburger Johanneum Karl Friedrich Heinrich Albert Haage und Wilhelm Friedrich Volger, seit 1830 Rektor der Realschule.

Mit dem Protosyndikus Heinrich Küster (1777-1860), der seit 1810 mit der Schwester Friedrich Merckels, Johanna (1788-1843), verheiratet war, traf Heine am 15. November 1826 im Club zusammen.

Die Freundschaft mit Merckel ermöglicht von vornherein einen natürlichen Kontakt auch mit dessen Familie in Lüneburg. Küsters Person ist von philologischem Interesse für die Herkunftsbestimmung eines wichtigen handschriftlichen Zeugnisses. Ein Exemplar der Heineschen »Gedichte« von 1822 mit Bleistifteintragungen von Merckel und vielleicht auch von Heine selbst, das zur Vorbereitung des hauptsächlich von Friedrich Merckel zusammengestellten »Buchs der Lieder« gedient hat, trägt außer dem Besitzervermerk Merckels die Eintragung »H. Küster«. Offensichtlich ging nach Merckels Tod (3. 9. 1846) ein Teil des Nachlasses an den Schwager. Merckels Bruder Johann Dietrich Gottlieb Merckel (1795-1859), neun Jahre jünger als der Hamburger Kaufmann (geb. 25. 2. 1786), war wie der Vater Johann Gottlieb Ernst Merckel, der von 1782 bis 1789 an St. Nicolai, dann am Heilig-Geist-Hospital bzw. der Lamberti-Kirche als Pastor wirkte, Theologe in Lüneburg. Seit 1825 hatte er die Stelle des Hauptpastors an St. Lamberti inne. Am 1. 12. 1826, kurz nach seiner Bekanntschaft mit Heine, heiratete er in Garlstorf bei Lüneburg die Tochter des dortigen Pastors, Sophia Antoinette Loeber. Heine hat ihn im Herbst 1826 kennengelernt und schreibt an Friedrich:

»Er gefällt mir sehr gut.«

Als er durch ihn Bücher an Campe in Hamburg zurückgeben wollte, war Pastor Merckel schon abgereist. In der Kaffeewirtschaft in Wienebüttel traf Heine wahrscheinlich später mit ihm zusammen.

Heine war von Wienebüttel angetan und ist selbst häufig hinausgewandert. Er fragt am 7. März 1824 von Göttingen aus, ob Christiani noch oft nach Wienebüttel gehe, und am 1. November 1826 heißt es (im Anschluß an die Frage, ob Christiani nach Wienebüttel gehen wolle):

»Wenn das der Fall ist, will ich mich von Dir abholen lassen.«

Die mündliche Tradition überliefert nach Zechlin für den Wienebütteler Kreis folgenden Gesprächshöhepunkt:

»Als eines Tages eine lebhafte Unterhaltung über religiöse Fragen stattfand und der Direktor Haage zu Heine sagte: ›Ich begreife nicht, wie Sie bei solchen Ansichten Christ – Heine hatte sich (am 28. 6.) 1825 in Heiligenstadt taufen lassen – werden konnten‹, antwortete dieser: ›Der Taufzettel ist das Entreebillet der europäischen Kultur.‹«

Der berühmte Ausspruch und die Art der Unterhaltung deuten die Probleme an, die in den Lüneburger Zirkeln erörtert wurden. Der

Gesprächspartner Karl Haage (1801-1842), der seit 1823 am Lüneburger Johanneum unterrichtete, war anscheinend mit Heine gut bekannt und vielleicht sein Verbündeter gegen Spitta. Sein Vorgänger, Direktor Johann Friedrich Wagner (1754-1834), hat sein Interesse an Heine im Unterricht weitergeben wollen. Er soll nach Cassau den Schülern Heines Gedicht »Die alten, bösen Lieder« aus dem »Lyrischen Intermezzo« bewegt vorgetragen und dann voller Rührung gesagt haben, indem er seine mächtige Perücke zurechtschob: Wenn im Städtchen vom alten Direktor Wagner keine Rede mehr sei, werde man noch von diesem Genie sprechen, das sei der wahre Dichter. Ein bescheidenes und weitsichtiges Wort, das Heines Wirkung in Lüneburg beleuchtet.

Ein letztes Beispiel für Heines Anerkennung unter den Honoratioren ist die Bekanntschaft mit dem Sohn des verstorbenen Bürgermeisters Georg Ludwig Krukenberg (1758-1822), dem Kaufhaus-Aktuar (seit 1811) Ernst Krukenberg (1791-1859), der Heine hin und wieder, angeblich aus eitlen Motiven, besuchte. Ihn traf Heines böser Spott. Eines Mittags, als Krukenberg gegangen und Christiani gerade gekommen war, soll Heine ausgerufen haben, Christiani werde ihn heute unausstehlich dumm und langweilig finden, er habe mit Krukenberg Ideen ausgetauscht.

Ludwig Freiherr von Diepenbrock-Grüter

Heines Zusammenstoß mit der pietistischen Richtung

Die mehr private Verflechtung Heines mit dem biedermeierlichen Leben in Lüneburg, wie es sich außer in Clubgesprächen und sonstigen zumeist oberflächlichen Kontakten vor allem in gegenseitigen Besuchen und literarischen und musikalischen Familienabenden niederschlägt, wird in den Tagebuchaufzeichnungen des Freiherrn Ludwig von Diepenbrock-Grüter (28.4.1804-19.3.1870) greifbar. Heine kannte den jungen Westfalen aus Haus Mark bei Tecklenburg seit dem Göttinger Studium im Sommersemester 1824. Im Herbst desselben Jahres trat Grüter in Lüneburg eine Stellung als Jurist an. Heine machte ihn mit Christiani bekannt, indem er Grüter seinen Brief an den Lüneburger Freund vom 4. September 1824 mitgab. Heine schreibt:

»Diese Zeilen sollen nichts weniger als einen Brief vorstellen, sondern bloß einen freundschaftlichen Gruß; denselben überbringt Ih-

> nen mein Freund Grüter, mit welchem ich diesen Sommer viel und viele heitere Stunden zusammen gelebt, und dem ich daher, wie sich von selbst versteht, oft von Ihnen erzählt, und der Sie nun selbst kennen lernen soll, um sich zu überzeugen wie sehr ich Ursache habe oft an Sie zu denken. Er gehört zu den wenigen Menschen, die ich ertragen kann und er mag Ihnen deshalb bestens empfohlen seyn.«

In Lüneburg traf Grüter, der bei seiner Großmutter, der Generalin Friederike von Diepenbrock, wohnte, später häufig mit Heine zusammen. Noch im Herbst 1827, vor Heines Abreise nach München, war offenbar ein guter Kontakt möglich. Von München aus verlangt Heine für die »Neuen allgemeinen politischen Annalen«, deren Redakteur er geworden ist, von Christiani oder Grüter einen Beitrag.

Die Tagebuchaufzeichnungen von Ende 1826 dokumentieren Grüters Anhänglichkeit und Verehrung. In der Wiedergabe der Gefühle und Gespräche äußert sich seine beunruhigte Existenz. Heines Respektlosigkeit, kritische Fragehaltung und religiöse Freizügigkeit sind der Grund für die innere Auseinandersetzung mit ihm. Die Freizügigkeit der religiösen Anschauungen ist vor dem Berliner Hintergrund zu sehen, der lange nachgewirkt und Heines theologische Position bestimmt hat. Im Kontrast zum Lüneburger Horizont konnte der junge Heine seine Position besonders extrem vertreten und einüben. Das Berliner Studium hatte der geistigen Entwicklung die entscheidende Wendung gegeben. Die katholisierende und romantische Richtung der frühen Düsseldorfer und Hamburger Anfänge und der ersten Studienzeit wurde gründlich revidiert. Heines späte Erklärungen über seine bisherigen religiösen Anschauungen und die nunmehrige Umkehr können die »moderne« Haltung während der Lüneburger Zeit beleuchten, eine Haltung, die schon im XV. Kapitel des »Buchs Le Grand« anklingt.

Das Nachwort zum »Romanzero« vom 30. September 1851 bekennt seine »Heimkehr zu Gott«, nachdem er »lange Zeit bei den Hegelianern die Schweine gehütet«. Die Vorrede zur zweiten Auflage des zweiten »Salon«-Bandes von Mai 1852 deutet ebenfalls das jugendlich-stolze Selbstbewußtsein an. Sein Rekurs auf die »Genesis« interpretiert den Bericht vom Sündenfalls als

> »die Geschichte von dem verbotenen Baume im Paradies und von der Schlange, der kleinen Privatdozentin, die schon sechstausend Jahre vor Hegels Geburt die ganze Hegelsche Philosophie vortrug.

Dieser Blaustrumpf ohne Füße zeigt sehr scharfsinnig, wie das Absolute in der Identität von Sein und Wissen besteht, wie der Mensch zum Gotte werde durch die Erkenntnis, oder was dasselbe ist, wie Gott im Menschen zum Bewußtsein seiner selbst gelange.«

In die gleiche Richtung der von Heine in Lüneburg vertretenen Weltanschauung zeigt schließlich die Anekdote über sein Gespräch mit Hegel in Berlin, die in den »Geständnissen« von 1854 erzählt wird: Hegels Antwort auf die Schwärmerei des jungen Heine, der die Sterne den Aufenthalt der Seligen nennt, ist desillusionierend. Sie seien »nur ein leuchtender Aussatz am Himmel«. Darauf folgt Heines Frage nach der Existenz des glücklichen Ortes, wo die Tugend nach dem Tode belohnt werden soll.

»Jener aber, indem er mich mit seinen bleichen Augen stier ansah, sagte schneidend: ›Sie wollen also noch ein Trinkgeld dafür haben, daß Sie Ihre kranke Mutter gepflegt und Ihren Herrn Bruder nicht vergiftet haben?‹«

Mit einer solchen ernüchternden Weltsicht dürfte Heine seinerseits die Lüneburger Gesprächspartner schockiert haben. Selbst noch beim letzten in Lüneburg geführten Gespräch mit Christiani über Heines verstorbenen Vater (gestorben 2. 12. 1828) ist seine theologische Opposition zu spüren:

»Ja, ja! Da reden sie von einem Wiedersehn in verklärter Leibesgestalt! Was tu ich damit? Ich kenne ihn in seinem alten braunen Überrocke, und so will ich ihn wiedersehen. So saß er oben am Tische, Salzfaß und Pfefferdose vor ihm, das eine rechts, das andere links, und wenn mal die Pfefferdose rechts stand und das Salzfaß links, so stellte er das um. Im braunen Überrock kenne ich ihn, und so will ich ihn wiedersehn.«

Ein literarischer Abend

Bei den Gedanken und Gesprächen, die Grüter überliefert, ist die literarisch-religiöse Komponente lebendig. Die erste Notiz vom 19. November 1826 beschreibt eine Einladung am Tag zuvor beim Amtsassessor Mehlis, der zum Beispiel auch Clubmitglied war. Julius Friedrich Mehlis (geb. 1782) war mit Louise, geb. Siebold, verheiratet. Frau Mehlis und Johanna Luise Wilhelmine Caroline Siebold, geb. Wiegand, deren Mann Wilhelm Kopist bei der Königlichen Land-

Drostei in Lüneburg war, spielen bei den Unterhaltungen eine führende Rolle. Heine kannte den Amtsassessor Mehlis und seine Frau schon länger. Grüter hatte dennoch freundschaftliche Furcht, im Hause Mehlis könne Heine nicht im rechten Licht erscheinen. Er hatte sich »zu günstig in bezug auf Heine geäußert«, als daß er »nicht sehr dabei hätte interessiert sein sollen, wie Heine ihnen erschiene«. Zu Beginn des Familienabends wird Grüter an das Klavier gebeten und kann sich erst anschließend auf das Gespräch konzentrieren. Die Unterhaltung geht zuerst über literarische Gegenstände. Walter Scott wird von Heine gelobt, von Christiani abgelehnt. Jean Paul von Heine angegriffen, »weil er die Mühe gespart, klar zu schreiben, die er, Heine, sich stets gäbe«. Christianis Antwort darauf lautet: Jean Paul schreibe, wie Heine denke. Frau Siebold glaubt, »daß Jacobi der ordnende übersetzende Jean Paul ist«! Nachdem Heine aus Scotts »Lady of the Lake« etwas übersetzt hat, geht die Unterhaltung weiter:

> »Jetzt occupierte Heine die Mehlis und bewies indirect durch sein Gespräch, daß er nicht gottlos sei, wenn auch nicht fromm in dem Sinne der Mystiker. Er habe ein Taubenherz, welches sich durch einen scharf gespitzten Geierschnabel ausspreche. Die Siebold erklärte dies für ein wunderbares Naturspiel, und manche Scherze wurden Heinen an Herz und Schnabel geworfen. Die Mehlis: sie liebte nur das Herz; Christiani: er den Schnabel. Die Siebold: sie beides, aber nicht in ihrem Zusammenhange.«

Anschließend kommt Heine auf die schöne Frau von Celle, Caroline Auguste von Anderten, geb. du Plat, zu sprechen, die er auf Norderney kennengelernt hatte, und lobt sie außerordentlich. Frau Mehlis berichtet einen groben Scherz, den der Major von Anderten seiner Frau gespielt hatte, und meint: »Nachher würde sie sicher in den Himmel kommen.« Darauf Christianis ironischer Einwand: »Das sei der beste Weg, sie von Heinen zu trennen, der sie dann sicher nie wieder sehe.« Anschließend singt Frau Mehlis Heines Gedicht »Wie der Mond sich leuchtend dränget« zum Klavier; Christiani rezitiert mehrere Heine-Gedichte.

Diese familiäre Anteilnahme am anwesenden Dichter ist frappierend und dürfte Einfluß gehabt haben auf Heines literarische Pläne. Es scheint mir, daß bei ähnlicher Gelegenheit der Plan zum »Buch der Lieder« – nur wenige Wochen vor diesem Abend bei Mehlis – entstanden sein könnte. In Grüters Bericht wird klar, Heine ist der Mittelpunkt der abendlichen Einladungen. Seine Ansicht ist gefragt und fordert die Auseinandersetzung heraus. Es mag an der Perspektive des Tagebuchschreibers liegen, jedenfalls ist auffällig, daß Mehlis, der tatsächlich, und Siebold, der wahrscheinlich anwesend war, überhaupt nicht in Erscheinung treten. Christiani, Heine und die Damen bestreiten den Abend weiter und bestimmen die Tendenz der Gespräche. Grüter berichtet weiter:

> »Unglücklicherweise fiel indes die Rede bald von der lyrischen in die mystische Dichtung, und die neuen Dichter, Spitta, Deichmann und der Jochmann, wurden besprochen.«

Heines und Christianis theologische Haltung ist weltbejahend. Heine »erklärte den Mysticismus für Folge von Körperschwäche und Krankheit«, Christiani »für ein Kind der höchsten geistigen Armut«. Grüter erscheint Heines rigorose Verurteilung aller pietistisch Erweckten ungerecht. Er äußert deshalb im Gespräch seine Meinung: »Ich halte Heine zu intollerant gegen Spitta und umgekehrt.« Christiani schließt sich dem religiösen Toleranzdenken an und gibt zu,

> »daß, wenn einer sich glücklich dabei fühle, täglich Kartoffeln zu essen, und wähne, durch sie ginge der Weg zum Himmel, man ihm dies Vergnügen lassen, ihm selbst aber vergönnen solle, zuweilen Braten und Austern zu genießen.«

Bei dieser Gelegenheit kommt die Rede auf Frau Jochmus, in deren Haus Spitta Hauslehrer war. »Heine bat, ihr zu sagen, der Mysticismus schade der Schönheit. Dies fand großen Beifall.« Resümierend muß Grüter am Ende über Heine feststellen:

> »Im Ganzen schien mir Heine ein höchst vornehmes gesellschaftliches Wesen zu äußern. Frei, unbefangen, seines geistigen Übergewichtes bewußt, achtet sein Witz keine Schranken oder höchstens die von den Grazien gezogenen. Form und Sitte dienen nur ihm, er nicht ihnen. In dieser Beziehung als sein Gegensatz erscheint Christiani. Die Siebold steht Heinen näher.«

»Wenn er nur Komödiant wäre?«
oder
Besorgte Erörterungen religiöser Meinungsverschiedenheiten

Die Gespräche vom Abend des 18. November haben intensiv nachgewirkt, auch bei Heine selbst. Am 20. November berichtet Grüter über einen Spaziergang nach Wienebüttel und rätselt:

»Wunderbar, daß ich soviel an ihm zu tadeln habe und ihm dennoch so gut bin.«

Wenig später fährt er fort:

»Merkwürdig ist mir sein Vertrauen auf seine geistige Kraft. In solcher Fülle habe ich es kaum möglich gehalten. Er [Heine] droht oft: ›Wenn du Mystiker wirst, so verführe ich dich sicher.‹ Als wenn er Herr meines Willens wäre! ›Wenn ich nur 13 Male mit der Amtmännin [Frau Jochmus] zusammen gekommen – das 14te Male sollte sie lachen über sich selbst und wäre nicht mehr Mystikerin‹, rühmte er gestern!«

Der grüblerische, fromme Westfale, der selber schriftstellerische Versuche unternimmt, die Heine liest und lobt, ist dem Älteren derart unterlegen und von Heines gelegentlichen Äußerungen so betroffen, daß sein inneres Gleichgewicht ins Schwanken gerät, eine schmerzvolle Erfahrung, die auch andere Gesprächsteilnehmer des Abends bei Mehlis gemacht haben. Grüter notiert am 21. November:

»Mehlis sprach vom neulichen Abend und meinte, Heine sei völlig ohne positive Religion, so auch Christiani. Die Siebold hatte geäußert, sie würde krank werden, wenn sie Heine jede Woche einmal sehen müßte.«

Am Tage darauf hält er Frau Siebolds liebevolle Warnung fest:

»Er [Heine] wird Ihr Herz auf tausendfache Weise zerreißen, fliehen Sie ihn!«

Das religiöse Problem läßt Grüter auch am 23. November nicht los. Heine habe ihm nachmittags gesagt, er sei kein christlicher, sondern ein neuplatonischer Mystiker. Während dieser Eintragung erinnert er sich an ein früheres Gespräch:

»Neulich sagte er: ›Es ist ein Gott; zu sagen, ›Ich glaube an einen Gott‹ ist schon Lästerung. Er ist, und ich schaue ihn als Seiendes an. Christus ist göttlich – die Propheten, die Stifter der Parsen, der Hindischen Religionen, Plato, Sokrates u. a. m. waren es auch, aber nicht so sehr wie Christus. In seiner Religion ist Klarheit, was den andern Dunkelheit war.‹«

Heines aufklärerische Zusammenschau der Religionen kann den jungen Grüter nicht beruhigen. Frau Siebold hatte zu Heines theologischen Erörterungen und Antworten geäußert:

»Wenn er nur Komödiant wäre?«

Ein Verdacht und Vorwurf, der sich bis heute durch die Heine-Kritik zieht. Grüter möchte aber Heine Glauben schenken, der beteuert hat, seine innerste Überzeugung vor Grüter ausgesprochen zu haben. Ihn verwirrt die spätere Behauptung Heines, »der Körper gehöre dem Menschen. Ohne Klausel sei er ihm geschenkt und man könne mit ihm tun, was man wolle.« Grüter versucht zu bekehren und zu überzeugen, daß Gott den Körper geschenkt habe, »aber unter Klauseln, die das Gewissen uns anzeige«, und kann sich nur mit dem Gedanken trösten: »Es war ihm wohl nur Scherz mit jener Äußerung.« Von Frau Siebold erhält er als Talisman Friedrich Heinrich Jacobis »Von göttlichen Dingen und ihrer Offenbarung« (1812). In der letzten Eintragung vom zweiten Weihnachtstag spricht sich die Unkompliziertheit Grüters noch einmal aus. Er kann Heine nicht begreifen. Am Heiligabend, bevor Grüter zu Mehlis wollte, »um Kinderweihnachtsfreuden zu sehen und zu genießen«, war Heine »in höchst unliebenswürdiger Stimmung« bei ihm und sprach unter anderem »von seiner Anschauungsweise seiner selbst als Objekts«. Grüter schließt mit dem hilflosen Ausruf:

»Wie kann der andere achten, der sich selbst so wenig achtet!«

Philipp Spitta

Allein schon wegen dieser dauernden religiösen Differenzen schreibt Heine kurz vor Beginn der Aufzeichnungen von Grüter an Friedrich Merckel:

»Mit Christiani verkehre ich hier wie gewöhnlich; er ist mir von allen Freunden der bequemste.« (6. Oktober 1826)

Wenig einträchtig verlief nämlich die Bekanntschaft mit seinem anderen Göttinger Studienfreund Philipp Spitta (1.8.1801 - 28.9.1859). Spitta stammte aus einer Hugenottenfamilie in Hannover, seine Mutter war Jüdin gewesen. Nach einer Uhrmacherlehre hatte er 1821 mit dem Studium der Theologie in Göttingen begonnen und gehörte hier mit seinem Freunde Adolf Peters zum Kreis der »Tafelrunde«. Von Januar bis März 1824 traf er wahrscheinlich häufig mit Heine zusammen, mit dem ihn die Byron-Verehrung verband und der ihm sogar Geld lieh zur Anschaffung einer Harfe. Nach dem ersten theologischen Examen in Hannover trat er eine Hauslehrerstelle beim Salinendirektor und Oberamtmann Philipp Wilhelm Jochmus (1765-1847) in Lüne bei Lüneburg an, wo er vom 4. 5. 1824 bis zum 6. 12. 1828 blieb.

Anfang 1824 hatte Spitta sein »Sangbüchlein der Liebe für Handwerksburschen« ohne Verfasser- und Druckernamen herausgegeben. Später kam es in Kommission bei Vandenhoeck und Ruprecht in Göttingen heraus. Heine hat sich durch beißenden Spott über diese Sammlung öffentlich gegen Spitta gestellt und ihn lächerlich gemacht. Er zählt ihn im XIII. Kapitel des »Buchs Le Grand« unter die »obskuren Autoren«, die »immer selbst noch ein Exemplärchen ihres längstverschollenen Büchleins« besitzen und die man mit ihrer Hausnummer zitieren muß. Das bedeutet für Spittas »Sangbüchlein« die Angabe: »Lüneburg; auf der Lünerstraße Nr. 2, rechts um die Ecke«. Heine fährt süffisant fort und schließt mit einem knappen, vernichtenden Urteil:

»So können Sie, Madame, wenn Sie es der Mühe wert halten, das Büchlein auftreiben. Es ist aber nicht der Mühe wert.«

Im Herbst 1825 bestand Spitta sein zweites theologisches Examen. Zusammen mit seinem Freund, dem Pastor an St. Nicolai Johann Ludwig Christoph Deichmann (1792-1864), gab er von Januar bis Juli 1826 eine »Christliche Monatsschrift zur Erbauung für alle Stände« heraus, in der zum ersten Mal von Spitta geistliche Lieder erschienen. Schon während seiner Lüneburger Zeit geriet er in den Verdacht eines unorthodoxen Mystizismus; er konnte sich aber in kirchlichen Ämtern halten. Unter dem Titel »Psalter und Harfe« edierte Adolf Peters 1833 in Pirna Spittas geistliche Gedichte, die später vermehrt wurden und 1843 einen zweiten Teil erhielten. Sie fanden großen Anklang und wurden häufig aufgelegt.

Nachdem Spitta die Universität verlassen hatte und nach Lüneburg gegangen war, schrieb Heine an Christiani, er solle berichten, wie Spitta ihm gefallen habe, »es ist ein reiner Jüngling, wovon Sie sich gewiß sehr angesprochen finden werden.« Heine selbst hat von Göttingen aus keinen direkten Kontakt mit Spitta, wird aber von Adolf Peters, der selbst dichtete und von Heine zum Narren gehalten wurde, über den jungen empfindsamen Dichter regelmäßig unterrichtet. Heines Urteile über Spitta und seine Gedichte, außer über das »Sangbüchlein«, sind gut. Am 4. September 1824 nennt er ihn im Brief an Christiani in einer positiven Quintessenz einen »Dichter«. Heine scheint die Entfremdung und Spittas Wandlung zum geistlichen Dichter geahnt zu haben. Er schreibt am 26. Mai 1825 an Christiani:

»Grüßen Sie mir Spitta, wenn er noch in Lüne ist. Es ist ein Mensch worin Poesie ist und ich achte ihn. Nur ist jetzt die Frage: was wird aus ihm werden? Jedoch, ich bin der Meinung es steckt etwas mehr in ihm als ein auf der grünen Jünglingspfeife gemüthlich hingepipstes Frühlingsliedchen.«

Wenige Monate später, im Oktober und November 1825, hatten Heine und Spitta Gelegenheit, sich in Lüneburg wiederzusehen.

Der junge Theologe, der nach seinen frühen weltlichen Versen sich ganz in die Nachfolge Luthers und Paul Gerhardts begeben hatte, mußte im Zusammenleben mit Heine durch dessen Ironie in seiner Frömmigkeit verletzt werden. Seine einfachen, frommen Lieder, die dem Jahres- und Tageslauf liebevoll nachgingen, später zum Teil vertont und in die Gesangbücher aufgenommen wurden, standen im Gegensatz zu Heines raffinierter Technik, Einfachheit zu imitieren und ironisch zu durchbrechen.

Der Abstand zwischen Heine und Spitta war nicht zu überbrücken. Peters urteilte über Heine in einem Brief an Spitta, Sommer 1824:

»Nichts scheint ihm heilig genug zu sein, um es nicht dem Witzeln und seiner verhaßten Ironie zu opfern; und sein immer wiederkehrendes, gewöhnlich höhnisches Selbstauslachen am Schluß verletzt mich.«

Das persönliche Zusammentreffen im Herbst 1825 führte zum Bruch. Heine und sein Bruder Maximilian wanderten oft zu Spitta hinaus; als sich Heine mit seinen Spöttereien über religiöse Gegenstände auch vor Spittas Schülern nicht in acht nahm, bat der Hauslehrer seinen Freund Heine um den Gefallen, nicht wiederzukommen:

»Heine stürzte fort und drohte: ›Er hat das Völkerrecht verletzt; er soll von mir hören!‹«

Heines Auseinandersetzung mit Spitta wird verschärft durch die Eifersucht auf den Einfluß, den der Theologe bei Frau Jochmus gewonnen hatte. Heine kannte sie schon seit seinem ersten Lüneburger Aufenthalt von 1823 und verehrte sie schwärmerisch. Dorothea Rosine Elisabeth Wilhelmine Henriette Jochmus war die zweite Frau (seit 1814) des Oberamtmannes Jochmus in Lüne und eine Schwester von Heines Göttinger Studienfreund August Meyer. Heine schreibt nach seiner Ankunft in Göttingen am 26. Januar 1824 an Christiani:

»Meyer ist mir noch interessanter seitdem ich seine Schwester gesehen. O die Jochma! die schöne Oase in der Lüneburger Wüste! [. . .] O die Sultanin zu Lüne wie ist sie schön!«

Ähnlich lautet ein Gruß im Brief an Christiani vom 7. März 1824:

»Empfehlen Sie mich gelegentlich der schönen Sultanin zu Lüne.«

Als Heine Ende 1825 von Lüneburg nach Hamburg ging, waren die Erinnerungen an Lüneburg und die »Amtmännin« sehr stark. Anfang Dezember heißt es im Brief an Christiani über den vergangenen Lüneburger Aufenthalt:

»Auch den Brief an den jungen Kaufmann [Merckel] hast Du mir nicht zukommen lassen. – Lebe wohl so gut es geht. – Grüße mir alle Bekannte. Entschuldige mich nochmals bey Hagen daß ich ihn vor meiner Abreise nicht gesehn. Aber die schöne, göttinngleiche Jochma, was willst Du dieser von mir sagen wenn Du sie siehst? Sag ihr daß ich ein Lump sey, der es nicht verdient von der Sonne beschienen zu werden. Sag ihr daß wenn ich Celle [Frau von Anderten] ausnehme sey sie die schönste Frau im ganzen Hanovrischen. Ich bin ein Unglücklicher, oder, was noch mehr sagen will; ein Esel. Du glaubst nicht wie sehr es mich quält die Amtmännin nicht gesehen zu haben. – Grüß mir auch Amtsassessors Melis, so wie auch Deine Familie, den Herrn v. Penz und ganz apart das kleine Mystikerchen.«

Die Briefstelle gibt manche Rätsel auf. Heine scheint ein schlechtes Gewissen zu haben und macht sich wohl nicht allein deswegen Vorwürfe, weil er Frau Jochmus nicht mehr besuchen konnte. Der Streit mit Spitta belastet ein gutes Einvernehmen und den weiteren unbefangenen Kontakt mit Frau Jochmus. Heine glaubt aber Ende 1825 noch an eine Versöhnung. Das Jahr 1826 brachte, wie Grüters Aufzeichnungen zeigen, den endgültigen und öffentlichen Bruch. Der Hauslehrer und Frau Jochmus hatten sich innerhalb der Lüneburger Gesellschaft zu Heines geistigen Antipoden entwickelt. Heine habe, notierte Grüter am 19. November 1826, »neulich auf Griechenweise ein Lamm geopfert: Spitta. Jawohl ein Lamm, dachte ich und die Siebold sagte, es sei gut, daß Heine ein junges zum Bilde brauche und nicht ein altes!« Nach der Ankunft in München schreibt Heine am 15. Dezember 1827 an Christiani:

»Die Ursache meiner schnellen Abreise von Lüneburg hast Du gewiß nicht begriffen. Es geschah nur, um Jemanden dort zu vermeiden.«

Diese Aussage dürfte sich auf Spitta oder Frau Jochmus beziehen; denn das »Buch Le Grand« war im April erschienen und Grund genug, ein Wiedersehen zu vermeiden, zumal außer der ironischen Nennung Spittas im XIII. Kapitel das gesamte XV. Kapitel, das die Dialektik von Vernunft und Narrheit behandelt, in Lüneburg sehr wohl als Anspielung auf die religiösen Auseinandersetzungen und die dort herrschende geistige Haltung zu interpretieren war.

Spitta hatte schon zur Zeit der Freundschaft die Unvereinbarkeit ihrer Charaktere empfunden. In dem Gedicht »Es geht der Teufel wandern« versuchte er Heines Dicht- und Denkweise als Dissonanz darzustellen, als paradoxes Miteinander himmlischer und teuflischer Mächte. Heine glaubte gerührt, sein Bild sei getroffen. Der schlichte ergebene Dichter geistlicher Lyrik sah in Heines Versen »den Teufel mit Grauen« und hörte in ihnen »doch den Engelsgesang«. Diese Auffassung vom zerrissenen Heine, von der Diskrepanz seines Wesens, teilte auch Frau Jochmus. Sie besuchte im Februar 1829 mit Christiani und mehreren Familien Hamburg. Christiani traf dort Heine, der gerade aus Italien zurückgekehrt war. Heine trug ihm Grüße an Frau Jochmus auf, falls er es nach dem zweiten »Reisebilder«-Band von 1827 (der das »Buch Le Grand« enthielt) noch wagen dürfe. Spitta war damals schon nicht mehr in Lüne, und Frau Jochmus berichtet ihm über den Besuch. Sie faßt in ihrem Brief die Haltung des frommen Biedermeiers zum »modernen« Heine zusammen: Heine habe sich bei seinem Gruß an sie wieder nach seiner eigentümlichen Weise benommen, Tränen im Auge und einen Fluch auf den Lippen.

»In meiner Brust ward es plötzlich so heiß«. Goslar

Heine hat seine vier »Reisebilder«-Bände, nach Vorabdrucken in Zeitschriften, im Verlag Hoffmann und Campe, Hamburg, und zwar in den Jahren von 1826 bis 1831, erscheinen lassen. Die »Reisebilder« sind sein eigentliches Debüt in der deutschen Literatur, weit mehr als sein »Buch der Lieder«. Sie füllen jene Jahre seiner freien Schriftstellerexistenz zwischen Abschluß des Jurastudiums in Göttingen mit dem notwendigen Übertritt zum Protestantismus als Entreebillet zur europäischen Kultur, wie Heine den Wechsel vom Juden- zum Christentum genannt hat, bis zu seinem Abschied von Deutschland und Weggang nach Paris im Mai 1831, eine Entscheidung, die erst nach dem Bundestagbeschluß gegen das Junge Deutschland vom Dezember 1835 sein Exil bedeutet hat. Die »Reisebilder« waren damals innerhalb der deutschen Literaturszene eine Sensation. Nicht weil es vorher keine literarischen Beobachtungen als Inspektion von Nachbarschaft und Fremde gegeben hätte, sondern weil der Heinesche Ton neu war, seine kecke Mischung von Prosa und Lyrik, von Beschreibungen und Urteilen, Erlebnissen und Träumen, von Ernst, Ironie, romantischen Empfindungen und realistischer, sozialer wie politischer Kritik. Daß sich die beste Bildung der gescheite Mensch auf Reisen hole, hatte bereits Goethe festgestellt. Daß aber die Reisebeschreibungen zu lebendigen, vielschichtigen Bildern des die Welt durchstreifenden Individuums und eben dieser Welt selbst sich zusammenfügten, daß Respektlosigkeiten neben Bekundungen von Hochachtung und Wertschätzung gerieten, daß Memoirenpartien mit Situationsberichten abwechselten – und vor allem, daß alles nicht langweilig, sondern anregend bzw. aufregend war, machte dem damaligen Publikum ihren Heine so lieb und natürlich auch verhaßt. Teilweise ist das bis heute so geblieben.

Heine hatte 1822 als Student mit »Briefen aus Berlin« begonnen und im gleichen Jahre eine Beschreibung seiner Polenreise folgen lassen. Beide durchaus interessanten Texte fanden keine Gnade in seinen Augen, was die endgültige Aufnahme und den Verbleib in den »Reisebilder«-Bänden anging. Sie waren aber das Vorspiel, die Einübung, der dann endlich die einer zwar lockeren, aber in sich stimmigen Konzeption verpflichteten »Reisebilder« folgten. Und dabei ist dann die Darstellung seiner Fußwanderung durch den Harz von Göttingen über Goslar nach Weimar, zur Wartburg, nach Kassel und zurück nach Göttingen im Herbst 1824, genauer vom 12. oder 13. September bis zum 11. Oktober, in der Tat der Auftakt zu Heines literarischer Berühmtheit und innerhalb der wirklich europäischen Perspektive seiner kompletten »Reisebilder« das Tor zur Welt.

Harz und Nordsee, Italien und England sind die poetischen Räume einer Muse, die von den Zeitgenossen durchaus als revolutionär in mehrfacher Beziehung begriffen wurde. Die Komposition der »Reisebilder« in vier Bänden war nicht zuletzt ein buchhändlerischer Erfolg. Nichts lag näher, als daß Verleger und Autor nun auch das benachbarte Frankreich berücksichtigen wollten. Das war einer der Gründe für Heines Übersiedlung. Damit war dann allerdings die »Reisebilder«-Periode, Heines deutsche Zeit, abgeschlossen. Nicht ohne tieferen Sinn ließ Heine aber von 1833 bis 1840 von Paris aus vier Bände unter dem Titel »Salon« erscheinen, die in manchem den »Reisebildern« spiegelbildlich als Früchte eines gereiften Korrespondentenlebens entgegenzusetzen sind.

Aber von Paris zurück nach Goslar und zur »Harzreise«. Dieses Stück Studentenliteratur, und dessen müssen wir eingedenk sein, um nicht ungerecht zu urteilen, ist das Paradestück eines jungen Schriftstellers, der aus seiner Universitätsumgebung ausbricht, um die nächstliegende Welt, die Natur, die Freiheit zu erobern. Dabei leistet er gleichzeitig Bein- und Traumarbeit. Er durchmißt den Harz anschließend in seiner Erinnerung noch einmal reflektierend und schreibend – kommt aber mit der Darstellung an keinen endgültigen Schluß. Deshalb bleibt die »Harzreise« Fragment, eine für Heine nicht nur in den »Reisebildern« stilbildende Textform, die freilich nicht bedeutet, daß er etwas nicht abschließen will oder kann, sondern daß die Welt mit ihren Widersprüchen nur partienweise, selektiv, gebrochen, dissonant, eben fragmentarisch eingefangen werden kann. Mit ihren Gegensätzen von Natur und Zivilisation, Aberglauben und philosophischen Entwürfen stellt sie dem Individuum das Problem der Emanzipation. Jedenfalls begreift Heine das so und macht, wie in der Heine-Forschung von Norbert Altenhofer mit gutem Recht konstatiert worden ist, die »Harzreise« zu einer Reise in die Zeit. Nicht ewige Werte der Kunst werden beschworen, obwohl das bei Ludwig Börne entliehene Motto aus der Gedenkrede auf Jean Paul das nahelegen könnte, sondern die Gegenwart wird ernstgenommen, kritisch beleuchtet, ironisch attackiert und dennoch mythologisch und religiös, wenn auch spielerisch-literarisch, begriffen. Dafür sind die »Bergidyllen«, die auf die Beschreibung des Goslarer Aufenthalts – Heine hatte die Stadt wahrscheinlich am 18. September 1824 wieder verlassen – folgen, das beste Beispiel.

Die »Harzreise« hat gewiß mehrere Ebenen, die man bei einer Interpretation unterscheiden und tiefgründig miteinander in Beziehung setzen kann. Wenn man die gescheite Literatur zu diesem ersten »Reisebild« sich anschaut, mag man geradezu erschrecken, wie kompliziert und schwierig der Text eigentlich ist, der einem beim Lesen soviel Spaß oder auch Ärger gemacht hat, wie anspielungs- und beziehungsreich, ein Gegenentwurf zu Goethe, den Heine am 2. Oktober besucht hat, und was man beim näheren Einlesen alles herauslesen kann. Wir wollen nur kurz auf die Goslar-Passage blicken, um anhand dieses Exempels vielleicht ein wenig von der textlichen Raffinesse und Struktur uns klar zu machen.

Goslar wird abrupt nach der Schilderung eines Liebestraums, dem Märchen vom Ritter Heine und der schönen Prinzessin im Brunnen, d. h. der Clausthaler Grube, eingeführt. Dem Liebestraum hat der Dichter auf der Wanderung nach Goslar nachgehangen. Der Traumwelt entspricht deshalb noch die Vorstellung, die er sich aufgrund des klingenden Namens von Goslar gemacht hatte. Die Realität ist aber identisch mit dem grausamen Erwachen aus dem Traum. Ritter, Prinzessin und Goslarer Kaisererinnerungen bilden im Text den roten Faden und gehören zusammen. Was Heine findet, ist ein Student, er selber, der durch eine mittelalterliche Stadt stapft, die ihres ehemaligen Glanzes und sogar des großen Domes beraubt ist. Die Kaiser sind nur noch Standbilder wie gebratene Universitätspedelle – der Christus aus dem Dom ein anatomisches Lehrstück, keine Metapher des Leids. Heines Beschreibung dieser und anderer Merkwürdigkeiten der Stadt und vor allem die distanziert-schnoddrige Art verdanken ihren Ton dem damaligen Publikum, das er ansprechen wollte, seinen Freunden aus den Berliner Salons. Auf die preußische Hauptstadt spielt er gleich am Anfang seiner Goslar-Beschreibung an; er vergißt sie auch nicht bei Erwähnung des Kaiserstuhls.

Dem alten Quedlinburger Reisenden mit seiner Todessehnsucht, den er im Gasthof trifft und der in seine Vaterstadt zurückkehren will, weil dort das Erbbegräbnis ist, korrespondiert die Feststellung, daß den Erzähler der Kirchhof in Goslar nicht angesprochen hat. Denn er ist jung und will leben! Sein Traum von der Prinzessin erfüllt sich vorläufig in der dumpfen Goslarer Wirklichkeit durch die Erscheinung des wunderschönen Lockenköpfchens. Dieses Mädchen verweist auf das »Gretchen« des Erzählers in der anschließenden »Bergidylle«, wo eine deutliche Parodie von Goethes »Faust« stattfindet. Die Begegnung mit dem Goslarer Mädchen setzt in der eigentlichen Goslar-Passage die Gedanken zur Parallelität von Liebe und Unsterblichkeit in Gang, als der Erzähler am »schönen Abend« die »herrliche Aussicht nach dem Rammelsberg« genießt und den Mond betrachtet. »Liebe! Unsterblichkeit! – in meiner Brust ward es plötzlich so heiß«. Der Äquator verläuft jetzt durch das Herz des Dichters; Goslar wird damit zum Mittelpunkt der Welt. – Diesem poetischen Höhepunkt entspricht dann freilich wiederum die Gespensterpassage. Wenn Natur, Welt, Ort und Brust des Dichters gerade noch eins und ein einziger Punkt waren, zerfällt alles wieder. Heine sieht sich im nächtlichen Spiegel als eigenen Doppelgänger. Die Widersprüche der Geschichte und der Gegenwart haben ihn eingeholt.

Mir scheint, daß Heines Text über Goslar in der Tat aus dieser Stadt ein Abbild der Gespaltenheit seiner Zeit gemacht hat. Goslar, sein Lockenköpfchen und sein wohlgenährter, kreuzrealistischer Bürger, der den Erzähler wieder nach dem Verlassen der Stadt auf den richtigen Weg bringt, sind damit in die Weltliteratur eingegangen als der Mittelpunkt einer bizarren Welt, die immer nur unsere Dichter uns enträtseln.

»Auf der Spitze der Welt«. Paris

Bereits im Frühjahr 1823 äußert Heine in einem Brief an seinen Freund Karl Immermann den Wunsch, »in Paris im Foyer der Diplomatie« wirksam werden zu können, und formuliert kurz darauf in einem Schreiben an Maximilian Schottky hellsichtig eine sehr viel später, wenn auch in modifizierter Form, wahr gewordene Lebensentscheidung: »Ich gedenke viele Jahre dort (in Paris!) zu bleiben, dort auf der Bibliothek emsig zu studieren und nebenbey für Verbreitung der deutschen Literatur die jetzt in Frankreich Wurzel faßt, thätig zu seyn.«

Mehr als drei Jahre danach, im Oktober 1826, nimmt der Gedanke erneut Gestalt an. Der Düsseldorfer Landsmann Karl August Varnhagen von Ense übt einen nicht unwesentlichen Einfluß aus und hält Paris für den einzig adäquaten Bereich, in dem Heines literarische Wirksamkeit den fruchtbaren Boden und die eigentliche Resonanz findet. Heine kann nämlich mit den nach Taufe und Promotion erlangten Lebens- und Arbeitsmöglichkeiten in Hamburg und im übrigen Deutschland in keiner Weise zufrieden sein; »wie ein Stern in der Nacht« steigt deshalb in ihm »der lichte Gedanke« auf: »ich will nach Paris reisen, Ja, Ja!« Und wiederum sind es wissenschaftliche Gründe sowie solche eines Studiums von Welt und Menschen, das sich nur in übernationalen Ansichten und Werken manifestieren kann. »In Paris will ich die Bibliothek benutzen, Menschen und Welt sehen, und Materialien zu einem Buche sammeln, das Europäisch werden soll.« Dieser Vorsatz ließ sich weit nachhaltiger in die Tat umsetzen, als Heine es damals ahnen konnte.

Die Pariser Julirevolution von 1830, die Vorliebe für den Saint Simonismus, dessen letzte »Weihen« er in Paris zu empfangen hoffte, die unerquickliche politische Lage in Deutschland, die zu erwartenden Schwierigkeiten für einen kritischen Schriftsteller vom Format Heines veranlaßten schließlich die Übersiedlung nach Paris im Mai 1831.

Aus dem kränklichen, immer klagenden Heine wurde jener von Ludwig Börne mit Entrüstung, von August Lewald mit Bewunderung beobachtete Lebemann, der nach gleichzeitiger Aussage des Komponisten Ferdinand Hiller in Wesen und Gebärde sich einfach und natürlich gab, ein berühmter Dichter ohne große Allüren. Heine selbst verlieh seinem Wohlbefinden den beredtesten und passendsten Ausdruck. An Varnhagen schreibt er im Juni 1831: »Ich habe wahrhaftig nicht die Dinge auf die Spitze gestellt, sondern die Dinge haben mich auf die Spitze gestellt, auf die Spitze der Welt, auf Paris«. Für seinen neuen befreiten und glücklichen Zustand erfindet er die hübsche Umkehrung der Redensart vom Fisch im Wasser und macht daraus eine kleine Geschichte: »wenn im Meere ein Fisch den anderen nach seinem Befinden fragt, so antworte dieser: ich befinde mich wie Heine in Paris« (an Hiller, 24. 10. 1832). Paris macht schwindlig, es war Weltstadt in einem von Heine bisher nicht erlebten Sinn; dagegen waren selbst Hamburg und Berlin provinziell, ganz zu schweigen von den kleinen Städten, in denen er mit seiner Familie gewohnt hatte, wie Lüneburg und Düsseldorf, jenes freundliche Klein-Paris, durch das er den großen Kaiser Napoleon hatte reiten sehen. Die Weltstadt Paris nahm ihn mit offenen Armen auf. Der Kontakt zum Salon der entfernten Verwandten Madame Valentin wurde bald durch die lebhaftesten Beziehungen erweitert. Die Namen von George Sand, Alfred de Musset, Honoré de Balzac, Victor Hugo, Gerard de Nerval können die reichhaltigen Anregungen durch französische Literaten andeuten. Weiterhin ist die Bekanntschaft mit Künstlern des Musiklebens wie Meyerbeer, Rossini, Berlioz, Liszt und Chopin, mit Historikern und Politikern von tiefgreifender Nachwirkung. Heine versteht sich als Vermittler zwischen zwei Völkern und Kulturen, er versteht sich als politischer Korrespondent. Die Offenheit seiner Berichterstattung macht ihm die Arbeit in beiden Ländern nicht leicht. Der Bundestagsbeschluß gegen das Junge Deutschland von 1835 raubt ihm schließlich einen Teil seiner Einnahmen. Der Autor und sein Verleger Campe erreichen es dennoch immer wieder, Zensur und Unterdrükkung weniger schädlich und verhängnisvoll sich auswirken zu lassen. Heines große Schriften über Frankreich und Deutschland bilden die Ernte eines Parisaufenthalts, der wohl nicht für so lange Zeit geplant war, dann aber doch bis zum Tod des Dichters dauerte.

Die ersten Jahre in Paris bilden den Höhepunkt seines Lebens. Heines letzte Jahre in Paris führen den Zeitgenossen und der Nachwelt einen modernen Hiob vor Augen, der mitten im Lärm und Betrieb der Großstadt lebendig begraben liegt und kaum mehr am Leben und Treiben der Franzosen teilnimmt, deren heiteren Volkscharakter er oft genug gegen den schweren Ernst der Deutschen gesetzt hat. Immer noch ist er an seine geliebte Mathilde gebunden, das »dicke Kind«, die »Verbrengerin« des Vermögens, die es schließlich in Paris allein vermochte, dem Dichter das Durchhaltevermögen zu geben gegen alle Versuche zum Selbstmord, der häufig als einziger Ausweg aus unvorstellbaren Schmerzen erschien.

Heine war trotz und wegen seiner »Matratzengruft« auf der Spitze der Welt für alle sichtbar, und weil er von diesem Standpunkt aus die Höhen und Tiefen des Lebens durchmessen und erlebt hatte, wünschte er in seinem Testament auf dem Friedhof des Montmartre begraben zu werden, »denn unter der Bevölkerung des Faubourg Montmartre habe ich mein liebstes Leben gelebt«. Sein Abschied lautet: »Lebt wohl, ihr geistreichen, guten Franzosen, die ich so sehr geliebt habe! Ich danke euch für eure heitere Gastfreundschaft.«

IV.

Heines Popularität und seine populären Texte

1. Popularität und populär im Verständnis Heines und der zeitgenössischen Kritik

Wenn man davon ausgeht, daß ein Register, wie es für die mittlerweile meist benutzte und zitierte Heine-Ausgabe des Hanser-Verlags, München (und inzwischen auch Ullstein-Verlag, Frankfurt/Berlin), vorliegt, nach den Worten des Herausgebers Klaus Briegleb zugleich schon als Interpretation dient sowohl für den Editionsbereich der Rezeption wie für den des Autortextes, dann eröffnen die Belegstellen für das Wort »Popularität«, das zusammen mit »Ruhm« Briegleb als Schlagwort gilt und zusammen mit populär bzw. dessen französischer Version in Altenhofers Materialsammlung verzeichnet ist, in der Tat Einblicke in Heines Selbstverständnis und in die Geschichte seiner Wertung und Wirkung.

Für Heine sind die Begriffe Popularität und populär häufig benutzte Umschreibungen seiner Bekanntheit, Beliebtheit, Verständlichkeit, sie sind Vokabeln für die große Verbreitung und positive wie negative Aufnahme seiner Werke oder wenigstens eines Teils davon. Sein Autor-Stolz ist trotz der ebenfalls stets bei ihm zu findenden Bescheidenheitsfloskel sehr ausgeprägt. Das Resümee über sein Schriftstellerleben in den »Geständnissen« von 1854 lautet nach der Schilderung jenes grandiosen Traumes über die nicht stattgefundene Karriere innerhalb der katholisch-kirchlichen Hierarchie, in der er, wäre sein Curriculum vitae anders verlaufen, schließlich der Welt als Papst seinen Segen erteilt hätte, in resignativ-ironischer Art folgendermaßen:

> »Ich habe es, wie die Leute sagen, auf dieser schönen Erde zu nichts gebracht. Es ist nichts aus mir geworden, nichts als ein Dichter. Nein, ich will keiner heuchlerischen Demut mich hingebend, diesen Namen geringschätzen. Man ist viel, wenn man ein Dichter ist, und gar wenn man ein großer lyrischer Dichter ist in Deutschland, unter dem Volk, das in zwei Dingen, in der Philosophie und im Liede, alle andern Nationen überflügelt hat. Ich will nicht mit der falschen Bescheidenheit, welche die Lumpen erfunden, meinen Dichterruhm verleugnen. Keiner meiner Landsleute hat in so frühem

Alter wie ich den Lorbeer errungen, und wenn mein Kollege Wolfgang Goethe wohlgefällig davon singt, ›daß der Chinese mit zitternder Hand Werthern und Lotten auf Glas male‹, so kann ich, soll doch einmal geprahlt werden, dem chinesischen Ruhm einen noch weit fabelhaftern, nämlich einen japanischen entgegensetzen.«

Hier wird die räumliche Dimension zum Kriterium der Popularität, eine gewisse internationale, wenn auch für damals noch exotische Variante des Bekanntheitsgrades, die an anderer Stelle sehr viel realistischer für die Auslandswirkung modifiziert wird. In einem Brief vom 1. Januar 1838 an August Lewald heißt es nämlich:

> »Seit ich in England und Frankreich, Rußland und Amerika zu so großer Popularität gelangt und in diesen Ländern so viel deutsche Bücher Absatz finden, wird mir Preußen gleichgültiger«.

Mit »populär« und »Popularität« sind zwar einerseits durchaus diese eigenen Erfolgsbedingungen oder Ergebnisse der Bekanntheit bezeichnet, andererseits ist Heine aber als Autor publikumsbezogen im Sinne der vermittelnden, aufklärerischen Funktion. Seine metaphorische Identifikation mit dem ägyptischen Joseph, zu dessen Vorratsscheuern die Menschen während der mageren Jahre strömten, belegt im Vorwort seiner Darstellung »Zur Geschichte der Religion und Philosophie in Deutschland« seine bewußte Intention der nicht elitären oder esoterischen Wissensvermittlung, und zwar aufgrund einer ganz bestimmten allgemein verständlichen Schreibart und eines plastisch-anschaulichen Stils:

> »Ich glaube, es ist nicht Talentlosigkeit, was die meisten deutschen Gelehrten davon abhält, über Religion und Philosophie sich populär auszusprechen. Ich glaube, es ist Scheu vor den Resultaten ihres eigenen Denkens, die sie nicht wagen, dem Volke mitzuteilen. Ich, ich habe nicht diese Scheu, denn ich bin kein Gelehrter, ich selber bin Volk.«

Daß Heine von dieser eigenen Begabung, Fähigkeit und dem Willen, populär zu schreiben, ausging, bezeugt u. a. auch die Ermunterung, die er seinem Freund Moses Moser samt der Bitte um einen Beitrag für den 2. »Reisebilder«-Band schickt: »Du kannst ja sehr populär schreiben, wenn Du nur willst«. Den 3. »Salon«-Band nennt er höchst »amüsant, auch populär, für alle Classen berechnet«. Seine Einschätzung des Publikums als quantitative Größe und die eigene Wertung des »Wintermärchens« machen auf die vielfältigen Schwierigkeiten aufmerksam, die sich zwischen der literarischen Qualität eines Werks und seiner Breitenwirkung auftun. Im Brief an Campe vom 17. Februar 1844 heißt es:

»Sie wissen ich prahle nicht, aber ich bin diesmal sicher daß ich ein Werkchen gegeben habe, das mehr furore machen wird als die populärste Broschüre und das dennoch den bleibenden Werth einer klassischen Dichtung haben wird.«

Diese Gratwanderung zwischen einer Dichtung mit dem Anspruch, den nur wenige nachvollziehen können und wollen, und einer Wirkung auf möglichst viele spricht sich ebenfalls in der eigenen Charakterisierung der Gedichte seines »Romanzero« aus:

»Ich kenne ihre Schwächen leider zu gut. Meine neuen Gedichte haben weder die künstlerische Vollendung, noch die innere Geistigkeit, noch die schwellende Kraft meiner früheren Gedichte, aber die Stoffe sind anziehender, colorirter und vielleicht auch die Behandlung macht sie der großen Menge zugänglicher, und das kann ihnen wohl einen Succeß und nachhaltige Popularität verschaffen.«

Solche Hinweise mit Blick auf den Verleger verraten natürlich auch den Kaufmann Heine, der weiß, daß das, was viele verstehen können, interessant finden und lesen wollen, sich erfolgreicher absetzen läßt, eine Sache, auf die Campe unbedingt achtete. Der Briefwechsel mit dem Verleger ist voll von ähnlichen Selbstanpreisungen und Fingerzeigen auf seine Verwurzelung im allgemeinen Bewußtsein und öffentlichen Interesse. Selbst bei der Planung für Umfang und Format der zukünftigen Gesamtausgabe vergißt Heine nicht, an die Bedürfnisse der Leihbibliotheken und damit an eine breitere Leserschaft zu denken. Die »Geständnisse« sind schließlich für ihn »Vorläufer zu meinen ›Memoiren‹«, von denen es in geradezu verlockender Weise heißt, sie würden »freylich in einem populäreren und noch viel pittoreskeren Stil geschrieben werden«.

Neben der Bedeutung des Ruhms für den Autor und der Vermittlungstätigkeit des Schriftstellers für sein Publikum in einer gewissen Breitenstreuung spielt beim Popularitätsbegriff Heines noch eine Unterscheidung eine Rolle, die in einem Wortspiel formuliert ist, aber um so mehr seinen persönlichen Einsatz für die revolutionäre und demokratische Bewegung seiner Zeit deutlich macht. Im Brief an Varnhagen vom 4. Februar 1830 heißt es im Hinblick auf den eigentlichen Sinn seiner Platen-Polemik:

»Der Schiller-Göthesche Xenienkampf war doch nur ein Kartoffelkrieg, es war die Kunstperiode, es galt den Schein des Lebens, die

Kunst, nicht das Leben selbst – jetzt gilt es die höchsten Interessen des Lebens selbst, die *Revoluzion* tritt in die Literatur, und der Krieg wird ernster. Vielleicht bin ich außer Voß der einzige Repräsentant dieser Revoluzion in der Literatur – aber die Erscheinung war nothwendig in jeder Hinsicht. Ich glaube nicht daß ich hier, wie bey meinen Liedchen, viel Nachfolger haben werde, denn der Deutsche ist von Natur servil, und die Sache des Volkes ist nie die Populare Sache in Deutschland.«

Durch Heines Einsatz für die Sache des Volkes, des Fortschritts und für die Idee von einer besseren gesellschaftlichen und politischen Situation in Deutschland hat er es durchaus in Kauf nehmen müssen, daß sich, wie er am 7. November 1842 an Laube schreibt, seine Popularität zeitweilig im »Rückzug« befindet. Hier zeigt sich das Spannungsverhältnis zwischen populärer Schreibart und Absicht des Autors und seinem populären, nämlich wirklich die Interessen des Volkes vertretenden Inhalten, die ihm erlauben, sich selber als »Volk« zu bezeichnen, wie im Vorwort »Zur Geschichte der Religion und Philosophie in Deutschland« geschehen.

Die Bestimmung der Begriffe Popularität und populär durch die Heineschen Texte soll flankiert werden von einigen Urteilen der zeitgenössischen Kritik, für die Heines Popularität bereits ein eigenes Phänomen darstellt.

In seinen Auslassungen »Über die poetischen Richtungen unserer Zeit« von 1838 fragt Melchior Meyer, wieso denn Heines Beliebtheit und Ruhm überhaupt mit seiner gerade gelieferten Darstellung der Verdienste Heines übereinstimme, und harmonisiert folgendermaßen, Heine sei ein Autor,

»dem Lob und Beifall der jetzigen Lesewelt nicht entgehen konnte. Reizende Frivolitäten – geniale Bosheiten – kräftige Prahlereien – tiefsinnige Phantasiestücke – demütige Rührungsspiele – herzhafter Unsinn – alles leicht, kurz, farbig ausgesprochen und durchwebt mit vielen guten Einzelheiten, erzeugt gerade die Mischung, die dem Publikum am meisten zusagt (. . .). Es gewährt diese Lektüre eine gewisse leichtsinnige Lust, die in der Welt gerade die meisten Verehrer zählt. Bleiben wir aber immer gerecht, und bedenken und bekennen wir, daß *Heine* bei alle dem gegen die langweilig ehrbare Sippschaft, die den eigentlichen Stock der Schreiberwelt bildet, doch sehr im Vorteil steht, daß gegen die breiten und hölzernen Geschichten der moralisch-poetischen Philister sein bis

> auf einen gewissen Punkt doch echt empfundenes Potpourri noch erfreulich und erquicklich ist.«

Der Geschmack des modernen Publikums wird zum Maßstab für die Popularität, andererseits auch das Unvermögen der Schriftstellerkollegen, vor deren Hintergrund sich der »gute«, wirklich unterhaltsame Autor als populäre Bezugsperson abhebt.

Während das Meyersche Urteil Heine und seinem Ruhm noch ein gewisses Maß an Sympathie entgegenbringt, prophezeit ein Kritiker des 1. »Salon«-Bandes vier Jahre früher dem Heineschen Ruhm ein baldiges Ende:

> »So glaubt Hr. H. sich eine ausgebreitete Wirkung zu verschaffen und wird seiner Sache umso gewisser, als die große Lesermasse ihm Beifall zujauchzt. Dennoch täuscht er sich. Die große Masse ist durch Scheinkünste leicht zu gewinnen, aber nicht festzuhalten; der nächste Gaukler wird sie ihm abwendig machen, Hr. H. wird seinen leichterworbenen Ruhm früh überleben und mit Bedauern inne werden, daß seine gewandtesten Redevolten nicht mehr anschlagen, und daß seine geschickten Lügenfechtereien, seine graziösen Unzüchteleien und anmutigen Tilliaden dem überdrüssigen Vielkopf Publikum kein Lächeln mehr ablisten.«

Die populäre Darstellungsweise Heines selbst wurde schließlich sogar vom Jungdeutschen Theodor Mundt in Frage gestellt. Er berichtet, Heine denke über seine Darstellung »Zur Religion und Philosophie in Deutschland« sehr bescheiden und fährt fort: »aber aufrichtig gestanden, mir gefällt die Art nicht, tiefernste Gegenstände so hübsch und spaßhaft zuzurichten [...]«.

2. Heines populäre Texte »Ich weiß nicht, was soll es bedeuten« und »Denk ich an Deutschland in der Nacht«

Die Popularität Heines richtet sich im Verlauf der Rezeption vor allem auf bestimmte lyrische Texte. Die Tatsache, daß bis heute über 6000 Vertonungen Heinescher Gedichte, zumal solcher aus dem »Buch der Lieder« von 1827 vorliegen, spricht für ein Eindringen seiner Texte »auf Flügeln des Gesanges« in das Gedächtnis vieler Generationen. Selbst die proletarische Rezeption, wie sie bei Franz Mehring sich Ausdruck verschafft, ist vor allem auf die Heinesche Lyrik bezogen. Das »Buch der Lieder« ist vom bewußten Willen des Autors her wie von der endlichen, verzögerten Aufnahme durch das Publikum seit 1837 Heines populärstes Werk geworden. Sein Plan für diese Sammlung ging davon aus, eine Anthologie seiner Gedichte zusammenzustellen, die »ebenso populär wie die Bürgersche, Goethesche, Uhlandsche u.s.w. werden« sollte und nur »die Wohlfeilheit und die andern Erfordernisse des Popularwerdens« wären seine »einzigen Rücksichten«, ein Plan, der übrigens erwachsen ist aus dem geselligen Leben der biedermeierlichen Stadtkultur in Lüneburg. Das »Buch der Lieder« hat sich dann, wie er anläßlich der 2. Auflage noch einmal feststellt, tatsächlich als ein »Hauptbuch« erwiesen, und er wünscht sich von Campe viele Ausgaben, damit es die »rechte Popularität« erlangt. Unter den Texten aus dem »Buch der Lieder« haben manche Gedichte, was die Vertonungshäufigkeit angeht, die »Loreley« mit Abstand weit überrundet. Dennoch hat gerade dieser Text den breitesten Anklang gefunden, woran die Silchersche Melodie ohne Zweifel einen großen Anteil hat. Karl Kraus hat das 1910 auf ziemlich giftige Art bereits konstatiert:

»wie viele deutsche Philister wüßten denn, was Heine bedeuten soll, wenn nicht Herr Silcher ›Ich weiß nicht, was soll es bedeuten‹ in Musik gesetzt hätte?«

Ich weiß nicht was soll es bedeuten,
Daß ich so traurig bin;
Ein Märchen aus alten Zeiten,
Das kommt mir nicht aus dem Sinn.

Die Luft ist kühl und es dunkelt,
Und ruhig fließt der Rhein;
Der Gipfel des Berges funkelt
Im Abendsonnenschein.

Die schönste Jungfrau sitzet
Dort oben wunderbar;
Ihr goldnes Geschmeide blitzet,
Sie kämmt ihr goldenes Haar.

Sie kämmt es mit goldenem Kamme
Und singt ein Lied dabei;
Das hat eine wundersame,
Gewaltige Melodei.

Den Schiffer im kleinen Schiffe
Ergreift es mit wildem Weh;
Er schaut nicht die Felsenriffe,
Er schaut nur hinauf in die Höh.

Ich glaube, die Wellen verschlingen
Am Ende Schiffer und Kahn;
Und das hat mit ihrem Singen
Die Lore-Ley getan.

Die »Loreley« gehört vielleicht zu den zersungensten Gebilden der deutschen Sprache. Dennoch ist es die Melodie nicht allein, sondern das Identifikationsangebot der lyrischen Sprache. Der Leser hätte selbst so beginnen können. Viele volkstümlich gewordene Texte sind deshalb so beliebt: »Der Mond ist aufgegangen«, »Ich weiß nicht, was soll es bedeuten«, »Der Mai ist gekommen«, ja selbst »Denk ich an Deutschland« beschreiben in ihrer Anfangszeile Sachverhalte bzw. geben Redewendungen wieder, die geläufig sind und rasch nachvollzogen werden. Die Vorformen der »Loreley« bei Brentano und Loeben haben das nicht geschafft. Die Eigenart des »Loreley«-Liedes besteht in der Individualisierung der Landschaft durch Erschaffung einer mythischen, erotischen Gestalt, die alle Eigenschaften von Rheingegend und Sonnenuntergang personifiziert. Die Landschaft ist als Erwecker der Sehnsucht eingesetzt, einer beim Autor und dem sich damit identifizierenden Leser als vage umschriebener Sehnsucht, die aber an die unglückliche Liebe der fiktionalen Handlung gekoppelt ist. Die eigene Situation des Sprechers (und damit wiederum des Lesers, der sich gerne damit identifiziert) wird in einem von Heine als »Märchen« erinnerten Ablauf inszeniert oder besser in dem romantischen Bühnenprospekt abgebildet durch das Unten und Oben, durch die Unvereinbarkeit des verführerischen Vamps mit dem Manne im Kahn; Liebe ist immer auch unglückliche Liebe. Die Übertreibung der Schilderung, das gehäufte Gold, die gewaltige Melodie, setzt auch ironische Signale, Signale der Gebrochenheit und der Distanz zu dieser Form des romantisch-märchenhaften Arrangements. Der Autor und sein Leser brauchen nur ein Ventil ihrer eigenen »Verdrießlichkeit«, um einen Begriff eines Gedichts aus dem »Neuen Frühling« ins Spiel zu bringen, wo es heißt:

»Verdroßnen Sinn im kalten Herzen hegend,
Reis ich verdrießlich durch die kalte Welt.«

Die Lektüreeinheiten des »Loreley«-Textes prägen sich außerdem jedem Leser zwanglos ein: Die erste und sechste Strophe bilden den Kreis des Nicht-Wissens und schließlich Glaubens, den Zirkel des subjektiven Gefühls, das sich durch Landschaft, Sage und Mythos teilweise ausgedrückt meint. Aus der zweiten Strophe als Landschaftsschilderung erwachsen die Bilder der dritten bis fünften Strophe, wobei Strophe drei und vier als Mitte des Gedichts nur den mythischen Verlebendigungsprozeß der »Loreley«-Landschaft einbringen. Dem wilden Weh des Schiffers korrespondiert die Traurigkeit des Sprechers. Die Loreley-Sage entfaltet sich als Horizont der eigenen Katastrophe. Der Sprecher spielt mit dem Gedankentod in ähnlicher Weise wie im anschließenden Gedicht der »Heimkehr«: »Mein Herz, mein Herz ist traurig«. Populär kann der Text deshalb werden, weil die ans Ich gebundenen Urmotive von Liebe und Tod in einer Art Oberflächenstruktur sentimental nacherlebt werden können. Der esoterische Sinn des Gedichts ergibt sich u. a. durch seine Stellung im Gesamtzyklus.

Was bei der Popularität von »Denk ich an Deutschland in der Nacht« so bemerkenswert ist, ist der Umstand, daß hier nicht das ganze Gedicht zum »Volksgut« geworden ist, sondern nur die ersten zwei Zeilen zum geflügelten Wort. Nach 1933 ist Heine mit dem »Wintermärchen« und eben diesen Zeilen bei den Exilierten der meistzitierte Autor.

Nachtgedanken

Denk ich an Deutschland in der Nacht,
Dann bin ich um den Schlaf gebracht,
Ich kann nicht mehr die Augen schließen,
Und meine heißen Tränen fließen.

Die Jahre kommen und vergehn!
Seit ich die Mutter nicht gesehn,
Zwölf Jahre sind schon hingegangen;
Es wächst mein Sehnen und Verlangen.

Mein Sehnen und Verlangen wächst.
Die alte Frau hat mich behext,
Ich denke immer an die alte,
Die alte Frau, die Gott erhalte!

Die alte Frau hat mich so lieb.
Und in den Briefen, die sie schrieb,
Seh ich, wie ihre Hand gezittert,
Wie tief das Mutterherz erschüttert.

Die Mutter liegt mir stets im Sinn.
Zwölf lange Jahre flossen hin,
Zwölf lange Jahre sind verflossen,
Seit ich sie nicht ans Herz geschlossen.

Deutschland hat ewigen Bestand,
Es ist ein kerngesundes Land,
Mit seinen Eichen, seinen Linden,
Werd ich es immer wiederfinden.

Nach Deutschland lechzt ich nicht so sehr,
Wenn nicht die Mutter dorten wär;
Das Vaterland wird nie verderben.
Jedoch die alte Frau kann sterben.

Seit ich das Land verlassen hab,
So viele sanken dort ins Grab,
Die ich geliebt – wenn ich sie zähle,
So will verbluten meine Seele.

Und zählen muß ich – Mit der Zahl
Schwillt immer höher meine Qual,
Mir ist, als wälzten sich die Leichen,
Auf meine Brust – Gottlob! sie weichen!

Gottlob! durch meine Fenster bricht
Französisch heitres Tageslicht;
Es kommt mein Weib, schön wie der Morgen,
Und lächelt fort die deutschen Sorgen.

Noch heute ist die Textsorte des deutschen Leserbriefs, sofern er zu ärgerlichen Zuständen Stellung nimmt, ohne das Zitat der Anfangszeilen nicht denkbar. Selbst reputierliche Schreiber wie Otto von Habsburg beginnen Glossen »Aus meiner Sicht« mit diesem Satz und wollen ihn dann inhaltlich beispielsweise auf die gesamte europäische Frage von heute anwenden (1980); auch Franz Josef Strauß mag auf diese Zeilen zur Charakterisierung der nichtbayerischen Situation nicht verzichten (1985). Heines »Nachtgedanken« stehen im motivlichen Zusammenhang mit seinem Tannhäuser-Gedicht und dem »Wintermärchen«. Die Abwesenheit vom Vaterland, die deutschen Zustände, das Heimweh und der Wunsch, die alte Mutter wiederzusehen, sind in ihrer Vermischung von objektiver Beschaffenheit und subjektiver Verfassung ganz dem Heineschen Prinzip verpflichtet, wie es sich zum Beispiel auch im »Buch Le Grand« und an vielen anderen Stellen ausdrückt: die politische Situation und die eigene Misere als engstens miteinander verbunden zu erleben.

In einer Art sprachlicher Springprozession werden die zehn Strophen miteinander verknüpft, indem die ständig variierten Wiederholungen Intensivierungen bedeuten. Der Nacht und den Tränen der ersten Strophe entsprechen Tageslicht, Morgen und Lächeln der letzten Strophe. Natürlich lebt das Gedicht wie viele der Heineschen Werke vom Gegensatz ernstes-schweres Deutschland und heiteres-lichtes Frankreich. Die Mutter hat als weiblicher Pol gegenüber »Deutschland« und »Vaterland« ihren Platz dennoch auf der Seite der »deutschen« Emotionen, seine Frau dagegen als Bild für eine neue Heimat auf der »französischen« Gefühlsebene, wobei die Privatheit der Sohnesliebe einen Akzent der Verzauberung erhält durch die gute Mutter-Hexe.

Ohne willkürlich Zusammenhänge konstruieren zu wollen, soll doch auf einiges Verbindende zwischen den beiden populären Texten (der letztere sicherlich als Ganzer im sozialistischen Osten nur »offiziell« populärer als im pluralistischen Westen) hingewiesen sein. Die »Loreley« steht eigentlich am Anfang der »Heimkehr« als erster Text, dem später ein reflektierender Prolog vorangestellt wurde. Die »Heimkehr«

selbst bezeichnet die psychologisch-biographische Rückkehr des jungen Heine in den »Schoß der Familie«, wie er selbst sagt. Die »Nachtgedanken« bilden das Abschlußgedicht der »Zeitgedichte« seiner »Neuen Gedichte« von 1844. Diese zufällig scheinende Stellung der Texte weist auf die tiefere Bedeutung hin. Die »Loreley« ist die subjektiv-gefühlvolle, wenn auch schon ironische Aufarbeitung und zugleich Absage an die Romantik, noch l'art pour l'art ohne direkte politisch soziale Zielrichtung, die »Nachtgedanken« dagegen besitzen bewußt die intellektuelle Komponente der denkenden Sorge für Deutschland durch die indirekte Darstellung des Emigrantenschicksals. Hier Zauberin »Loreley« – dort Hexe Mutter, hier vages Gefühl – dort nachdenkliches Grübeln, hier »Mitsterben« mit der Sagenfigur – dort Erlösung durch das helle französische Licht der Aufklärung und Revolution. So mögen beide Texte für eine bestimmte literarische Haltung stehen: einmal für zweckfreie Kunst und einmal für jene Literatur, von der Heine im jungdeutschen Sinn behauptet, daß in ihr der Schriftsteller gleichermaßen Künstler, Tribun und Apostel sei.

Beide Texte haben jedenfalls dazu beigetragen, daß Heines literarischer Traum in Erfüllung gegangen ist. An Friederike Robert schreibt er am 30. Mai 1829:

> »Ach, krank und elend wie ich bin, wie zur Selbstverspottung, beschreibe ich jetzt die glänzendste Zeit meines Lebens, eine Zeit, wo ich, berauscht vor Uebermuth und Liebesglück, auf den Höhen der Apenninen umherjauchzte, und große, wilde Thaten träumte, wodurch mein Ruhm sich über die ganze Erde verbreite, bis zu fernsten Insel, wo der Schiffer des Abends am Herde von mir erzählen sollte; jetzt, wie bin ich zahm geworden, seit dem Tode meines Vaters!«

Die beiden populären Texte gehören zu diesen großen Taten und ihre Wirkung reicht weit.

»Ich selber bin Volk«. Heines Darstellung »Zur Geschichte der Religion und Philosophie in Deutschland«

In der Wissenschafts-, Kultur- und Wirtschaftsgeschichte erweist sich immer wieder die augenfällige Diskrepanz zwischen dem verfeinerten Erkenntnisstand einiger Spezialisten und dem rückständig-harmlosen Alltagsbewußtsein der übrigen Bevölkerung. Revolutionen und Reformationen galten bekanntermaßen nicht nur der Abschaffung materieller Privilegien. Sie dienten auch der Entprivatisierung des geistigen Eigentums und der damit verknüpften Erfahrungen und Erfindungen. Die einzelnen Disziplinen waren in der Regel wenig darauf bedacht oder nicht genügend imstande, ihr Fachwissen einer breiteren Öffentlichkeit mitzuteilen. Diese noch heute geltende Tatsache bildet einen der Ausgangspunkte für Heines literarisch-publikumswirksame Übersetzung philosophischer, theologischer sowie politisch-sozialer Fragenbereiche in einen allgemeinverständlichen journalistischen und poetischen Kontext. Er vollendet damit aufklärerische Ansätze so sendungsbewußt und umfassend, daß seine Mittlerfunktion vielen Partien des Gesamtwerks mit dem für ihn typischen bildhaft-plastischen Sprachgestus eignet. In Titel und Thema konzentriert findet sich der Versuch einer Verdeutlichung fundamentaler philosophischer Probleme für die Allgemeinheit in seiner bewußt gegen das verbreitete mystische Deutschlandbild der Madame de Staël zuerst für Franzosen geschriebenen, aber ebenfalls mit Blick auf seine deutschen Leser verfaßten Darstellung »Zur Geschichte der Religion und Philosophie in Deutschland« aus dem Jahre 1834.

Heine erklärt den Franzosen, daß die Kenntnis der deutschen Literatur, wie er sie ihnen selbst in der Vorform seiner »Romantischen Schule« gerade vermittelt hatte, erst die Oberfläche Deutschlands betreffe und daß er deshalb zum wirklichen Verständnis die Bedeutung der Religion und Philosophie darzustellen habe. Dieses Unterfangen versteht er als Verdolmetschung einer sehr dunklen bzw. unverständlichen Wissenschaftssprache, in der immerhin epochemachende Werke mit maßgeblichen Implikationen geschrieben wurden. Er rechtfertigt seine Art der Darstellung, die »ganz klar und deutlich« sei, mit der eigentlichen Zielgruppe seiner popularisierenden Schreibart: »Was helfen dem Volke die verschlossenen Kornkammern, wozu es keinen Schlüssel hat? Das Volk hungert nach Wissen und dankt mir für das Stückchen Geistesbrot, das ich ehrlich mit ihm teile.« Heines Aufgabe gewinnt in dieser an die Bibel anklingenden Metaphorik geradezu messianische Bedeutung. Sie entspricht der Sendung des präfigurativ zu verstehenden ägyptischen Joseph und seines in der christlichen Tradition so interpretierten späteren Vollenders Jesus von Nazareth, der den Hungrigen zu essen gab und seinem Volk und seiner Gemeinde gegen die Pharisäer die Geheimnisse der eigenen Geschichtsreligion und -theologie im unvermittelt schlichten Zugriff ermöglichte. Wesentlich ist Heines Hinweis auf die Ehrlichkeit der Vermittlung, vor der »die meisten deutschen Gelehrten« zurückschreckten aus »Scheu vor den Resultaten ihres eigenen Denkens, die sie nicht wagen, dem Volke mitzuteilen«. Wissenschaftliche Verschlüsselungen sind also nicht unbedingt vom Gegenstand her erforderlich, sondern können als ängstliche Heuchelei entlarvt werden.

Das Selbstverständnis des »populär« schreibenden Autors, der sich mit der Öffentlichkeit und seinem Publikum bis zu einem gewissen Grade identifiziert oder wenigstens solidarisiert, kommt dann in dem Satz zum Ausdruck: »Ich, ich habe nicht diese Scheu, denn ich bin kein Gelehrter, ich selber bin Volk.« Die Kritik der eigenen frühen Prosa am Wissenschaftsbetrieb seiner Zeit erhält jetzt eine neue produktive Dimension, indem er den Mangel durch einen selbständigen Entwurf sprachlicher Vermittlung wettmacht. Der Gedanke seiner Zugehörigkeit zum Publikum enthält zugleich einen optimistischen Ausblick auf die Kommunikationsmöglichkeit durch ein Medium wie Presse und Buch. Die dafür verwendete Metapher nimmt selbstbewußt-positiv die Kafkasche Figur des Türhüters vor dem Gesetz in der Aktivität seines persönlichen Amtes als Künstler, Tribun und Apostel vorweg, wie er es in der »Romantischen Schule« für den modernen Schriftsteller voraussetzt. Heine fährt deshalb in den einleitenden Bemerkungen des 1. Buches seiner Schrift fort: »Ich bin kein Gelehrter, ich gehöre nicht zu den siebenhundert Weisen Deutschlands. Ich stehe mit dem großen Haufen vor den Pforten ihrer Weisheit, und ist da irgend eine Wahrheit durchgeschlüpft, und ist diese Wahrheit bis zu mir gelangt, dann ist sie weit genug: – ich schreibe sie mit hübschen Buchstaben auf Papier und gebe sie dem Setzer; der setzt sie in Blei und gibt sie dem Drucker; dieser druckt sie und sie gehört dann der ganzen Welt.«

Die Materialisation und Verbreitung von »Weisheit« und »Wahrheit« in verständlicher Schriftform tragen zur Demokratisierung der kulturellen und wissenschaftlichen Errungenschaften bei und werden praktische Folgen zeitigen. Heines Optimismus gründet auf der historischen Zwangsläufigkeit der Revolutions- und Emanzipationsgeschichte: Luther hat die erste, die religiöse Revolution und damit die Unabhängigkeit von kirchlich-dogmatischen Fesseln gebracht; die gedankliche Verselbständigung bei Descartes bis Hegel samt der erfolgten Rehabilitation der Materie stellt die zweite, die philosophische Revolution dar. Mit der dritten, der politischen Revolution in Deutschland ist zu rechnen, sobald die Konsequenzen des geistigen Fortschritts in der Öffentlichkeit verstanden, akzeptiert und praktisch umgesetzt werden.

Heines Forderung ging dahin, den Menschen in seine ursprünglichen Hoheitsrechte wieder einzusetzen, oder wie er es im 2. Buch formuliert: »Wir kämpfen nicht für die Menschenrechte des Volks, sondern für die Gottesrechte des Menschen.« Seine Utopie der Stiftung einer »Demokratie gleichherrlicher, gleichheiliger, gleichbeseligter Götter« brachte die Säkularisation an ein vorläufiges Ende, insofern hier alle Jenseitsvorstellungen den Punkt ihrer diesseitigen Verwirklichung erreicht haben.

Während Enfantin für die Saint-Simonisten begeistert Stellung nahm und von Heine den Auftakt zur dritten Revolution erwartete, zeigten sich selbst einige Autoren des Jungen Deutschland irritiert. Theodor Mund verleiht im Frühjahr 1837 dem Mißbehagen an Heines Vermittlung von Wissenschaft und Öffentlichkeit deutlich Ausdruck: »Heine selbst denkt sehr bescheiden von dieser Arbeit, aber aufrichtig gestanden, mir gefällt die Art nicht, tiefernste Gegenstände so hübsch und spaßhaft zuzurichten, daß selbst junge Pensionärinnen und Nähmamsells es mit Vergnügen lesen und nachher sagen können: ›... wir verstehen nun die ganze Philosophie!‹« Der ungewohnt lebendige und witzig-assoziative Stil war wegen seiner Breitenwirkung auch den restaurativen Politikern ein Dorn im Auge. Metternich nannte die Arbeit »ein wahres Meisterstück in Beziehung auf Styl und Darstellung« und stufte den Autor als große Gefahr ein. Das ist ein Hinweis darauf, daß Heines »Zur Geschichte der Religion und Philosophie in Deutschland« eine der Hauptursachen für das Verbot des »Jungen Deutschland« bildete. Heines Unbefangenheit und Spott nage an Kanzeln und Kathedern, stellte Karl Gutzkow in Anerkennung von Heines

Pionierleistung fest. Sein eigener Roman »Wally« bot schließlich den Anlaß für den Bundestagsbeschluß gegen das Junge Deutschland. Die Brisanz der Heineschen Aufklärungsabsicht hat bis heute nicht nachgelassen; die Eleganz seiner »Verdeutlichungsmittel«, wie er sein sprachlich-literarisches Vorgehen nennt, macht seine Schrift, von der er sich später aus religiösen Gründen auf ironisch-ernsthafte Weise distanziert, auch in unserer Gegenwart für »Gelehrte« und »Volk« lesenswert.

»Ein Abkömmling jener Märtyrer«. Heine, die Juden und das Judentum

Für viele etwas – von allem vieles

Den Juden oft genug ein getauftes und pietätloses Ärgernis, den Christen verdächtig als Neuheide und getaufter Jude ohne den gehörigen Respekt, den Neuheiden wegen seiner metaphysischen Neigungen nicht geheuer, von der Rechten als vaterlandsloser Geselle geschmäht und zugleich als Poet goutiert, von der Linken dankbar vereinnahmt und beargwöhnt wegen bourgeoiser Relikte; die Katholiken halten ihm zugute, daß er vielleicht doch fast katholisch geworden wäre und daß er sich wenigstens am Ende, wenn auch nicht kirchlich, bekehrt hat, die Protestanten wissen: eigentlich war er unser, die Juden nennen ihn stolz den Stammvater jüdischer Dichter deutscher Zunge, die Marxisten können ihn mit Recht zum Freund und Weggenossen von Karl Marx deklarieren und lassen gerne einige peinliche Stellen weg, wenn es um die Aussage über den Kommunismus geht; jüngst hat ihn die evangelistische Missionsbewegung entdeckt, sie kürzt die Zitate nicht, sie fügt dem Vorrat ein neues hinzu, indem sie auf ein langes apokryphes Gedicht rekurriert, das, abgesehen davon, daß man es nirgendwo als von Heine stammend identifizieren kann, Gott sei Dank so schlicht und so schlecht ist, daß nur harmlose Unwissende oder böswillige Scherzbolde es mit Heine in Verbindung zu bringen imstande sind. Unter den letzten Worten großer Männer ist von Heinrich Heine, dem großen Spötter, der später Buße getan habe, zu lesen:

> »Zerschlagen ist die alte Leier / am Felsen, welcher Christus heißt! / Die Leier, die zur bösen Feier / bewegt ward von dem bösen Geist. / Die Leier, die zum Aufruhr klang, / die Zweifel, Spott und Abfall sang. / O Herr, o Herr, ich knie nieder, / vergib, vergib mir meine Lieder!«

Diese Bekehrungsversion rangiert unter anderm neben Goethes »Mehr Licht«, Kardinal Mazarins »Seele, was wird aus dir?« und den Worten Jesu am Kreuz »Es ist vollbracht«. Heine hat nicht gerade dem »armen Vetter« Jesus von Nazareth in seinen letzten Lebensjahren die nachhaltigsten Texte gewidmet, wohl aber einem postulierten und wiedergefundenen Gott, zu dem er, wie er sagt, heimkehre wie der verlorene Sohn, nachdem er bei den Hegelianern die Schweine gehütet. Diese Bekehrung oder theologische Revision der Spätzeit hat aber ihre Interpretationsschwierigkeiten. Aus Heine wird kein zerknirschter Sünder und Beter mit Blick ins Überirdische. Das Leben und die Realität sind sein Element geblieben. Seine letzten tatsächlich überlieferten Worte lauten: »Schreiben . . . Papier-Bleistift«. Er versucht bis zuletzt, sich der Mitwelt zu eröffnen, den Mitmenschen, die in unerhörter Weise die trostlos langsame Geschichte seines Sterbens durch ihn selbst miterlebt haben, denen er auch seine religiösen Gefühle ausgeliefert hat wie kaum ein anderer.

Heine war in vielen Bereichen tätig, er war Kaufmann und Student, Journalist und Redakteur, hatte juristische, philosophische, historische, theologische, politische Ambitionen. Vor allem aber wollte er Schriftsteller sein, oder altmodischer: Dichter. Dazu fühlte er sich geboren und begabt, dazu verwendete er sein Leben und gestaltete es zu einem modernen tragischen Märchen, wie es dann in den »Memoiren« nacherzählt werden sollte, mit Witz und Humor, aber auch mit Tränen im Auge, die Geschichte Hiobs auf dem Miste der Einsamkeit, durch Einreiben von Morphium die Schmerzen gerade noch ertragend, die Geschichte eines deutschen Juden im Exil, der in Paris auf der Spitze der Welt, wie er es genannt hatte, nach etlichen Jahren bereits in den Augen seiner Freunde und Verehrer nicht mehr den glücklichen Tunichtgut darstellen konnte, dessen Kopf dann bereits im Jahre 1847 von seinem Besucher Levin Schücking mit dem Christuskopf verglichen wird.

Wo war am Ende die ganze menschliche Herrlichkeit und Selbstgöttlichkeit hingekommen?

Heine hatte sich so viel Mühe gegeben, mit dem deutschen Stil und der Sprache, mit der Emanzipation des Fleisches, mit der Befreiung aus Vorurteilen wegen seiner jüdischen Herkunft, mit seinem eigenen Ruhme, den er geschickt zu steuern gewußt hatte durch eine gute Imagepflege, gezielte Indiskretionen, nützliche Skandale und immer wieder durch den begabten Witz, die durchschlagende Ironie in der Prosa, die ausgefallensten Reime, die deutschesten Gedichte. Und am Ende hatte er nichts mehr als den Gott seiner Väter und die Schmerzen seiner Väter und bekennt stolz als Schreiber der »Geständnisse« von 1854: »daß seine Ahnen dem edlen Hause Israel angehörten, daß er ein Abkömmling jener Märtyrer, die der Welt einen Gott und eine Moral gegeben [. . .] haben.«

Heine hatte sich große Mühe gegeben, aber bei aller Bemühung behielt er die oszillierende Leichtigkeit, war ein Chamäleon, das sein Publikum beglückte und irritierte und sich doch bei allem Wechsel der geäußerten Gesinnungen gleichblieb, ein Mensch, der im Befreiungskampf der Menschheit kämpfte, der auf verlorenem Posten aushielt, der nicht im Elfenbeinturm sitzen wollte, nicht im Blumengarten, nicht im ätherischen Bereich, nicht in der Vergangenheit, was er Goethe und den Romantikern zum Vorwurf machte, sondern der, wie es bereits im »Buch Le Grand« von 1826 heißt, in der Gegenwart und Realität seine »Schnapsklienten« hatte, deren Leben er beschrieb, deren Probleme ihn berührten, wie sie dann vielfach in sein Werk eingegangen sind: vom kleinen gerissenen Schutzjuden Hirsch-Hyazinth in den »Bädern von Lucca« bis hin zu den der Selbstzensur zum Opfer gefallenen Huren der Hamburger Drehbahn im »Wintermärchen« oder bis hin zum unglücklichen Grabbe in den »Memoiren«, der am »Selbsttrunk« starb, weil er das Leben nicht ertragen konnte.

Heines private Stellungnahmen und seine für die Veröffentlichung bestimmten Glanzstücke sind nicht gegeneinander aufzurechnen. Er hatte kein langes, aber ein turbulentes Leben und da gerät manches durcheinander, bleibt nicht trocken geleimt nebeneinander liegen, purzelt Disparates kreuz und quer. Und doch ist es derselbe Autor, und die Vielfalt seiner von Nervosität gesteuerten Berührungen, Urteile, Gefühle findet ihre Einheit in einer neuen Moral von der Gleichheit und Bedeutung des Individuums, das der andere nicht selbstherrlich beherrschen darf, das frei sein soll von staatlicher und sonstiger Gängelei, von Duckmäusertum, von politischen Repressionen gegen Meinungs-, Denk- und Glaubensfreiheit.

Aus der komplizierten Vielfalt von Aussagen zu gleichen oder ähnlichen Fragen, beispielsweise zu den Juden, zum Judentum, zur Bibel, kann nicht kunterbunt ausgewählt und zusammengestoppelt werden. Heine beginnt sich kritisch mehrdeutig und mit wechselnden Standpunkten bereits seit Beginn der 20er Jahre zu äußern, der historische Stellenwert will jeweils mitbedacht sein, Heine selbst erlebt sich in der Geschichte geschichtsbildend, wird selbst geformt, die gewandelten und gleichbleibenden Äußerungen bedürfen der Kontrolle am curriculum vitae.

Hier können nur wenige Andeutungen versucht werden, der Versuch einer – freilich einseitigen – Ordnung im fruchtbaren Chaos eines bewegten Lebens, wie Heine es hat leben können und müssen, die

Stationen seiner Erfahrung mit und Reaktion auf Juden und Judentum sollen in groben Umrissen und Zügen dargestellt werden, von den Bedingungen und Anfängen bis zu seinem Tod in der »Matratzengruft.

»Mein Kind, wir waren Kinder« – Familie und jüdische Voraussetzungen

»Aus den frühesten Anfängen erklären sich die spätesten Erscheinungen«, heißt es in Heines »Memoiren«. Seine Herkunft hat sein gesamtes Leben bestimmt, zum Teil die Wahl seiner Themen diktiert, die Entscheidungen erschwert, den Stil geschult, die Empfindlichkeit geschärft.

Die Familien seines Vaters und seiner Mutter sind ehemalige, in den jüdischen Gemeinden hochangesehene und aktive Hoffaktorenfamilien, bedeutend besonders die Düsseldorfer van Gelderns, die sich enorm – trotz ihres Bekenntnisses, das nicht aufgegeben wurde – zu emanzipieren wußten im gettofreien Düsseldorf, wo sie wenige Generationen vor Heinrich Heine als Bankiers der Kurfürsten einen Prachtbau aufführen konnten, in dem sogar die Synagoge für die Gemeinde untergebracht wurde. Heines Großvater Gottschalk van Geldern hieß dann der »Judendoktor«, war angesehen, nicht unbemittelt. Nach seinem und dem frühen Tod des Bruders, der Hofmedikus war, schreibt Peierchen van Geldern, Heines Mutter, an eine Freundin in Wesel, man habe sie über den Tod ihres Bruders damit hinwegtrösten wollen, indem man auf die gute finanzielle Versorgung hingewiesen habe, das sei zwar richtig, aber sei das ein Trost?

Der Großonkel Heines, der Chevalier van Geldern, ein Abenteurer und Kabbalist, war ein Vorkämpfer für die Gleichberechtigung der Juden, dieser »Araber«, wie er wegen seines morgenländischen Aufzugs hieß, der nach Jerusalem aufbrach und durch Europa reiste, wobei er sich auf die verzweigte Verwandtschaft verließ, wie es auch Heine später noch tun konnte: in Hamburg bei den Heines und Embdens, in London bei den Moscheles, in Paris bei den Valentins und Leos.

Die van Gelderns und Heines waren in Düsseldorf integriert. Die Geschäfte liefen gut, solange Samson Heine gesund war. Später, seit 1814, war er fallsüchtig und geistesschwach. Da war der Düsseldorfer

Ruin nicht mehr aufzuhalten. Vorher war Samson Mitglied der jüdischen Beerdigungsgesellschaft und der »Gesellschaft zur Ausübung menschenfreundlicher Handlungen und zum Rezitieren von Psalmen« gewesen, aber auch bei der Düsseldorfer Bürgerwehr, tätig in der allgemeinen Armenfürsorge der Stadt, für die Lotterie zuständig, ein angesehener Bürger in einer Gartenstadt von (im Jahre 1817 laut Mindels Wegweiser Düsseldorfs) 22 653 Einwohnern, darunter 303 Juden. Die Heineschen Söhne sollten etwas werden und besuchten das Lyceum beziehungsweise Gymnasium als einzige Kinder der Düsseldorfer Judenschaft. Denn besonders Peierchen oder Betty Heine, die Mutter, war aufgeklärt. Sie mag tatsächlich den Rousseau gelesen haben. Sie blieb ihr Leben lang Jüdin, hatte aber mit der jüdischen Gemeinde keine guten Erfahrungen gemacht. Ihre Eheschließung mit Samson setzte sie mit staatlicher Unterstützung gegen den Düsseldorfer Rabbiner durch. Ihre Reserviertheit gegenüber den Juden blieb vorherrschend. Ihr Sohn Heinrich schreibt ihr am 7. Mai 1853 mit witzigem Nebenton: »Ich habe, liebe Mutter! Deiner Abneigung gegen die Juden nie beitreten wollen, aber sie haben mir das Leben verflucht sauer gemacht, und unser Herr und Heiland mußte wirklich ein Gott sein, um solchen Pharisäern ihre Verfolgungssucht vergeben zu können.«

Dennoch war im Heineschen Hause die jüdische Tradition lebendig. Harry Heine hieß nicht nur wegen eines englischen Geschäftsfreundes von Samson Harry, und das in der Familie bis zu seinem Tode, sondern trug diesen Anklangsnamen, weil sein verstorbener Großvater Heymann Heine hieß. Heine selbst hat mit diesen Anklangsnamen öfter gespielt: die Widmung an Evelina im »Buch Le Grand« meint Mathe Eva, wie die Kusine Amalie eigentlich hieß, im Kosenamen Molly ist die Großmutter Amalies noch greifbar. Und Hirsch-Hyazinth weiß, wie praktisch das ist, wenn sich der erste Buchstabe des Vornamens nicht ändert. Dann kann das Siegel gleich bleiben, wie es ist.

In der frühen Zeit, die Heines stimmungsvolles Gedicht an seine Schwester Charlotte heraufbeschwört: »Mein Kind, wir waren Kinder / Zwei Kinder, klein und froh; / Wir krochen ins Hühnerhäuschen, / Versteckten uns unter das Stroh.« – in jener Zeit war Heine schon ein pfiffiger Interpret der Vorschriften, der zwar am Sabbat beim Löschen nicht helfen wollte, weil es verboten wäre, aber die Trauben mit dem Munde pflückte, da er ja so mit den Händen keine Arbeit verrichtete. Er hat zwar kurze Zeit die Düsseldorfer jüdische Privatschule seines Verwandten Hein Herz Rintelsohn besucht, viel Hebräisch hat er aber nicht gelernt, doch genug jiddische Ausdrücke hat er mitbekommen, um damit besonders die Familienbriefe der späten Jahre zu spicken.

Daneben aber partizipierte er an der ihn umgebenden Kultur, bereits in Düsseldorf war er ein regelmäßiger Benutzer der Bibliothek und damit ein Beispiel für viele jüdische Bildungsbestrebungen. Denn die Juden in den Jahrzehnten der Wende vom 18. zum 19. Jahrhundert waren bildungshungrig, sie wollten die deutsche Kultur nachholen, die ihnen früher in der Beschränkung auf eine eigenständige Kulturtradition versagt geblieben war. Sie rezipierten wie trunken die Musik, die Literatur, die Malerei, zogen die kulturellen Erscheinungen in ihre Salons und erlebten in ihren Kindern die genialsten und begierigsten Adepten, die ihrerseits zu Künstlern wurden: die Brüder Veit, aber auch Moritz Oppenheim als Maler, Felix Mendelssohn Bartholdy und Giacomo Meyerbeer in der Musik, Ludwig Börne und Heinrich Heine in der Literatur.

Heine muß früh seine Neigung für die Literatur entdeckt haben, nicht nur für die Lektüre, sondern auch für eigene kreative Produktionen, wie sie die begabten teils epigonalen Adaptionen, teils eigenständigen Texte darstellen, etwa das kleine eigenwillige Schulepos »Wünnebergiade«. Er hatte die katholische Volksschule und das ebenfalls katholische Gymnasium besucht, aber auch eine evangelische Handelsanstalt, hatte eine saubere Kaufmannsschrift entwickelt und sollte in die Fußstapfen seines Vaters treten, wahrscheinlich das Geschäft übernehmen, was lag näher, und ging 1816 nach Hamburg, wo er unter Aufsicht der beiden Bankiersonkel Salomon und Henry stand und lernte, dann aber als Filialleiter der väterlichen Textilhandlung arbeitete. Besonders der Millionär Salomon Heine steuerte das Familienschiff. Das große Rothschildsche Beispiel wiederholte sich im kleinen – und gar nicht so schlecht. Salomon verdient ein ehrendes Andenken, als Jude und Philanthrop, als Geschäftsmann, der mit Einsatz seines Vermögens den gesamten Bankverkehr nach dem großen Hamburger Brand im Mai 1842 halten konnte und damit die Stadt vor dem letzten Fiasko rettete; er wußte instinktiv, was der jüdischen Emanzipation nach seiner Meinung not tat: die wirtschaftliche Leistungsfähigkeit und das Vertrauen der Kunden in die moralische Persönlichkeit des Bankiers. Er zählte zu den ersten Bürgern Hamburgs und konkurrierte als Mäzen auch in kultureller Hinsicht mit den besten christlichen Familien.

Heine empfand das Leben in der Villa Salomons als »geziert und geschwänzelt«, und verliebte sich doch in die Kusinen Amalie und Therese, wozu der in jüdischen Familien übliche intime Umgangston das seine beitrug. Eine Zeitlang schien er sich etablieren zu können, und gerade auch in traditionell-religiöser Hinsicht. Zwar brachten ihn die ersten Monate in Hamburg auf Heimwehgedanken, die auch den katholischen Gebräuchen des Rheinlands galten und der Madonna, die der Mensch doch haben müsse, wenn er die geliebte Molly (Amalie) schon nicht bekommt. Aber was bisher nicht bekannt war und einem jüngsten glücklichen Fund im Staatsarchiv Hamburg zu verdanken ist: er sollte sich offenbar auf Wunsch der Familie in Hamburg als erwachsener und selbständiger Kaufmann fühlen, deshalb sein Aufnahmeantrag, Mitglied der jüdischen Gemeinde sein zu dürfen, dem auch vorläufig stattgegeben wurde. Damit war er für einige Zeit als Fremder Mitglied der Hamburger jüdischen Gemeinde, ein Mitglied, das in das Wirtschaftsleben einstieg wie viele neben ihm. Im Geschäftsleben hätte er einer der zwar bescheideneren, aber in Europa durchaus zählenden Heine-Dynastie werden können.

Offenbar war die Neigung zur Literatur stärker, und vor allem wohl die Begabung. Die ersten Publikationen unter einem Anagramm geschehen in Hamburg, darüberhinaus machte Samson bankrott. Für Harry Heine mußte eine neue Laufbahn ausgesucht werden. Das Jurastudium bot sich an. Durch die Zurücknahme politischer Zugeständnisse an die Gleichberechtigung der Juden im Jahre 1823 wurde die Taufe unausweichlich, da Heine bei seinem breit angelegten Studiengang an ein Hochschullehramt denken konnte. Die Zeit des Studiums bringt Heines wichtige Auseinandersetzung mit dem Judentum, seine Bemühung, selbst als deutscher Jude leben zu können und das Scheitern dieser Bemühung. Wer die idealistischen Bestrebungen des Berliner »Vereins für Cultur und Wissenschaft der Juden« auch nur oberflächlich kennt, weiß, wie die Juden im Käfig der schikanösen Bedingungen saßen und mit ihrem guten Willen und den phantastischen Begabungen nur resignieren konnten und unter dem Taufwasser herlaufen mußten wie unzufriedene, traurige, begossene Pudel.

Almansor in Berlin – der Versuch, ein deutscher Jude zu sein

Die familiären Voraussetzungen, Heines Mitgliedschaft in der Hamburger jüdischen Gemeinde, das sind nur unreflektierte Vorstufen zu der gerade angedeuteten intensiven Erarbeitung der jüdischen Bedingungen, unter denen er angetreten war.

Er ist sein eigener Tragödienheld »Almansor«, der als spanischer Maure die Unsinnigkeit des Religionswechsels und die blutigen Ausschreitungen wegen des Taufzwangs erlebt. Die christliche Liebe ist pervertiert. Aus dem Glauben an Gott schlagen die Politiker Kapital. Heine schreibt die Tragödie »Almansor« 1820/21 in Bonn und Göttingen und drückt darin seine ganze Verachtung des landläufigen Christentums aus. Der spürbare Antisemitismus in seiner Umgebung, die Deutschtümelei in den Burschenschaften haben ihn zum bewußteren Juden gemacht. In Berlin, wo er seit dem März 1821 wohnt, gelangt er schließlich in die Herzkammern der jüdischen kulturell-emanzipativen Bewegung.

Hier hat er Rahel Varnhagen und ihren Kreis kennengelernt, weil er Varnhagens Schwester Rosa Maria Assing, die in Hamburg mit einem jüdischen Arzt verheiratet war, bereits als anteilnehmende Freundin gewonnen hatte. Schließlich war er auch Varnhagens Düsseldorfer Landsmann. Das eigentlich Verbindende aber ist die jüdische Herkunft, obwohl Varnhagen selbst kein Jude war, aber wie seine Schwester in jüdische Kreise sich integriert hatte. Das ist überhaupt immer wieder festzustellen, bis in die Pariser Jahre hinein: die Juden halten wohl oder übel zusammen, und bei einer großen Anzahl von Heines Bekannten und Freunden, bei vielen Korrespondenten spielt dieses verbindende Faktum eine Rolle, und es hat selbst bei Marannen, also bei getauften Juden, oder deren Nachfahren eine gewisse Bedeutung, wie die Beispiele des Pastorensohns Rudolf Christiani und des Theologen Philipp Spitta in Lüneburg zeigen.

Berlin bietet ihm aber, außer den ihn ungemein fördernden Salons, in denen er durch Elise von Hohenhausen spontan zum Nachfolger Byrons in Deutschland proklamiert wird, Freundschaften und Anregungen zutiefst jüdischen Ursprungs, wie er ihn später nie mehr erfahren sollte, außer in der einsamen Lektüre der Bibel am Schluß seines Lebens. Eduard Gans und Leopold Zunz, vor allem aber Moses Moser, sind die bedeutenden Gestalten des Berliner Judentums im

Kulturverein, dessen Anliegen ihn fesseln, für den er als Geschichtslehrer und Vizesekretär des Wissenschaftlichen Instituts tätig wird, mit dessen Bestrebungen: nämlich einen Ausgleich zu suchen zwischen der jüdischen Herkunft und Tradition und der deutschen Gegenwart, er sich eine Zeitlang identifiziert, zugleich aber wird die Exilsituation des deutschen Judentums, die babylonische Gefangenschaft, deutlich. Das führt zu einem Taumel der Gefühle. Der Plan des Amerikaners Noah, für Juden der Alten Welt auf Grand Island eine jüdische Kolonie zu errichten, lag auch dem Berliner Verein nicht fern. Heine selbst, so wird als Anekdote überliefert, hatte schon in seiner ersten Hamburger Zeit einen Fluchtplan entwickelt: wie Ardinghello wollte er sich mit einigen Gefährten auf die glückseligen Inseln retten. In Berlin ist sein Bewußtsein geschärft. Er empfiehlt seinen Schülern die Auswanderung nach England oder Amerika; er selbst hat sich in Deutschland vergeblich einzurichten versucht. Er denkt zeitig daran, sein Vaterland zu verlassen und geht endlich im Mai 1831 nach Paris, wie Tannhäuser in den Venusberg.

Der gelähmte und kranke Heine träumt nach etlichen Selbstmordgedanken schließlich von der Wunderinsel Bimini, dem exotischen Jungbrunnen, dem »ewgen Jugendlande«, bei dessen Namen seine »verstorbnen Jugendträume« erwachen. Aber wie ergeht es dem Ritter, der diese Trauminsel sucht? Er wird während der Suche älter, gelangt endlich in das Land, findet unter schattigen Zypressen einen Fluß:

»Lethe heißt das gute Wasser!
Trink daraus, und du vergißt
All dein Leiden – ja, vergessen
Wirst du was du je gelitten –

Gutes Wasser! Gutes Land!
Wer dort angelangt, verläßt es
Nimmermehr – denn dieses Land
Ist das wahre Bimini.«

Heine hat viele Irrwege machen müssen und manche Exkursion teuer bezahlt. Nicht einmal den Tod gibt es gratis.

Den Versuch der Identifikation mit dem Judentum und seiner Sammlungsbewegung in einem eigenen Staate mochte er guten Willens anstellen und persiflierte ihn zugleich. Im Mai 1823 schreibt er aus Lüneburg an Moser:

»Hast Du [...] nicht gemerkt daß ich ein jüdischer Dichter bin? Doch wozu soll ich mich genieren, wir sind ja unter uns, und ich spreche gern in unsern Nazionalbildern. Wenn einst Ganstown [genannt nach dem erwähnten Eduard Gans aus dem Berliner Kulturverein] erbaut seyn wird, und ein glücklicheres Geschlecht am Mississippi Lulef benscht und Matzes kaut, und eine neu-jüdische Literatur emporblüht, dann werden unsere jetzigen merkantilischen Börsenausdrücke zur poetischen Sprache gehören, und ein poetischer Urenkel des kleinen Markus wird in Talles und Tefillim vor der ganzen Ganstowner Kille singen: Sie saßen an den Wassern der Spree und zählten Tresorscheine, da kamen ihre Feinde und sprachen gebt uns Londonner Wechsel – hoch ist der Cours. – Genug der Selbstpersifflage. Lebe wohl und behalte mich lieb.«

Der nie abzuwaschende Jude – die Ambivalenz zwischen Anhänglichkeit an das Judentum und protestantischer Taufe

Der Weggang von Berlin bleibt nicht ohne Folgen. Die Hoffnungen des Kulturvereins waren nicht tragfähig. Heine hält zudem viele reformerische Assimilations-Bemühungen für wäßrig und falsch und die Reformer für Hühneraugenoperateure, die zur Behandlung einer Geschwulst am Körper des Judentums den Aderlaß verordnen und spinnenwebige Vernunftbandagen, wodurch Israel verbluten muß, wie er noch aus Berlin am 1. April 1823 an seinen damals bereits in Hamburg wohnenden Vereinsfreund Immanuel Wohlwill schreibt. Ihm hatten schon die orthodoxen polnischen Juden während seiner Polenreise von 1822 besser gefallen als die aufgeklärten Karrieremacher, allerdings hat er, wie es ebenfalls im Brief an Wohlwill heißt, auch nicht die Kraft, »einen Bart zu tragen, und mir Judenmauschel nachrufen zu lassen, und zu fasten etc. Ich hab nicht mahl die Kraft ordentlich Mazzes zu essen. Ich wohne nemlich jetzt bey einem Juden (Mosern und Gans gegenüber) und bekomme jetzt Mazzes statt Brod und zerknacke mir die Zähne. Aber ich tröste mich und denke wir sind ja im Gohles.« Aber er wollte sich nicht ewig im Gohles, in der Verbannung, fühlen. Er will heimkehren, und wäre es auch nur in den Schoß der Familie.

Im Mai 1823 ist er dann endlich in Lüneburg, zu Hause bei den Eltern und Geschwistern. In der Lüneburger biedermeierlichen Welt, die pietistisch getönt ist, spielt er den großen Libertin, an dessen toleranten, alle Weltreligionen gleich hochschätzenden Synkretismus sich die schlichten Gemüter Lüneburgs reiben. In der Familie kommt die Taufe zur Sprache, gegen die keiner etwas einzuwenden hat, außer er selber, die Taufe wäre ihm ein gleichgültiger Akt, sagt er: »Für mich hätte er vielleicht die Bedeutung daß ich mich der Verfechtung der Rechte meiner unglücklichen Stammsgenossen mehr weihen würde.« (27. 9. 1823). In bezug auf die jüdischen Verhältnisse in Hamburg zeigt sich, daß ihm die unverstellte Tradition und das Rabbinentum des »kräftigen« Bernays in der Tat näher liegt als das verdünnte reformierte Judentum des Neuen Tempels; er verabscheut die innerjüdischen Auseiandersetzungen und hält sich deshalb, wie er sagt, im Herbst 1823, »von dem Judengesindel« fern (an Moser 5. oder 6. 11. 1823). Sein Interesse für den Verein muß rhetorischer Natur bleiben. Der Elan ist aufgrund der äußeren starren Bedingungen gebrochen. Selbst der Präsident des Vereins, Eduard Gans, ließ sich ein halbes Jahr nach Heine taufen.

Aber der Verein war auch vorher schon nicht mehr zu retten. Heine schreibt zwar noch im Januar 1824 an Moser: »Vom Verein schreibst Du mir wenig. Denkst Du etwa daß die Sache unserer Brüder mir nicht mehr so sehr am Herzen liege wie sonst? [...] ›Verwelke meine Rechte wenn ich Deiner vergesse Jerusholayim‹ sind ungefähr die Worte des Psalmisten, und es sind auch noch immer die meinigen«. So schnell hat er Jerusalem wirklich nicht vergessen. Es folgt die Arbeit am »Rabbi von Bacherach«, das intensive Studium der jüdischen Leidensgeschichte, mit »unsäglicher Liebe«, sagt er im Oktober 1824, trägt er das ganze Werk in der Brust; weil es aus der Liebe hervorgehe, werde es ein unsterbliches Buch werden, »eine ewige Lampe im Dome Gottes« (25. 10. 1824). Die Entwicklung ging dann folgerichtig weiter, so daß er sich, der sich bereits trotz der Vereinsarbeit im Frühjahr 1823 vor seinem Schwager Moritz Embden als »Indifferentist« bekannt hatte (3. 5. 1823), am 28. Juni 1825, knapp einen Monat vor der Promotion zum Doctor juris, in Heiligenstadt taufen ließ. Er hat immer sowohl die eine wie die andere Eigenschaft, er ist rigoros und kompromißbereit. Über ihn zu richten, haben weder Juden noch Christen das Recht.

Die Taufe war kein religiöser Akt, sondern eine logische Folge, wenn auch mit Ernst und Anstand vollzogen, denn immerhin war der »Taufzettel [...] das Entreebillet zur europäischen Kultur«. Er gehörte jetzt der höchst aufgeklärten protestantischen Kirche an. Das war praktisch und blieb für ihn eine bequeme Lösung. Er wartete seinerseits auf die Konsequenzen. Vor Moser umschreibt er sich Anfang Oktober desselben Jahres als »von Herzen ein Jude«, spricht vom »Luxusübermuth« sich taufen zu lassen, und erfährt bitter, daß die Taufe ihm nicht geholfen hat, die Berufs- und Zukunftschancen zu erhöhen. Er fühlt sich jetzt als Zwitter, bei allen gleichermaßen verhaßt. Da sind wieder Emigrationsgedanken die Folge: die Erholung am Meer auf Norderney im Sommer 1826 kann ihm die innere und äußere Ruhe nicht bringen, nachdem die beruflichen Pläne fehlgeschlagen sind und er als freier Schriftsteller lebt, in teilweiser, nicht endenwollender Abhängigkeit von seinem Onkel Salomon. »Es ist aber ganz bestimmt«, schreibt er an Moser, »daß es mich sehnlichst drängt dem deutschen Vaterlande Valet zu sagen. Minder die Lust des Wanderns als die Qual persönlicher Verhältnisse (z. B. der nie abzuwaschende Jude) treibt mich von hinnen.« (8. 8. 1826).

Daß er es dann doch noch bis 1831 aushielt, ist mehr ein Zeichen dafür, daß er sich fortwährend selbst überwindet und seinem unglücklichen Zustand nicht so leicht beikommen kann. Stets war er krank, überreizt, nervös, übellaunig. Seine politischen Stellungnahmen werden zusehens schärfer. 1828 ist er für ein halbes Jahr in fester Stellung als Redakteur in München. Seine »Reisebilder« versuchen die Summe seiner Erfahrungen zu ziehen, die er mit und in Deutschland sowie auf Reisen gemacht hat. Paris ist für ihn das Gelobte Land. Er lebt auf, setzt Fett an, ist glücklich. Die deutsche Schwermut und die deutsch-jüdische Tragik hat er zurückgelassen.

Kein Israelit und niemals in der Synagoge – Heines Distanz zum Judentum

Was das sakramentale Taufwasser nicht vollbracht hatte, was vom natürlichen Meerwasser nicht getilgt werden konnte, – in Paris war Heine in seinem Element, der nie abzuwaschende Jude scheint vergessen. Jetzt heißt es: »wenn im Meere ein Fisch den anderen nach seinem Befinden fragt, so antworte dieser: ich befinde mich wie Heine in Paris.« Paris war die Hauptstadt der Welt, hier sammelten sich die deutschen Oppositionellen, hier fand Heine bald Anschluß an die Gesellschaft und die literarischen Kreise; George Sand, Balzac, Victor Hugo, Nerval zählten zu seinen Bekannten und Freunden.

Er war unter anderm deshalb nach Paris gegangen, um, wie er wenige Wochen vor seiner Abreise an Varnhagen schreibt: »frische Luft zu schöpfen, ganz den heiligen Gefühlen meiner neuen Religion mich hinzugeben, und vielleicht als Priester derselben die letzten Weihen zu empfangen.« Die neue Religion war der Saint-Simonismus. In dieser neuen Kirche mit ihrer katholisch-hierarchischen Struktur, ihren utopischen Implikationen, ihrem radikal religiös-urchristlichem Impetus, den sozialkritischen Momenten samt den Forderungen nach Aufhebung des Privateigentums und Abschaffung ständischer Privilegien, mit einer gestaffelten Sozialordnung, in der die Arbeitsleistung zählte, in dieser Sekte geschah ein Vorgriff auf eine neue, harmonischere, gerechtere Welt. In vielem traf der Saint-Simonismus den Nerv von Heines eigenen politisch-sozialen Empfindungen, entsprach seiner aus realistischem Kalkül erwachsenen Einsicht in die notwendigen Änderungen und Verbesserungen der Gesellschaft, die den Zielen der Französischen Revolution noch immer nicht näher gekommen war. Zugleich entsprach der Saint-Simonismus einem für ihn immer bedeutender werdenden Sensualismus, seinem Hellenentum, das die Freuden der Sinne bejaht und im krassen Gegensatz steht zum asketischen Nazerenertum und Spirutalismus von Christen- und Judentum.

Der Mensch emanzipiert sich, der Genuß ist nicht sündhaft, die Frau muß aus der Unterdrückung durch die herrschende Gesellschaftsordnung befreit werden. All diesen Ideen fühlte sich Heine verwandt. In einer höheren Ordnung gab es nicht mehr Unterschiede auf Grund der Abstammung und des Bekenntnisses. Schon zu Beginn seiner Schriftsteller-Karriere hatte er peinlich darauf geachtet, daß nicht bei unpassenden Gelegenheiten bekannt würde, er stamme aus einer jüdischen Familie. Nachdem ihm der Dichter Friedrich de la Motte Fouqué einen herzlichen Brief geschrieben und ein schönes Gedicht gewidmet hatte, fürchtete er im Juni 1823: »Auch dieser wird dieses Gedicht einmal ungeschrieben wünschen, wenn er meinen Stammbaum genauer untersucht hat.« (an Moser 18. 6. 1823). In Paris ist er nicht nur nicht mehr imstande, einen Bart zu tragen, er möchte seinen Stammbaum verdrängen und gar nicht mehr mit dem Judentum in Verbindung gebracht werden. Er verleugnet es sogar im Jahre 1835, als durch eine Frankfurter Zuschrift an das »Journal des Débats« Heine für die Öffentlichkeit als Jude und deutscher Flüchtling klassifiziert wurde. Er beschwert sich am 26. September 1835 aus Boulogne sur mer beim Herausgeber, der Artikel stelle ihn als Juden und einen der augenblicklichen Anführer im Gefolge der liberalen Partei in Deutschland dar, das sei lächerlich; er gehöre nicht der jüdischen Religion an, er habe seinen Fuß niemals in eine Synagoge gesetzt, als Mitglied der Augsburger Konfession werde er den Titel nicht aufgeben, der ihn an diese ehrwürdige Kirche binde, die in einigen deutschen Staaten nicht nur geistiges Glück schenke, sondern auch weltliche Rechte. – Daß er keine Synagoge betreten habe, stimmt natürlich nicht, allein in Hamburg hatte er sowohl den Synagogengottesdienst wie den Neuen Tempel besucht. Im Neuen Tempel hat er übrigens ironischerweise kurz nach seiner eigenen Taufe eine Predigt gegen die getauften Juden gehört, die sich nur wegen der Hoffnung auf eine Stelle taufen ließen.

Heine war in Paris betreffs seiner jüdischen Herkunft so genant, daß er nicht einmal seiner Frau Mathilde, mit der er seit 1836 zusammenlebte und die er 1841 heiratete, davon erzählt hatte. Ein guter Bekannter Heines, Alfred Meißner, berichtet in der »Geschichte« seines Lebens über Mathildes naive Reaktion im Jahre 1849, als er ihr erklärte, daß die meisten Heineschen Bekannten in Paris Juden seien; das könne nicht sein, habe Mathilde ausgerufen, da ihr Mann ja Protestant sei und so große Stücke auf Luther halte. In Meißners Heine-Erinnerungen wird aus dem Sommer 1850 erzählt, daß Heine sich von Alexander Weill, einem ehemaligen Vorsänger in der Synagoge, »die alten Wüstengesänge Juda's« vorsingen ließ. »Meine gute Frau«, habe Heine erklärt, »die gar nicht ahnt, daß ich ein Jude bin, wundert sich nicht wenig, wenn sie dieses unerhörte musikalische Lamento, dies Tremoliren und Quinqueliren zu Ohren bekömmt.« Er habe ihr die Lieder als »unsere deutschen Volksgesänge« ausgegeben.

Heines Selbstbewußtsein in der frühen französischen Zeit seiner stabilisierten Gesundheit, guten Beziehungen, raschen Liebschaften war ins freiheitlich Übermenschliche gewachsen. Die Menschen sind Götter auf einer glücklichen Erde. In literarisch-innovativer Beziehung hält er Luther und Lessing für seine Vorläufer, er selbst ist der Messias der neuen Literatur und ihrer Vertreter, die »keinen Unterschied machen wollen zwischen Leben und Schreiben, die nimmermehr die Politik trennen von Wissenschaft, Kunst und Religion, und die zu gleicher Zeit Künstler, Tribune und Apostel sind«, wie es in seiner »Romantischen Schule« von 1836 heißt.

Die Distanz zum Judentum, das ideologisch für ihn nunmehr das sinnenfeindliche Nazarenertum verkörpert, drückt sich selbst in der zahlenmäßig erfaßbaren Verwendung des Wortstammes – jud – aus. Die Briefe von 1816 bis 1831 enthalten 58mal das Wort Jude und weitere 28 Wörter als Zusammensetzung oder abgeleitete Bildungen. Dagegen verwenden die Briefe von 1831 bis 1845 das Wort Jude nur noch 6mal und einmal die entsprechende französische Vokabel. Judentum, das vorher 5mal vorkommt, erscheint ein einziges Mal, ebenso »jüdisch«, das in der deutschen Periode 12mal verwendet wurde. Allerdings muß beachtet werden, daß die frühen Belege fast sämtlich in den Zeitraum Februar 1823 bis Oktober 1826 fallen, jene Zeit des Ausklangs im Kulturverein und der Entscheidungseskalation für die eigene Taufe sowie der Beschäftigung mit dem »Rabbi von Bacherach«, zugleich eine Phase der intensiven Aussprache mit Moses Moser, dem Heine die Freundschaft als nie existent im Juni 1831 von Paris aus aufgekündigt hat. Auch dies ist ein Indiz für Heines Loslösung vom Judentum.

Dieser Abstand bedeutet aber nicht, daß er nicht Partei ergreift und die alte Solidarität zu üben imstande ist, von der schon früh bei ihm die Rede war, als er die Taufe als Mittel einsetzen wollte, um für die Juden zu wirken. Er sei, wie er bereits 1823 in einem Brief an Moser bekennt (23. 8. 1823), zwar kein »Enthousiast für die jüdische Religion«, er werde aber »für die Rechte der Juden und ihre bürgerliche Gleichstellung enthousiastisch sein [...] und in schlimmen Zeiten, die unausbleiblich sind, wird der germanische Pöbel meine Stimme hören daß es in deutschen Bierstuben und Palästen wiederschallt.« Dazu hatte er durchaus auch in Paris Gelegenheit. In Tagesberichten seit dem Mai 1840 setzte er sich einige Monate hindurch für die »Damaszener Juden, deren Martyrtum an die dunkelsten Zeiten des Mittelalters erinnert«, wie er schreibt, mit aller Intensität ein. Gegen die Juden in Damaskus war wegen der Ermordung eines Kapuziners in Aleppo, die den Juden zur Last gelegt wurde, ein Pogrom angezettelt und alle Muster alter Vorurteile wieder hervorgeholt worden. Die Judenverfolgung in Damaskus war der Anlaß, den 1824 begonnenen »Rabbi« wieder in Angriff zu nehmen, um ihn als »zeitgemäße Materialienzuthat« im 4. Salonband herauszubringen. Hier hat er endlich »den großen Judenschmerz«, wie Börne ihn genannt und Heine selbst ihn in einem Aufsatz für die Zeitschrift des Kulturvereins hatte darstellen wollen (an Moser, 18. 6. 1823), in eine adäquate Erzählung gebracht. Die Geschichte eines Pogroms in Bacharach mit seinen Folgen, eine Geschichte, die Fragment bleibt, wie es so oft bei Heine geschehen ist, und wiederum nicht nur, weil er nicht zu Ende erzählen wollte oder konnte, sondern weil der Gegenstand unendlich und ewig fortsetzbar war, ohne Anfang und Ende. Jenes »tausendjährige Familienübel« – so bezeichnet Heine das Judentum in seinem Gedicht über das neue Israelitische Hospital zu Hamburg im Jahre 1843 – ist immer nur ausschnitthaft und fragmentarisch zu schildern.

Heines Distanz zum Judentum ist freilich selbst in der überarbeiteten Fassung des »Rabbi« greifbar. Noch hat er seine allgemeine Weltwarte nicht verlassen, er wird diese Sicht auch später nur modifizieren, nicht ablegen. Er kennt die Schwächen der Juden und die tödliche Penetranz ihrer Feinde. »Sieh, schöne Sara«, sagt der Rabbi seufzend zu seiner Frau, als sie im Frankfurter Getto sind: »wie schlecht geschützt ist Israel! Falsche Freunde hüten seine Tore von außen, und drinnen sind seine Hüter Narrheit und Furcht!«

Bibellektüre und Heimkehr aus Solidarität – Heines sogenannte »Bekehrung«

Paris hatte anfangs für Heine offenbar nur ein zeitweiliger Bildungs- und Exilaufenthalt werden sollen. Dann blieb er sein Leben lang in der Hauptstadt seiner neuen Religion; aber diese war am Ende auch nicht mehr das, was sie ihm zuerst bedeutet hatte. In seinen »Englischen Fragmenten«, geschrieben 1828, heißt es:

> »die Freiheit ist eine neue Religion, die Religion unserer Zeit. Wenn Christus auch nicht der Gott dieser Religion ist, so ist er doch ein hoher Priester derselben, und sein Name strahlt beseligend in die Herzen der Jünger. Die Franzosen sind aber das auserlesene Volk der neuen Religion, in ihrer Sprache sind die ersten Evangelien und Dogmen verzeichnet, Paris ist das neue Jerusalem, und der Rhein ist der Jordan, der das geweihte Land der Freiheit trennt von dem Lande der Philister.«

Dieser innerweltliche Zirkel seines Messianismus und sein revolutionärer Ansatz fanden noch in dem neuen Lied des »Wintermärchens« von 1844 ihren stolzen und berechtigten Ausdruck. Kurz danach aber sind Heines politische Erwartungen gedämpft, seine Gesundheit ruiniert, sein Glauben an das Glück auf Erden, auf die eigene Göttlichkeit mehr und mehr erschüttert, die »Demokratie gleichherrlicher, gleichheiliger, gleichbeseligter Götter«, wie es in seiner »Geschichte der Religion und Philosophie in Deutschland« von 1834 heißt, sehr in Frage gestellt. Er selbst scheut sich nicht, seine Krankheit, sein »Rückenmarksleiden«, mit Amors vergiftetem Pfeil in Verbindung zu bringen, im Gegenteil, er kokettiert mit einem solchen naheliegenden Gedanken. Diese verbreitete Annahme ist allerdings fraglich. Sie wird mit guten Gründen von Fachleuten bestritten. Wie dem auch sei, die Symptome seiner Krankheit, die Lähmungserscheinungen, die Überempfindlichkeit für Licht- und Lärmreize, die rasenden Schmerzen, die schlaflosen Nächte, die Abmagerung zum Skelett, die nervliche Belastung machen jedenfalls klar, daß ein Mensch bis an den Rand des Durchhaltevermögens gelitten hat. Heine spricht von »Tierquälerei«; es war eine Qual bei vollem Bewußtsein, wobei er kein Register des an ihm berühmt-berüchtigten Witzes vernachlässigt hat. Jetzt muß er in der Matratzengruft doch einen Bart tragen, weil ihm die Rasur zu große Schmerzen verursachen würde, jetzt ist er der kleine Jude mit dem großen Bart, wie sein Vater ihm den Großvater geschildert hatte. Wer wissen will, was ein Mensch aushalten und leisten kann, zu welcher geistigen Unabhängigkeit er sich zu entwickeln vermag, sollte die Berichte und Briefe aus Heines letzten Lebensjahren lesen.

Heines schleichende Krankheit hat sich im Revolutionsjahr 1848, das ihn enttäuscht hat, so mächtig und unabänderlich durchgesetzt, daß er von da an das Haus nicht mehr verläßt. Seinen berühmten letzten Ausgang zum Louvre beschreibt das Nachwort des »Romanzero« von 1851. Er brach fast zusammen, als er den Saal betrat, »wo die hochgebenedeite Göttin der Schönheit, Unsere liebe Frau von Milo, auf ihrem Postamente steht. Zu ihren Füßen lag ich lange, und ich weinte so heftig, daß sich dessen ein Stein erbarmen mußte. Auch schaute die Göttin mitleidig auf mich herab, doch zugleich so trostlos, als wollte sie sagen: siehst du denn nicht, daß ich keine Arme habe und also nicht helfen kann?«

Das ist fortan sein Problem, und nicht nur das seine: wo gibt es, wenn man keinen Ausweg mehr sieht, Trost, Hilfe und Sinn? Warum haben Krankheit und Unglück gerade ihn mit einer solchen mörderischen Vehemenz getroffen? Jetzt vollzog sich bei ihm eine Wandlung, überfiel ihn ein Heimweh, das er in seinen Gedenkworten auf den

Freund Ludwig Marcus vom Berliner Kulturverein im April 1844 in vergleichbarer Weise als dessen Charakteristikum empfunden hatte. Dort heißt es: »es gab auf diesem Erdball kein Faktum, keine Ruine, kein Idiom, keine Narrheit, keine Blume, die er nicht kannte – aber von allen seinen Geistesexkursionen kam er immer gleichsam nach Hause zurück zu der Leidensgeschichte Israels, zu der Schädelstätte Jerusalems und zu dem kleinen Väterdialekt Palästinas, um dessentwillen er vielleicht die semitischen Sprachen mit größerer Vorliebe als die andern betrieb.« Eine solche Form der jüdischen Solidarität, eine bei den Juden immer geübte Familienzugehörigkeit und -fürsorge ist auch der Kern des Heimwehs und der Rückkehr bei Heinrich Heine, der sich in den »Memoiren« über die »Solidarität der Generationen« und Völker Gedanken macht; »die ganze Menschheit liquidiert am Ende die große Hinterlassenschaft der Vergangenheit«, heißt es da! Ähnlich wie er die sich stets wiederholende Heimkehr von Ludwig Marcus zum immer gleichen Problem der jüdischen Geschichte und Tradition beschrieben hatte, stellt er im Nachwort zum »Romanzero« von September 1851 seine eigene neue Haltung dar: »Wenn man auf dem Sterbebette liegt, wird man sehr empfindsam und weichselig, und möchte Frieden machen mit Gott und der Welt [...] Ja, wie mit der Kreatur, habe ich auch mit dem Schöpfer Frieden gemacht, zum größten Ärgernis meiner aufgeklärten Freunde, die mir Vorwürfe machten über dieses Zurückfallen in den alten Aberglauben, wie sie meine Heimkehr zu Gott zu nennen beliebten [...] Ja, ich bin zurückgekehrt zu Gott, wie der verlorene Sohn, nachdem ich lange Zeit bei den Hegelianern die Schweine gehütet. War es die Misère, die mich zurücktrieb? Vielleicht ein minder miserabler Grund. Das himmlische Heimweh überfiel mich und trieb mich fort durch Wälder und Schluchten, über die schwindligsten Bergpfade der Dialektik.«

Was Heine sucht, ist ein Gott, der zu helfen vermag, »und das ist doch die Hauptsache«, sagt er in seinem Gottesbeweis ex depravatione im Nachwort zum »Romanzero«, ein Gott, der zu helfen vermag und »die Ellbogen frei« hat, anders als die schöne Venus von Milo. Der starke und helfende Gott ist jener der von ihm lange geschmähten und einem Salonatheismus geopferten jüdisch-christlichen Tradition, ein Gott der Geschichte, ein Gott seines auserwählten Volkes, ein Gott, mit dem man sprechen, dem man sein Leid klagen, mit dem man hadern kann wie Hiob. Es ist ein Gott, der den Zweifel aushält.

In einer späteren Notiz aus dem Jahre 1854 zu den Denkworten für Ludwig Marcus hat Heine eine Theorie der Notwendigkeit des menschlichen Zweifels entwickelt. Dieser Zweifel ist eine Tugend, er widerspricht nicht dem Glauben; Zweifel und Kultus hatte er schon als Kind beim katholischen Rektor in Düsseldorf, dem Pater Schallmayer, als wichtige Komponenten des Lebens nebeneinander erlebt. Seine Note zu Ludwig Marcus fragt: »Aber warum muß der Gerechte so viel leiden auf Erden? [. . .] Das Buch Hiob löst nicht diese böse Frage. Im Gegenteil, dieses Buch ist das Hohelied der Skepsis« – und Heine überlegt, warum die Männer der Tempelarchivkommission unter Esra das Buch dennoch in den Schriftkanon aufgenommen hätten und gibt zur Antwort: »weil sie in ihrer hohen Weisheit wohl wußten, daß der Zweifel in der menschlichen Natur tief begründet und berechtigt ist und daß man ihn also nicht täppisch ganz unterdrücken, sondern nur heilen muß.« Heine stellt fest: das Buch Hiob sei eine »überstarke Dosis von Zweifel« gewesen, »dieses Gift durfte nicht fehlen in der Bibel, in der großen Hausapotheke der Menschheit. Ja, wie der Mensch, wenn er leidet, sich ausweinen muß, so muß er sich auch auszweifeln, wenn er sich grausam gekränkt fühlt in seinen Ansprüchen auf Lebensglück; und wie durch das heftigste Weinen, so entsteht auch durch den höchsten Grad des Zweifels, den die Deutschen so richtig die Verzweiflung nennen, die Krisis der moralischen Heilung. – Aber wohl demjenigen, der gesund ist und keiner Medizin bedarf!«

Heines religiöse Haltung ist nicht kirchlich oder institutionell gebunden, nicht saturiert christlich bekehrt wie es bei Rahel Varnhagen, Dorothea Schlegel oder Felix Mendelssohn Bartholdy der Fall war, seine religiöse Haltung ist noch am ehesten jüdisch auf Grund seines ausgeprägten historischen Bewußtseins. Er hat sich seine Freiheit bewahrt, ist Dichter und behauptet deshalb in einem Brief an Georg Weerth vom 5. November 1851: er sterbe als Dichter, der weder Religion noch Philosophie brauche, und mit beiden nichts zu schaffen habe. Seine Bekehrung ist literarischer Natur und nimmt demgemäß ihren Weg über die Bibel.

Er schreibt in der Vorrede zur 2. Auflage des 2. Salonbandes im Mai 1852: »In der Tat, weder eine Vision, noch eine seraphitische Verzückung, noch eine Stimme vom Himmel, auch kein merkwürdiger Traum oder sonst ein Wunderspuk brachte mich auf den Weg des Heils, und ich verdanke meine Erleuchtung ganz einfach der Lektüre eines Buches«. – Dieses Buch ist die Bibel. Dabei hat Heine die Frage, wie neu das Alte Testament sei, längst durch seine Metaphern der Identität von Bibel und Leben, Natur sowie Gegenwart beantwortet: er nennt sie »ein altes, schlichtes Buch, bescheiden wie die Natur, auch natürlich wie diese; ein Buch, das werkeltägig und anspruchslos aussieht wie die Sonne, die uns wärmt, wie das Brot, das uns nährt; ein Buch, das so traulich, so segnend gütig uns anblickt wie eine alte Großmutter, die auch täglich in dem Buche liest, mit den lieben, bebenden Lippen und mit der Brille auf der Nase – und dieses Buch heißt auch ganz kurzweg das Buch, die Bibel. Mit Fug nennt man diese auch die Heilige Schrift; wer seinen Gott verloren hat, der kann ihn in diesem Buche wiederfinden, und wer ihn nie gekannt, dem weht hier entgegen der Odem des göttlichen Wortes.«

Heine hat die Bibel immer hoch geschätzt, er hat sie an vielen Stellen benutzt und parodiert, das heißt, er hat sie umfunktioniert und ihr in seinen eigenen, die Bibel verwendenden Texten den neuen Sinn geben wollen, der ihm wichtig und zeitgemäß schien. Es wird dann aus seinen letzten Jahren überliefert, daß man die Bibel häufig habe auf seinem Tisch liegen sehen. In der gerade zitierten Vorrede nennt er die Bibel den »wahren Tempelschatz«, den die Juden, »welche sich auf Kostbarkeiten verstehen«, anstelle aller anderen wertvollen Kultgeräte und Pretiosen beim Brande des zweiten Tempels gerettet hätten.

Diese Leistung einer moralisch-religiösen Überlieferung und die eigene Qualität der Juden, die in der Bibel in Worte gefaßt worden ist, bildet einen weiteren, sich wie von selbst anbietenden Gegenstand von Heines später Reflexion, ein Gegenstand, bei dem ihm so bewußt wird wie nie, daß er damit auch einen Teil seiner eigenen Existenz thematisiert. Stolz zieht er die historische Linie von Moses bis hinauf zu sich selber. Das geschieht in den »Geständnissen« von 1854. Hier treibt er moderne Exegese und Bibelkritik, wenn er feststellt, daß es ihn bedünken wolle, »als sei dieser mosaische Gott nur der zurückgestrahlte Lichtglanz des Moses selbst, dem er so ähnlich sieht, ähnlich in Zorn und Liebe«. Heine gibt zu, seines »hellenischen Naturells wegen« Moses früher nicht sonderlich geliebt zu haben, da Moses bildfeindlich gewesen sei, dabei habe er, Heine, aber übersehen, daß Moses selbst als großer Künstler »Menschenpyramiden«, »Menschen-Obelisken« gebaut und gemeißelt habe: »er nahm einen armen Hirtenstamm und schuf daraus ein Volk [. . .] ein großes, ewiges, heiliges Volk, ein Volk Golk Gottes, das allen andern Völkern als Muster, ja der ganzen Menschheit als Prototyp dienen konnte: er schuf Israel!«

Dann folgt Heines Bekenntnis seiner Zugehörigkeit zu den Juden, die er knapp zwanzig Jahre vorher verleugnet hatte. Das Motto für unsere Ausführungen ist diesem Bekenntnis entnommen: »und wenn nicht jeder Geburtsstolz bei dem Kämpen der Revolution und ihrer demokratischen Prinzipien ein närrischer Widerspruch wäre, so könnte der Schreiber dieser Blätter stolz darauf sein, daß seine Ahnen dem edlen Hause Israels angehörten, daß er ein Abkömmling jener Märtyrer, die der Welt einen Gott und eine Moral gegeben und auf allen Schlachtfeldern des Gedankens gekämpft und gelitten haben.«

Die Revision seiner religiösen Einstellung hatte Dichtungen zur Folge, die zu den bedeutendsten Texten biblisch-jüdischer Provenienz in deutscher Sprache zählen; seine »Hebräischen Melodien« zeigen nicht nur sein thematisches Interesse an der Bibel, sondern wiederum seine in Zweifel und bejahtem Deismus offen geübte Solidarität gegenüber dem Judentum. Er hat sich endlich selbst akzeptiert, ohne dabei der Ironie den Laufpaß zu geben. Er war bereits im »Buch der Lieder« von 1827 ein ausgezeichnetes Medium der eigenen Gefühle, des Zeitgeschmacks und der je ihn bewegenden literarischen Richtungen. Die späten Gedichte sind stärker und werden immer noch unterschätzt. Sie amalgamieren seinen Spott, seine Ironie, seine Hoffnung, seinen Mut, seinen Humor, seinen Glauben und seinen Zweifel. Er ist nicht mehr der trotzige Almansor, er ist Jehuda ben Halevy, denkt mit Schwermut an Jerusalem und sitzt an den Wassern Babels. Zugleich weiß er bei stets wachem politischen Sensus, wie es seine Nachschrift zu »Ludwig Marcus« betont, daß die Emanzipation der Juden identisch ist mit der des deutschen Volkes, ein Zukunftsgedanke, der im 20. Jahrhundert hätte Gestalt annehmen können, als ihn auch schon der grausamste Judenpogrom aller Zeiten zunichte machte.

Heine bleibt trotz allen religiös-jüdischen Sprachgebrauchs Freidenker, schlägt den institutionalisierten oder kirchlichen Kreisen ein Schnippchen. Er duldet im und nach dem Tode keine Religionsdiener. Als Zeugnis für diese Unabhängigkeit wird immer wieder die 1. Strophe seines Gedichts »Gedächtnisfeier« herangezogen. Die weiteren Strophen sind aber genauso wichtig. Sie machen klar, daß Heine in seiner Bekehrung Realist bleibt. Er weiß und will, daß die Lebenden ihr Recht haben, daß das Leben weiter geht, alltäglich und menschlich, daß man sich den großen Fragen nicht ständig hingibt, daß uns zwar die Mäuler mit Erde gestopft werden, ohne daß wir eine Lösung des

Zweifels an Sinn und Gerechtigkeit des Lebens erhalten, daß es aber auch den harmlosen, heiteren Verlauf gibt. Wir besuchen unsere Toten und sind selber gut davongekommen. Die »Gedächtnisfeier« lautet:

»Keine Messe wird man singen,
Keinen Kadosch wird man sagen,
Nichts gesagt und nichts gesungen
Wird an meinen Sterbetagen.

Doch vielleicht an solchem Tage,
Wenn das Wetter schön und milde,
Geht spazieren auf Montmartre
Mit Paulinen Frau Mathilde.

Mit dem Kranz von Immortellen
Kommt sie mir das Grab zu schmücken,
Und sie seufzet: Pauvre homme!
Feuchte Wehmut in den Blicken.

Leider wohn ich viel zu hoch,
Und ich habe meiner Süßen
Keinen Stuhl hier anzubieten;
Ach! sie schwankt mit müden Füßen.

Süßes, dickes Kind, du darfst
Nicht zu Fuß nach Hause gehen;
An dem Barrieregitter
Siehst du die Fiaker stehen.«

Heines Kunst der Agonie

Ist es eine Sitte oder Unsitte des Kulturbetriebs, sich alle paar Jahre in die Pflicht nehmen zu lassen, indem mit konstanter Bravheit und einigem Aufwand in Gedenkveranstaltungen und ausführlichen Würdigungen an die besonderen Geburts- und Sterbedaten unserer großen »Dichter und Denker« erinnert wird? Es ist beides. Denn am besten stünde es um die kulturelle Vermittlung, wenn wir dieser Anlässe gar nicht bedürften. Der Trubel der Gedenkjahre hat auch immer etwas von einem Armutszeugnis an sich, das wir uns ausstellen müssen, weil wir Feierlichkeiten brauchen, wo eine regelmäßige Beschäftigung mit Erbe und Werk der Gefeierten viel sinnvoller wäre. Und dennoch, gerade angesichts unserer Vergeßlichkeit im Alltag sind die jeweils fälligen Gedenkjahre zumal in der Geschichte von Heines Aufnahme und Nachwirkung schöne Beispiele für deren Nutzen. Der große Widerhall, den das Heine-Jahr 1956 mit dem 100. Todestag, das Jahr 1972 mit dem 175. Geburtstag und das Jahr 1981 mit dem 125. Todestag der Öffentlichkeit gefunden haben, konnte zur Sensibilisierung für Heine wesentlich beitragen. Daß das deutsche Publikum gerade mit Heinrich Heine immer seine Schwierigkeiten gehabt habe, gehört mittlerweile zu den Allgemeinplätzen, die zwar ständig wiederholt werden, glücklicherweise aber aufgrund vielfältiger philologischer wie sonstiger kultureller Aktivitäten längst etwas von ihrer anfänglichen Richtigkeit verloren haben.

Es stimmt freilich, daß Heine im westlichen Deutschland später entdeckt wurde als in der DDR, wo sein Werk von Anfang an fest in den Lehrplänen für alle Schularten verankert war. Damit wurde in Mitteldeutschland nach den infamen Kampagnen des 3. Reiches gegen Heine erfolgreich ein neues Konzept praktiziert und konnten frühere jahrzehntelange Querelen um Heine zentralistisch beigelegt werden. Der Lektürekanon des pluralistischen Bildungssystems in der Bundesrepublik hat nicht nur Heine Unrecht getan, auch wenn dieser Autor unter den schulisch tradierten Schriftstellern des 18. und 19. Jahrhunderts derjenige ist, dem man die intensivste Form der Wiedergutmachung eben wegen der Verbrennung seiner Bücher unter den braunen Machthabern hätte angedeihen lassen müssen. In den vergangenen Jahren hat endlich auch bei uns neben der sprunghaft angestiegenen wissenschaftlichen Beschäftigung mit Heine eine didaktische Aufarbeitung seines Werks eingesetzt, die den enormen Aufholbedarf zu decken versucht.

Immer noch und ständig wieder haben Fragen der adäquaten Heine-Ehrung in der Bundesrepublik trotz dieser gewissen Konsolidierung seiner Rezeption und trotz der angedeuteten ansatzweisen Integration in das öffentliche Bewußtsein zu Auseinandersetzungen Anlaß gegeben, die unerquicklich waren und unserem internationalen Ansehen sehr geschadet haben. Die mißglückte Benennung der Universität Düsseldorf nach Heine Anfang der 70er Jahre ist dafür eins der letzten breit diskutierten Beispiele. Daß natürlich Düsseldorf als Heines Geburtsstadt für das vielberufene gebrochene Verhältnis zu Heine den Kopf hinhalten mußte, gehört zum bekannten Mechanismus, für die Fehler aller einen passenden Sündenbock zu suchen, den Düsseldorf tatsächlich häufig genug mit Bravour abgegeben hat. Die ewigen Streitigkeiten hatten ihre Wurzel natürlich in allen möglichen nationalen und antisemitischen Vorurteilen, entzündeten sich in der Regel aber doch immer am Werk Heines selbst. Das ist deshalb so bemerkenswert, weil Heine – abgesehen von den Liedvertonungen seiner Gedichte durch Schubert, Schumann und andere bekannte Komponisten, die nicht wenig zu seinem Ruhm beigetragen haben – im übrigen fast ausschließlich durch die Lektüre lebt. Dieses Schicksal scheint für einen Dichter selbstverständlich, ist es aber bei vielen Kollegen Heines durchaus nicht, deren Werk auf dem Theater, in Rundfunk und Fernsehen eine eminente Rolle spielt und deshalb bekannt bleibt. Bei Heine läßt sich kaum das Buch zum Fernsehfilm finden, womit im Buchhandel dann selbst für vergessene Literatur wieder geworben werden kann. Heine lebt nur aus sich selber, teilweise aus der Legendenbildung um seine Person, am meisten aber aus der Kraft seines für den heutigen Leser modern anmutenden Werkes. Er ist eben jener Autor, an dem wir uns heute noch die Zähne ausbeißen können, weil er sich auf radikale Art zum Gegenstand der Literatur gemacht hat, sich selber und seine Bedingungen so ernst nehmend wie die großen politischen Ereignisse seiner Zeit.

Sich in ihm wiedererkennen können ohne Scheu vor dem olympischen Dichter war schon das Lektüreerlebnis einer seiner größten Verehrerinnen, nämlich der Kaiserin Elisabeth von Österreich, die für ein Heine-Denkmal in Düsseldorf eingetreten ist, das nicht zustande kam und dessen indirekte Folge dann die Düsseldorfer Heine-Sammlung und das heutige Heine-Institut sind. Die Kaiserin sah in ihm den modernen Zeitgenossen mit seinen Schwächen und Vorzügen, jedenfalls immer menschlich, verkörpert. Diese Erfahrung ist offenbar noch heute zu machen, weil Heines Spiel mit den eigenen Bedingungen und seine ironische Distanz eine Selbständigkeit voraussetzt, die dem der verwalteten und technisierten Umwelt ausgesetzten Menschen von heute als erstrebenswerter Ort einer geretteten Freiheit vorkommen muß. Daß dieser Individualitätssinn im Aufbruch der Massengesellschaft von Heine nur unter den schwierigsten Voraussetzungen und Hemmnissen entwickelt werden konnte, macht ihn umsomehr zu einem (man gestatte den altmodischen Begriff) Vorbild – aber nicht auf einem Piedestal, sondern sozusagen von nebenan.

Gerade an Gedenktagen seines Todes (17. Februar 1856) kann er nicht so sehr als Identifikationsfigur (dazu eignet er sich in seiner witzigen Vereinzelung und mit seinem intellektuellen Spott am wenigsten), wohl aber als eine Gestalt menschlicher Solidarität erneut ins Bewußtsein gebracht werden. Dafür sind besonders seine letzten Jahre der beste Anhaltspunkt; jedenfalls am sinnfälligsten jener Schriftsteller, der die Jugend seines »Buchs der Lieder« und der »Reisebilder« hinter sich hat und als Vermittler zwischen Frankreich und Deutschland von Paris aus, das für ihn die »Spitze der Welt« bedeutete, kritisch beobachtend tätig sein will. Dabei hat Heine bereits ein Europa im Auge, das bis dato nicht verwirklicht ist. Seine Krankheits- und Sterbejahre (auch der letzte Teil des Plurals entspricht den biographischen Tatsachen) bringen zwar eine Entfernung vom Publikum mit sich, zugleich aber den eigentlich existentiellen Berührungspunkt mit dem Leser in der von Heine öffentlich praktizierten Kunst der Agonie.

Vor den Augen der Welt krank sein und sterben ist im Zeitalter der Massenkommunikationsmittel samt ihrer erbarmungslosen Neugier und versachlichten Berichterstattung etwas Alltägliches. Um die Mitte des 19. Jahrhunderts war es vollkommen ungewöhnlich, wurde ein Tabu übertreten, als in solch schonungsloser Form der eigene Tod zum Sujet der Literatur avancierte. Heine hat seine »Matratzengruft«, wie er die Zeit seit 1848 nannte, allerdings nicht einer Boulevardblatt-Schnüffelei preisgegeben, sondern seine existentiellen Nöte und Erfahrungen vor dem Leser in Vers und Prosa reflektiert.

Aus einem in jedem Sinne mobilen Beobachter seiner Zeit wird der an ein und dieselbe Stelle genagelte Wachtposten im Befreiungskrieg der Menschheit. Als kämpferische, emanzipatorische Leistung hatte Heine seine Aufgabe immer sehen wollen. Und als es mit ihm zu Ende ging, reimte er im Gedicht »Enfant perdu« aus den »Lamentationen« seines »Romanzero«-Gedichtbandes von 1851:

»Ein Posten ist vakant! – Die Wunden klaffen –
Der eine fällt, die andern rücken nach –
Doch fall ich unbesiegt, und meine Waffen
Sind nicht gebrochen – Nur mein Herze brach.«

Im selben Gedicht ist neben dem hohen, ernsten Ton auch die kecke Sprache vertreten. Eben an dieser Mischung erkannte das Publikum seinen Heine; und deshalb ist er bis heute das unverwechselbare Markenzeichen für eine in keiner Weise angepaßte Literatur.

Diese Selbständigkeit und intellektuelle Freiheit ist auch für seine in die letzten Jahre fallende sogenannte »Bekehrung« festzuhalten. Heine war ein für religiöse Phänomene äußerst aufgeschlossener und begabter Mensch, aber stets kritisch im Hinblick auf eine Verwendung religiöser Strukturen zugunsten obrigkeitlich-staatlicher Gewalt. Auch seine Revision der eigenen religiösen Anschauungen ist in keiner Weise die Hinwendung zu einer Kirche, am ehesten noch die Solidarisierung mit der jahrtausendealten, immer wieder verfolgten Tradition des Judentums, dem er entstammte. Nach der glücklichen rheinischen Kindheit hatte er für kurze Zeit in Hamburg zum Katholizismus hingeneigt, bei Beendigung des Jurastudiums in Göttingen sich auf damals einfachste Art im nahegelegenen Heiligenstadt ohne Aufsehen in die protestantische Kirche aufnehmen lassen. Das war für ihn ein lebensnotwendiger Schritt, kein Damaskus-Erlebnis. Die restaurativen Zustände in Deutschland, die ihn nach Paris trieben, und sein Sinn für die politische Realität und die Notwendigkeit der Selbstverwirklichung des Menschen legten ihm eine von jeglicher Religion abständige, geradezu selbstherrliche Haltung nahe. Daß man die Religion als Opium des Volkes benutzen könne, ist seine Erkenntnis, die sein junger Freund Karl Marx von ihm übernahm. Daß er sich dann selbst, der die letzten Jahre nur mit Betäubungsmitteln überstand, aufgrund der Bibellektüre wieder einem persönlichen Gott zuwandte, der ihm helfen sollte als jemand, dem er wie Hiob und der arme Lazarus seine Leiden vorjammerte, ist trotz des darin enthaltenen Ernstes ein Akt spielerischer Selbstbehauptung. In seinem »Miserere« heißt es:

»O Gott, verkürze meine Qual,
Damit man mich bald begrabe;
Du weißt ja, daß ich kein Talent
Zum Martyrtume habe.«

Es ist begreiflich, daß Heines Spätzeit mit ihrem Übermaß an körperlicher und psychischer Belastung nicht ohne Resignation und Verzweiflung auskam. Der Weltveränderer, Ankläger des korrupten Systems und zugleich lebenslustige Bonvivant der mittleren Jahre findet am Schluß von »Morphine« das Resümee: »Gut ist der Schlaf, der Tod ist besser – freilich / Das beste wäre, nie geboren sein.« Aber dieser Lebensüberdruß hat ihm den Blick für die politischen Verhältnisse seiner deutschen Heimat und die Notwendigkeit des Ausgleichs zwischen seinem Vaterland und dem französischen Gastland nicht genommen. Bis zuletzt hat er die geistes- und sozialgeschichtlichen Bewegungen aufmerksam verfolgt und prophetisch kommentiert. Er hinterließ in Deutschland und Frankreich ein zwar identisches, aber für beide Adressen je eigens komponiertes Werk, das ihm einen der ersten Plätze in der Weltliteratur verschafft hat.

Die Anteilnahme, die heute in Ost und West Heine entgegengebracht wird, sollten wir Deutsche endlich als Kompliment und heitere Verpflichtung begreifen. Heine scheint lebendiger zu werden, je länger er tot ist. Die »Wunde Heine«, von der Adorno anläßlich seines 100. Todestages gesprochen hat, ist allerdings noch nicht geschlossen, weil jene »Gesellschaft, welche die Versöhnung vollbrachte« eine Utopie bleibt. Es wäre aber viel gewonnen, wenn wir selbst bereit wären, Schritte auf jene Gesellschaft hin zu tun.

V.

Heinrich Heine, der Deutsche, und die Deutschen

Sprächen wir über Grimmelshausen, über Lessing, Wieland, Goethe und Schiller, über Kleist, Jean Paul, ja selbst über Büchner oder Fontane, Thomas Mann, Brecht oder über Böll und Grass, um einen sprung- und lückenhaften Längsschnitt durch die neuere deutsche Literaturgeschichte zu legen, wir könnten uns detailfreudig mit Autor, Werk und Wirkung beschäftigen, redeten von einzelnen neuen wichtigen Aspekten oder hielten grundsätzliche Würdigungen, die doch am Ende sich zum Gesamtbild eines *ganzen* Dichters bzw. Schriftstellers fügen könnten, weil wir eine solche Ganzheit und Geschlossenheit bei aller Vielfalt von vornherein voraussetzen und gar nicht erst in Frage stellen.

Bei Heine aber haben wir die von ihm selbst berufene Zerrissenheit, den »Weltriß«, der durch das Herz des Dichters geht, wie es in den »Bädern von Lucca« heißt, und der auch seine Rezeption als »Widerstreit der Meinungen« (E. Galley), jedenfalls in Deutschland, bestimmt hat, immer gleich mitzubedenken oder gar zu thematisieren, ob wir das nun im einzelnen wollen oder nicht. Auch bei einem Querschnitt durch die »Deutsche Literatur im Spannungsfeld zwischen Restauration und Revolution 1815-1848«, wie Friedrich Sengle sein großes, 1980 abgeschlossenes Werk über die »Biedermeierzeit«, die Zeit Heines also, untertitelt hat, mögen jeweils zwar verschiedenste Interpretationsansätze beispielsweise bei Raimund, Grillparzer, Grabbe, Nestroy, Hebbel, Platen, der Droste, Lenau, Immermann und Stifter zu erwähnen sein, die der gestrenge Verfasser mit ordnendem Überblick geraderückt; Heine aber, mit der für ihn typischen ›widersprüchlichen‹ Deutung, ist dem verdienten Germanisten Sengle nicht nur vom zugemessenen Textanteil her das größte Problem, sondern der Modellfall für parteiliche Inanspruchnahme und Partikularisierungen eines Autors aufgrund eines offenbar ambivalenten Werks. Gegen Sengles emotionalen Mittelpunkt der Biedermeierzeit, Eduard Mörike, hatte hingegen Georg Lukács bereits 1935 innerhalb der sozialistischen Tradition gerade Heine ausgespielt. Am Schluß seiner Betrachtung »Heinrich Heine als nationaler Dichter« resümiert er die negative Sonderstellung Heines durch die »deutsche Reaktion«, macht durch seine Emphase aber zugleich unausgesprochen auf die Sonderstellung auch im – ebenfalls kämpferischen – Lager der positiven Heine-Rezeption aufmerksam: »Es ist kein Zufall, daß Heine im so denkmalsüchtigen Deutschland – trotz seiner Popularität – niemals ein öffentliches Denkmal erhalten konnte. Und die reaktionäre Literaturgeschichte war stets bemüht, dem größten deutschen Dichter seit Goethe seine episodische Rolle anzuweisen und, im Vergleich zu ihm, niedliche Zwerge, wie zum Beispiel Mörike, an seine Stelle zu setzen.« Heines Sonderstellung als deutscher Dichter und Publizist, seine nach wie vor wahrgenommene Funktion als »Streitobjekt« (J. Hermand) in germanistischen Fachkreisen wie in der breiten Öffentlichkeit, hängen bekanntlich mit verschiedensten Gründen zusammen, deren eher einheitliche Tradierung im Lager der Gegner einer durchaus diffusen Wertschätzung des Autors bei seinen Freunden gegenübersteht. Die Streitpunkte liegen zumeist im emotional-ideologischen Bereich, selbst wenn es sich um ästhetische Fragen zu handeln scheint: Heines Judentum, seine Emigration, sein politisches Engagement, seine vernichtenden Personalsatiren, seine Sprache samt den ironischen und humoristischen Ingredienzien sind entweder Gründe für eine radikale Ablehnung oder aber für Differenzen unter jenen, die sich als seine »Befürworter« verstehen. Die Kontroversen haben sich von jeher besonders auf dem Felde: Heine und Deutschland oder »Heinrich Heine und die Deutschen« (E. Mende) durchgehalten. Dabei muß erstaunen, daß man gewohnt und bereit war und ist, von der Literatur wie ihren Verfassern Korrekturen, Bloßstellungen und harte Charakteristiken Deutschlands und der Deutschen hinzunehmen, daß man eben diese kritische Funktion Heine aber auf immer übelnimmt oder sie andererseits zum alleinseligmachenden Dogma erklärt. Die Wahrheit der Auslegung liegt ganz gewiß nicht in diesen beiden Extremen, aber sicherlich auch nicht in der Mitte, sie ist text- und situationsbezogen und die Suche nach ihr fordert stets von neuem den Interpreten, freilich mit seinen je eigenen historischen und hermeneutischen Vorgaben wie Interessen, heraus.

Das mittlerweile zum Gemeinplatz gewordene Diktum: »Kein Dichter ist im deutschsprachigen Raum so umstritten wie Heine« (Hans-Georg Werner) findet seine Voraussetzung in Fakten und deren Folgen, wie sie sich als historische Bedingungen und persönliche Zufälle aus der Biographie Heines und ihrer Zeitverflochtenheit ergeben.

Selbst das bis heute nicht definitiv gelöste Rätsel um Heines Geburtsdatum spiegelt seine Außenseiterposition wider, weil wir bei jedem Düsseldorfer Neugeborenen jener Jahre, sofern er katholisch oder protestantischen Bekenntnisses war, wenigstens das Taufdatum den »Gülich- und Bergischen wöchentlichen Nachrichten« entnehmen könnten. Heines Geburt fand für die damalige Öffentlichkeit sozusagen nicht statt. Die gestörte Kommunikation mit seinem deutschen Publikum, dessen Urteilen, Vorurteilen und entsprechenden Voraussetzungen er sich später als Autor auszusetzen hatte, hat darin ihren ersten symbolischen Ausdruck.

Die historischen Bedingungen seiner Herkunft und Zeit sowie die ›Zufälligkeit‹ seiner Geburt, die er im 6. Kapitel der berühmten Düsseldorf-Passage aus dem »Buch Le Grand« mit witzig-sentimentaler Leichtigkeit selbst anspricht, behalten samt seiner wirklich einmaligen Rezeption bei aller gebotenen wissenschaftlichen Sachlichkeit und Neutralität und ohne jeden Mystizismus, aber gerade auch trotz aller vorhandenen vernünftigen Erklärungs- und Sondierungsversuche – was ihren deutschen Kontext betrifft – rätselhafte Züge. Es handelt sich geradezu um ein Faktum mit Mysteriencharakter (insofern hier nur, theologisch gesprochen, das mysterium iniquitatis als Verständnishilfe herangezogen werden kann), weil Heines Geschichte als Deutscher mit Deutschland und den Deutschen in den Grauzonen ihrer Unerklärbarkeit am Ende auch immer wieder auf jenes Problem zurückweist, wie er es selbst häufig thematisiert hat: nämlich die unentrinnbare Verknüpfung mit dem Schicksal der jüdischen »Märtyrer, die der Welt einen Gott und eine Moral gegeben, und auf allen Schlachtfeldern des Gedankens gekämpft und gelitten haben« (»Geständnisse«). Darum wird aus dem treuen Hofnarren des deutschen Volkes Kunz von der Rosen, wie Heine sich am Ende der »Englischen Fragmente« und damit zum Abschluß seiner deutschen Zeit charakterisiert, jene »Lazarus«-Figur der letzten Jahre in Paris, die weit über nationale und religiöse Grenzen hinweg in den Bereich der Archetypen für menschliches Verhalten und Leiden überhaupt vordringt. Mit anderen Worten bedeutet also das angesprochene Mysterium auch, daß wir zwar »die Wunde Heine«, von der Theodor W. Adorno 1956 gesprochen hat, diagnostizieren, aber nicht heilen können. Darüber hinaus ist zu bedenken, daß es sich um eine »Wunde«, stellvertretend für viele andere, handelt.

Ein deutscher Autor und sein deutsches Publikum (nach Heine)

Das Vorfeld unserer Überlegungen zu Heine als deutschem Autor samt seinem Verhältnis zum deutschen Publikum sollte nur die existentielle Tiefenstruktur seiner oftmals unerklärlichen Rolle als Stein des Anstoßes in Erinnerung rufen, nicht aber selbst schon zur Märtyrer-Verehrung geraten. Im Gegenteil: Es muß gerade bei einem Autor wie Heine, dessen Wertschätzung wie Ablehnung aus verschiedensten Quellen gespeist wird, erlaubt sein, um so kritischere Werkuntersuchungen mit Blick auf eine spezielle Problematik anzustellen. Die unser Thema treffenden Fragen, die ihre Antwort aus Heines eigenen Äußerungen beziehen sollen, können den Horizont seiner Arbeitsbedingungen und seines Selbstverständnisses abstecken. Sie lauten: Was ist deutsch? Was ist ein deutscher Dichter? Wodurch ist das deutsche Publikum zu charakterisieren?

Wir wollen nur einige Hinweise zusammentragen, um so zugleich auf die Bedeutungsverschiebungen und damit zusammenhängende Entwicklungen des Dichters aufmerksam zu machen. Es mag ungerecht erscheinen, ist aber dennoch aufschlußreich, einen ganz frühen, von Heine der Öffentlichkeit vorenthaltenen Text heranzuziehen, in dem er durchaus einer literarischen Nationalismus-Tradition folgt:

»Deutschlands Ruhm will ich besingen.
Höret meinen schönsten Sang!
Höher will mein Geist sich schwingen,
Mich durchbebet Wonnedrang.«

lautet die 1. Strophe eines 1815 nach der Schlacht von Waterloo entstandenen und 1829 unautorisiert publizierten sehr ernst gemeinten 24strophigen Lobgesangs auf das befreite Vaterland und auf die deutschen Frauen. Bereits in diesem Text zeigt sich, daß die Bemerkung in einer neueren Untersuchung zur Wortgeschichte des Wortes »Deutsch« auch bei Heine selbst zutrifft: »Die Anwendungsmöglichkeiten und Gebrauchsweisen des Wortes ›deutsch‹ sind offenbar weit gestreut und wandelbar; die Bezüge, die von ihm vermittelt werden, sind grundverschieden; die Handlungs-›Kontexte‹ differieren auffallend« (K.-H. Roth). Im frühen »Deutschland« Gedicht ist das Feld des Wortes »deutsch« besetzt mit Begriffen wie »fromm«, »heilig«,

»rein«, »stark«, »herrlich«, »schön«, »traulich«, »alt«, »bieder«, »froh«, »liebevoll«, »sanft«, »festlich«, was die adjektivischen Entsprechungen angeht, während die Substantive ebenfalls aus dem ethisch, ästhetisch und elementar positiven Bereich stammen: »Tugend«, »Glauben«, »Himmelsseligkeit«, »Sonne«, »Eiche«, »Freude«, »Blüten«, »Alles Gute«, »Glück«, »Sitte«, »Heldenmut«, »Löwen«, »Liebe«, »Stärke«, »Menschlichkeit«, »Minne«, »Sängerlust«, »Heldenbrust«, »Macht«, »Blumen«, »Geschmeide«, »Himmels Engel«, »Zauber« sind die von Heine in diesem frühen »Zeitgedicht« verwendeten Metaphern für die Vorzüge und den Segen seines »Vaterlands«. Daß der Begriff »deutsch« in der Folge gerade durch Heine auch negative Bedeutungsinhalte erfahren hat, die dem Dichter selbst übel ausgelegt wurden, ist allzu bekannt und zu einem leichtfertig tradierten Vorurteil geworden. Wenige Beispiele mögen als Stationen der Wortverwendung genügen und zeigen, daß dabei auch die ursprünglich positive Wertung nicht zu kurz kam. Im 3. Buch der »Romantischen Schule« von 1836 behandelt Heine Arnims und Brentanos Liedersammlung »Des Knaben Wunderhorn«, das »die holdseligsten Blüten des deutschen Geistes« enthält und »das deutsche Volk von einer liebenswürdigen Seite« zeigt. Anspielungen auf ein »Heimweh« angesichts des Titelblattes der Sammlung, auf den sonderbaren »Zauber« der Volkslieder, die man nicht künstlich nachahmen kann, münden in der poetischen Interpretation des »Wunderhorn«-Bandes, die auch darüber, wie Heine innerhalb der Darstellung der deutschen Literaturgeschichte das Wort »deutsch« verstehen wollte, Auskunft gibt: »In diesen Liedern fühlt man den Herzschlag des deutschen Volks. Hier offenbart sich all seine düstere Heiterkeit, all seine närrische Vernunft. Hier trommelt der deutsche Zorn, hier pfeift der deutsche Spott, hier küßt die deutsche Liebe. Hier perlt der echt deutsche Wein und die echt deutsche Träne. Letztere ist manchmal doch noch köstlicher als ersterer; es ist viel Eisen und Salz darin. Welche Naivität in der Treue! In der Untreue, welche Ehrlichkeit.« Heines Stil bindet hier Gegensätze aneinander und zählt die Motive des tradierten Deutschlandbildes auf: Herz, Zorn, Spott, Liebe, Wein, Träne, Treue und Ehrlichkeit als Signale von Sentiment und Lebenstiefe korrespondieren dem in sich schon kontradiktorischen Paar: düstere Heiterkeit und närrische Vernunft. Die Register der Walzel- und Briegleb-Ausgaben sind voll mit zahlreichen weiteren Verweisen auf »Deutschland«-Stellen bei Heine und damit zusammenhängende Ableitungen, wobei selbstverständlich der stilisierte Gegensatz zwischen dem ernsten deutschen Wesen und der leichten französischen Lebensart von besonderer Signifikanz ist: den »frivolen Esprit«, betont Heine etwa im Zueignungsbrief seiner »Lutezia« an den Fürsten Pückler-Muskau im Jahre 1854, könnten »unsre kerndeutschen, ich möchte sagen eicheldeutschen Landsleute« nur ablehnen. Ohne im einzelnen die typischen Eigenschaften, die mit dem Worte »deutsch« bei Heine verknüpft sind, auszubreiten, kann so viel gesagt werden, daß natürlich die Einbettung des Bedeutungsgehaltes in die Genese seiner mit der »Deutschland«-Problematik besonders befaßten Werke, die erst im folgenden Schritt unserer Überlegungen in den Blick kommen sollen, nicht unberücksichtigt bleiben darf. Dem frühen Zeitgedicht »Deutschland« können in dieser Beziehung aufschlußreiche Beispiele aus der Abteilung »Zeitgedichte« in den »Neuen Gedichten« von 1844 gegenübergestellt werden. Ein kurzer Blick belegt die unter gleichbleibender Sprache und Metaphernverwendung radikal gewandelte Auffassung, ein Vorgang, der für den Bereich der religiösen Sprache beispielsweise in der Faust-Parodie der 2. »Bergidylle« aus der »Harzreise« von Heine selbst als individuelle »Umpolung von Wörtern« exemplarisch vorgeführt wurde.

Aus dem Gedicht »Zur Beruhigung« sind uns die Charakteristika »gemütlich«, »brav«, »gesund«, »treu« und »fromm« für das »Land der Eichen und Linden« selbstverständlich als sarkastische Umschreibung der politischen Tatenlosigkeit bekannt. Der höhnische Schluß heißt denn auch:

»Deutschland, die fromme Kinderstube,
Ist keine römische Mördergrube.«

In den »Nachtgedanken«, deren erste Zeilen zu den im politischen Kontext meistzitierten Versen gehören, obwohl die Wirkung des Gedichts aus der Verquickung des Privaten mit dem Öffentlichen und aus der Relation von Vaterland und Mutter lebt, lautet die auf deutsche Verhältnisse zielende Strophe:

»Deutschland hat ewigen Bestand,
Es ist ein kerngesundes Land,
Mit seinen Eichen, seinen Linden
Werd ich es immer wiederfinden«.

Die Symbolkraft der ›deutschen‹ Bäume, die ansatzweise Beschwörung einer Eichendorffschen romantischen Landschafts- und Waldessehnsucht sind freilich Distanz schaffende Kontraste zu den »Tränen« und »deutschen Sorgen« des Autors. Erst das Tageslicht ist wieder »französisch« und »heiter«. Das Gefühl des im Pariser Exil lebenden Dichters für die Heimat entspricht eben doch dem Verhalten der Heimat ihm gegenüber, so daß endlich die Fremde zum Zuhause, zum ›Possessivum‹ werden kann:

»Es kommt mein (!) Weib, schön wie der Morgen,
Und lächelt fort die deutschen Sorgen.«

Angesichts dieser mit dem Wort »deutsch« verknüpften Bedeutungen wird verständlich, mit welcher Emotionalität dann der Beruf des deutschen Dichters versehen ist. Einen Vorgeschmack verleiht das 13. Gedicht der »Heimkehr« aus dem »Buch der Lieder«: Heine ist »ein deutscher Dichter«, »Bekannt im deutschen Land«, gehört unter »die besten Namen« und repräsentiert »die schlimmsten Schmerzen«. Dieses petrarkistische Spiel mit der unglücklichen Liebe verweist allerdings auf die bereits angesprochene Zerrissenheit, verweist vor allem aber auf Heines immer deutlicher bewußt gewordenes gebrochenes Verhältnis zu den deutschen Umständen: aus Gründen seiner jüdischen Herkunft einerseits, aus Gründen seines politisch ›fortschrittlichen‹ Bewußtseins andererseits.

Das Hauptmerkmal jeglicher Literatur ist das sprachliche Umfeld, aus dem sie erwachsen und das eben auch in Übersetzungen nicht bis ins Letzte mitzuteilen ist. Heine weist in der separat gedruckten Vorrede zum 3. Teil des »Salon« mit dem Titel »Über den Denunzianten« von 1837 auf seine Not als Exilschriftsteller hin, dessen »ganze Schriftstellerei« aufgrund des Bundestagsbeschlusses gegen das Junge Deutschland »mit dem Interdikte belegt ward«. Heine schreibt: »Ich weinte wie ein Kind! Ich hatte mir so viel Mühe gegeben mit der deutschen Sprache, mit dem Akkusativ und Dativ, ich wußte die Worte so schön an einander zu reihen, wie Perl an Perl, ich fand schon Vergnügen an dieser Beschäftigung, sie verkürzte mir die langen Winterabende des Exils, ja, wenn ich deutsch schrieb, so konnte ich mir einbilden, ich sei in der Heimat, bei der Mutter ... Und nun ward mir das Schreiben verboten!« Analoge Erfahrungen der »Emigration als Grenzsituation«, wie es in der Joseph-Roth-Biographie von David Bronsen heißt, wurden im 20. Jahrhundert auf grausamste Weise zu einem Phänomen, das zwar in der germanistischen Exilforschung aufgearbeitet wird, vor dem sie aber im Grunde ähnlich hilf- und sprachlos dastehen muß, wie die Heine-Forschung vor einigen der eben erwähnten ›Rätsel‹ oder ›Mysterien‹. Als Heine am Ende seines Lebens eine Summe ziehen wollte, holte er in rhetorischer Großartigkeit aus. Er, der sich in der »Romantischen Schule« in Andeutungen als Nachfolger des Vorläufers oder »Johannes« Lessing, nämlich als der zu erwartende Messias der »Vernunftreligion« zu erkennen gegeben hatte, spielte die in seiner Kindheit angeblich erwogenen Pläne durch, er solle katholischer Geistlicher werden und nach Rom gehen. Die Stufenleiter der Hierarchie, die er bis zur Spitze, zum Amt des Stellvertreters Christi auf Erden, emporsteigt, stürzt dann angesichts der »Lazarus«-Realität in Paris einfach um und ins Nichts. Das ist genau die Nahtstelle, an der der »Memoiren«-Text mit den »Geständnissen« zusammenhängt, wie in der jüngsten Forschung unter Ablehnung aller »Memoiren«-Legenden mit guten Argumenten gezeigt wird (M. Werner u. G. Heinemann). Der imaginative Höhepunkt der »Geständnisse«, Heines Papsttum, steht dem realistischen »Nichts« gegenüber, das allerdings trotzdem enorm viel beinhaltet: »Ich habe es, wie die Leute sagen, auf dieser schönen Erde zu nichts gebracht. Es ist nichts aus mir geworden, nichts als ein Dichter.« Daß der leere Raum innerhalb der bürgerlichen Laufbahn durch das Dichtertum belegt wird, ist die Umschreibung der landläufig als brotlose Kunst bezeichneten Literatur, aus deren Mißachtung oder Nichtbeachtung Heine sich wieder herauskatapultiert, indem er die eigene Leistung auf eine andere, höhere Ebene als die der bürgerlich-hierarchischen Ordnung transponiert: »Nein, ich will keiner heuchlerischen Demut mich hingebend, diesen Namen geringschätzen. Man ist viel, wenn man ein Dichter ist, und gar wenn man ein großer lyrischer Dichter ist in Deutschland, unter dem Volke, das in zwei Dingen, in der Philosophie und im Liede, alle andern Nationen überflügelt hat.«

Damit hat Heine seine in der deutschen Literatur erreichte Position beschrieben, die gewiß durchaus einen »ironischen Subjektivismus« einschließt und voraussetzt, von dem Lukács spricht und weswegen von ihm Heine gegen die nationalen Kritiker als der »am meisten deutsche Dichter des 19. Jahrhunderts« apostrophiert wird. Heinrich Heine konnte diese Stellung in der deutschen Literatur trotz aller äußeren Widerstände natürlich nur durch sein Publikum erringen. Was die Wirkung auf und die Behandlung des Publikums angeht, stellt er mit Sicherheit einen der findigsten und psychologisch feinfühligsten Autoren dar, dessen gezielte »Imagepflege«, wie seine »Presselenkung zur Propagierung seines Persönlichkeitsbildes« genannt wurde (Michael Werner), Strategien des modernen Verlagsmanagements vorwegnimmt. Heine hat selbst die für französische Leser bestimmten Schriften über Deutschland mit Blick auf das deutsche Publikum und fast ohne Ausnahme ursprünglich auf Deutsch verfaßt, so daß Karl Gutzkow sogar folgern konnte: »Alles, was er in den französischen Wind spricht, ist immer auf uns berechnet, denen er den Rücken zukehrt.« Heines rhetorisch-stilistische Kunst, sich mit dem Publikum, zumal dem deutschen Leser, durch eine direkte Ansprache zu verständigen, ist wie überhaupt die vielschichtige Autor-Publikum-Beziehung bei Heine mit ihrer jeweils ›exoterischen‹ oder ›esoterischen‹ Struktur Gegenstand größerer Untersuchungen gewesen (U. Lehmann).

Es wäre beim deutsch schreibenden Autor Heine, dessen Schriften in Deutschland erschienen und von deutschen Lesern rezensiert und gekauft wurden, eine Unterstellung anzunehmen, daß er sich an »sein Publikum« nicht wirklich, wie er es im Nachwort zum »Romanzero« von 1851 sagt, »am Ende« gewöhnt hat, »als wäre es ein vernünftiges Wesen«. Tatsächlich sind die Deutschen mit jenen beim Begriff »deutsch« bereits ins Feld geführten Synonymen ein »schwerfälliges« (»Über den Denunzianten«) Publikum, aber er bleibt doch stets einer der ihren. In der »Retrospektiven Aufklärung« im 2. Teil der »Lutezia« steht das Glanzstück der Begründung seiner Treue zur deutschen Staatsbürgerschaft: »Es wäre für mich ein entsetzlicher, wahnsinniger Gedanke, wenn ich mir sagen müßte, ich sei ein deutscher Poet und zugleich ein naturalisierter Franzose«. Ein deutscher Dichter zu sein bedeutet für ihn eine quasi-religiöse Berufung für ein deutsches Publikum. Dafür spricht sein Vergleich mit dem Propheten Amos wie mit Luther in der Vorrede zum 1. »Salon«-Band von 1833. Der »träumende Deutsche« (»Aufzeichnungen«) bleibt einer der Voraussetzungen für die Aufnahme seiner Poesie. Dafür akzeptiert Heine selbst den deutschen »Biedermann« (»Neue Gedichte«: »Romanzen« V) und die oftmals komische Ernsthaftigkeit. Bei der Besprechung Achim von Arnims heißt es in der »Romantischen Schule«: »Ein lebendiger Deutscher ist schon ein hinlänglich ernsthaftes Geschöpf, und nun erst ein toter Deutscher!« Heines Ironie kann durchaus viel Familiäres an sich haben. Sein Witz entstammt solcher Familiarität mit seinen Schriftstellerkollegen, seinen Lesern, aber auch mit dem Leben und dem Tod lange vor der eigentlichen »Matratzengruft«. Diese Form des familiären Umgangs mit dem Publikum prägt umgekehrt die Wirkung Heines bis heute. Ein Artikel aus dem westdeutsch-rheinischen Untergrund konnte deshalb, sich in vertraulicher Solidarität mit Heine wähnend, mit kritischem Biß gegen die offiziellen Feierlichkeiten aus Anlaß seines 125. Todestages im Februar 1981 überschrieben sein: »Nur ein toter Heine ist ein guter Heine«. Damit ist freilich die Achillesferse jeder sogenannten Wiedergutmachung getroffen, die bei uns Deutschen nicht nur im Falle Heines zu einem Trauma geworden ist.

Das Problem »Deutschland« als literarisches Sujet

Heines Ökonomie der Werkkomposition verdient in einem nun in Angriff zu nehmenden kurzen Versuch unter dem Aspekt unseres Themas gleichfalls einige Hinweise; denn »Deutschland« inklusive aller damit gekoppelten Nebenlinien hat als literarisches Sujet bei Heine immer eine Rolle gespielt. »Deutschland« war nicht nur sein frühestes, eben besprochenes Zeitgedicht überschrieben, sondern auch das »Wintermärchen«, das zu den wenigen »klassisch« zu nennenden »Deutschland«-Dichtungen (Hans Kaufmann) der Literaturgeschichte gehört, lautet eigentlich genauso und hat den Shakespearischen Untertitel in Parallele zu dem des Versepos »Atta Troll. Ein Sommernachtstraum« als symbolistische Erklärung der Hauptüberschrift. Daß vor einigen Jahren der Streit um Heine durch eine aggressive, einer vorgeblichen Entmythologisierung dienende Komponente erweitert wurde, die diesen Titel parodiert, indem sich der Essay »Heine. Ein deutsches Märchen« nannte (F. J. Raddatz), zeigt unter anderm die Nachwirkung gerade des »Deutschland«-Epos, das allerdings weit über diese germanistisch-feuilletonistische Arbeit hinaus (z. B. bei Wolf Biermann) auch in einem ganz speziellen Sinn literarisch fortlebt.

Heine und sein Verleger Julius Campe waren darauf bedacht, die sinnvolle Ordnung der Heineschen Produktion augenfällig werden zu lassen. Für Campe bilden Heines Titel schon nach wenigen Jahren eine harmonische Einheit; sie sind für ihn »wie die Glieder einer Familie« (an Heine, 23. 10. 1835). Was von der äußerst bewußt organisierten »Episodik und Werkeinheit« bei Heine festgestellt wurde (D. Möller), läßt sich eben auch auf das Gesamtwerk übertragen, wo in den einzelnen Sammlungen: »Reisebilder«, »Salon«, »Vermischte Schriften« und den drei Gedichtbänden »Buch der Lieder«, »Neue Gedichte« und »Romanzero« Themen- und Formkomplexe einander entsprechen und als Gesamtheit Zeugnis ablegen vom künstlerischen Reflex der Heineschen Lebensgliederung wie -problematik. So entsprechen etwa den »Nordsee«-Teilen der »Reisebilder« als südlicher Fluchtpunkt die »Italien«-Stücke, den Schriften über deutsche Religion, Philosophie und Literatur die Darstellungen über Malerei, Politik und Theater in Frankreich. Die jüdische Thematik, wie sie im »Rabbi von Bacherach« und dem »Romanzero« (»Hebräische Melodien«) ungeteilte Gestalt gewinnt, durchzieht von früh an sein Werk in atemholender Bewegung (vgl. L. Rosenthal).

Werke mit besonderen »Deutschland«-Schwerpunkten bilden die »Reisebilder«, die Schriften »Zur Geschichte der Religion und Philosophie in Deutschland«, die »Romantische Schule«, aber auch seine Denkschrift über Ludwig Börne, die später von den mythologischen Schriften und der eigenen Positionsbestimmung in den »Geständnissen« flankiert werden, vor allem aber die »Neuen Gedichte« und »Deutschland. Ein Wintermärchen«, in denen Heines Darstellung des »Anachronismus der deutschen Zustände im Vergleich zur bürgerlichen Entwicklung in Westeuropa« kulminiert, wie Lukács, sich auf den jungen Marx der »Deutsch-Französischen Jahrbücher« stützend, seinerseits die »Diskontinuität der Literaturentwicklung« in Deutschland beschreibt.

Für Einzeluntersuchungen, an denen es nach dem vergangenen guten Jahrzehnt eines wahren Heine-Booms auch gar nicht mangelt, ist hier nicht der Ort. Betont werden muß allerdings, daß die »Deutschland«-Problematik, Heines Selbstverständnis als deutscher Autor und seine Sicht der Deutschen die Folie bilden, vor der seine Eindrücke der Reisen nach Polen, England und Italien, aber auch die Erfahrungen in Frankreich erst ihre Resonanz entfalten können. Heine ist, wie er am 12. Oktober 1850 nach der Lektüre von Heinrich Laubes Bänden über »Das erste deutsche Parlament« seinem alten, ehemals liberalen Weggefährten voller Entrüstung schreibt, »zu sehr Deutscher«, um seinen »verschimmelten Ärger« über Laubes Verrat der »revolutionairen Parthei« nicht Luft zu machen. Heine ist in der Tat immer »zu sehr Deutscher« gewesen und geblieben. Gerade Laube hatte wenige Jahre vorher nach Falschmeldungen über Heines Tod in einem verfrühten Nekrolog auf Heine vom 6. August 1846 ausgeführt, welchen Anwalt die Deutschen im Heine der Pariser Jahre besaßen: »Ja, die er in deutscher Sprache oft so bitterlich verspottet, indem er nur den Zopf derselben, den dicken und steifen und langen, ins Auge faßte, deutsche Wissenschaft und Kunst und Sitte vertrat er, ein gefürchteter Gladiator, gegen jedes herausfordernde Lächeln der Franzosen, vertrat er wie eine Herzensangelegenheit mit jenem blitzenden Geiste, welcher ihm nur eigen war, und in welchem ihm selbst jene begabten Franzosen die eigentümliche Überlegenheit einräumen mußten. Nie vielleicht ist deutsches Interesse so eigentümlich und so schmetternd verteidigt worden als von Heine in solchen Kämpfen; ich sage, so eigentümlich, denn die Franzosen wissen heute noch nicht, welch eine nationale Form des Geistes aus diesem Manne wetterte, den sie doch so gern für einen adoptierten Franzosen ausgaben. Die tiefer Blickenden erkannten gar wohl, daß hier nicht bloß von angeeignetem französischen Esprit die Rede sein könne, und daß es sich vielmehr um eine Verbindung von Eigenschaften handle, die nicht in ihrer, nicht in unserer Nation ausschließlich zu finden sei, und Heine selbst ließ ihnen, wie höflich er auch sonst war, er ließ ihnen bei solchen Gelegenheiten nicht den geringsten Zweifel übrig, daß er kein Franzose, sondern ein im letzten Grunde vollkommen deutsches Menschenkind sei.« Dieses lange Laube-Zitat, das nicht frei ist von nationalen Ressentiments bei eigener Okkupation Heines, rechtfertigt sich dennoch aus der darin enthaltenen Interpretation des Heineschen Selbstverständnisses und seiner persönlichen Wirkung, wie sie auch in seinen Deutschland-Passagen zum Ausdruck kommen: Angriff und Spott entspringen nämlich der Kritik an Zuständen, die jener geistig-humanen Welt widerstreiten, die als deutsches Erbe empfunden wird und der die Liebe und Verehrung des Autors gehört, eine Erfahrung, die Schriftsteller mit ähnlichen politischen und persönlichen Voraussetzungen wie Heine im 20. Jahrhundert ebenso schmerzlich haben machen müssen. Deshalb gehören zu den meistzitierten Zeilen der Emigranten während des 3. Reiches außer solchen aus dem »Wintermärchen« jene berühmten Anfangsverse seiner »Nachtgedanken«:

»Denk ich an Deutschland in der Nacht,
Dann bin ich um den Schlaf gebracht«.

Ausführungen über Heines »verhaltene Deutschlandliebe« sind deshalb zu Recht mit der 1. Zeile der letzten Strophe seines Gedichts »O Deutschland, meine ferne Liebe« (»Anno 1839«) aus den »Neuen Gedichten« überschrieben worden: »Dem Dichter war so wohl daheime« (G. Benda). Daß Heine für schlichte Schwarzweißmalerei besonders im Bereich der Deutschlandkritik ein viel zu differenzierter Schriftsteller ist, kann sein bekanntes Resümee der Betrachtungen des Schicksals deutscher Auswanderer aus Schwaben in Verbindung mit seiner Rahel-Lektüre offenbar machen: »Deutschland, das sind wir selber.« (Vorrede zu Salon I). Hier drückt sich eine untrennbare Mischung von anhänglichem Gemüt und intellektueller Verantwortung aus, die jeder Form der Vermittlung von einer sogenannten Staatsbürgerkunde bestens anstünde, weil die Selbständigkeit der Kritik dem selbsttätigen Bewußtsein entspringt und die ethisch relevante Aktivität nach sich zieht. Insofern ist der Mensch als zoon politikon in der Tat eine Einheit und trifft Heines Bemerkung in den »Englischen Fragmenten« zu: »Wie wir unsere Mutter lieben, so lieben wir auch den Boden, worauf wir geboren sind, so lieben wir die Blumen, den Duft, die Sprache und die Menschen, die aus diesem Boden hervorgeblüht sind«. Das ist ein existenzieller Nationalismus und Patriotismus, der eben nicht nationalistische Blut- und Bodentheorien vorwegnimmt, sondern emotionale und intellektuelle Solidarität bei Wahrung der individuellen Rechte voraussetzt.

Das deutsche Publikum und sein Autor Heine

Im letzten Teil unserer Ausführungen scheint es geboten, das Thema entsprechend dem Anfang noch einmal umzukehren und nach dem Verhältnis des deutschen Publikums zu seinem Autor Heine zu fragen. Auch darüber haben sich, wie gesagt, zahlreiche Heine-Forscher bereits die Köpfe zerbrochen und gibt die gegenwärtige Publizistik reichliche und standardisierte Auskünfte, wobei die Anteilnahme der Presse an Heine eigentlich dem ständigen Vorwurf, die Deutschen hätten mit ihm »seit je ihre Mühe«, widerspricht. Aber gerade auf diesem Gebiet der Heineschen Wirkung bleibt der anfangs betonte unauflösbare Rest hinter allen Statistiken und Argumenten bestehen. Ein »entdornter Heine« (G. Häntzschel) hat immerhin in den Anthologien des 19. Jahrhunderts fortleben können. Die wissenschaftliche bzw. literarische Heine-Rezeption selbst stellt sich aber beim oberflächlichen Zugriff auf weite Strecken als ein hoffnungslos unangenehmes Feld der Ablehnung und Beschimpfung oder auch der parteilichen, oft ebenfalls unerträglichen Vereinnahmungen dar. Namen wie Pfizer, Treitschke, Bartels, Karl Kraus, Walter Muschg auf der gegnerischen Seite stehen denen von ›Anhängern‹ wie Laube, Nietzsche, Thomas und Heinrich Mann bis zu Martin Walser mit seinem bemerkenswerten Essay »Heines Tränen« aus Anlaß der Verleihung der Heine-Plakette der Heine-Gesellschaft Anfang 1981 gegenüber.

Wir können die Streitfragen nach der Berechtigung seiner Stellung als Lyriker neben Goethe beiseite lassen, die beispielsweise auch nach dem 2. Weltkrieg noch in germanistischen Standardwerken angeschnitten wurde. Seine literarhistorische Position in Deutschland wurde unter dem Titel »Aspekte seiner Wirkung im 19. Jahrhundert« (H. Koopmann) untersucht oder vorher als »Der Streit um Heinrich Heine. Darstellung und Kritik der bisherigen Heine-Wertung (E. Schmohl) analysiert. Arbeiten über »Heinrich Heine im Widerstreit der Meinungen« oder »Zur Wirkung von Heines literarischem Werk« bilden neben den Forschungsberichten und Materialsammlungen zu seiner Wirkungsgeschichte einen reichlichen Fundus für Beobachtungen zum Verhältnis des deutschen Publikums zu Heine. Dennoch sind diese quellenmäßigen Verlautbarungen, ob negativ oder positiv, immer nur Einzelstimmen, die gewiß in vielem symptomatisch sind, in manchem aber von der schweigenden Mehrheit – sofern es sich um Verteufelungen Heines handelt – nicht durchweg geteilt werden, nicht nur aus Desinteresse, sondern als Folge jener humanen Traditionen, für die auch stets deutsche Namen und Eigenschaften gestanden haben. Leider, so muß gesagt werden, gilt Analoges auch für die andere Seite der Heine-Kritik: nicht jedes Schweigen angesichts von Heine-Ehrungen läßt auf Beifall schließen.

Wenn aber Heinrich Mann 1929 von der eigenen wie den vorausgegangenen Generationen behaupten konnte, sie seien mit Heines Gedichten »aufgewachsen«; Heine sei »das vorweggenommene Beispiel des modernen Menschen«, er habe »die uns gewohnte Geisteshaltung« besessen (zit. bei Kleinknecht), zeigt das eine Wirkung an, die selbst im 3. Reich nicht nur unter dem Markenzeichen »Dichter unbekannt« fortgedauert hat. Dafür ist die Erzählung Paul Schallücks über seinen Deutschlehrer, der mit der Klasse während der Nazizeit Heine liest, als wolle er ihn entlarven, ihn aber in Wirklichkeit als Gegengewicht zur faschistischen Umwelt vermittelt, ein überzeugendes Beispiel (aus »Engelbert Reinecke«).

Die Wirkung Heines in Deutschland nach dem 3. Reich, die Aufteilung in den sozialistischen Vorläufer des Kommunismus einerseits und den eher pluralistischen Dichter andererseits innerhalb der beiden deutschen Staaten macht die ererbte »Misere« deutlich, der jede Aufnahme des Heineschen Werks beim deutschen Publikum von jeher anheimgefallen ist. Denn die »deutsche Misère«, die Marx und Engels als Mangelerscheinung und üble Voraussetzung für Dichtung in ihrer Zeit diagnostiziert hatten, ist außer in den weltbekannten Skandalen um Benennungen nach seinem Namen vielfach gebrochen als Übereifer, schlechtes Gewissen, aufgesetzte politische Rechtgläubigkeit und fehlender Mut allenthalben in beiden deutschen Staaten zu greifen. Die wissenschaftliche Beschäftigung mit Heine, wie sie sich in den beiden großen Heine-Ausgaben, dem Heine-Institut, den Publikationen und Reihen ausdrückt, kann teilweise wenigstens in einem neutralen Sinne neben diesen ideologischen Formen der Heine-Renaissance eine Tradition bewahren bzw. begründen, die einem Autor gerecht zu werden versucht, der der ›deutscheste‹ vielleicht eben deswegen ist, weil er keine Ruhe, keine abgeschlossene Feiertagsstimmung gönnt, sondern Nachdenken und Entscheidung fordert, aber auch den ästhetischen Genuß nicht vermissen läßt. Das heutige deutsche Bewußtsein verdankt Heine den Abbau vieler rollenbedingter Tabus, ja ganze Stufen einer lebensnotwendigen Emanzipation auf manchen Gebieten des öffentlichen Lebens. Der Tribut, den man Heine dafür entrichtet, scheint nach den jüngsten Erfahrungen: die mit langen Diskussionen verbundene Akzeptierung eines Heine-Monuments in Düsseldorf, die erfolgreich vermehrte Aufnahme seines Werks durch verschiedenste Aktivitäten – in einer produktiven, breitgestützten Heimholung des Autors in West und Ost und eben nicht nur in offiziellen Bemühungen zu bestehen. Die Fortsetzung dieses Prozesses muß weniger für Heine gewünscht werden als eben für sein deutsches Publikum. Denn zu jenem Vaterland, das man »aus den Augen« verliert und »im Herzen« wiederfindet, wie es in den »Englischen Fragmenten« heißt, gehört er mit seinem Spott und seinem Ernst als unheilbare »Wunde« der deutschen Existenz untrennbar hinzu.

Die ungeheuren Aktivitäten um Heine in Deutschland stellen für manche bereits selbst wieder ein Ärgernis dar. So meinte Peter Wapnewski vor längerem nicht zu Unrecht, es müßte der geforderte Verein »gegen die Überschätzung Hugo von Hofmannsthals« erweitert werden: »etwa auf Lessing, Heine, Karl Kraus, Elias Canetti ... Von Peter Handke nicht zu reden.« Andererseits hat die enorme Beschäftigung mit Heine seit der Studentenrevolution um 1968 im westlichen Deutschland es zustande gebracht, daß mittlerweile sogar mit Stimmen seiner ärgsten Gegner aus dem 3. Reich für ihn bzw. seine Gesamtausgabe im Ullstein-Verlag, die als Übernahme der großen Werkausgabe bei Hanser im Bücherherbst 1981 herauskam, geworben werden kann. Der Werbetext sagt viel aus über Heines heutige Position in der Bundesrepublik (in der DDR gehört er sowieso zu den vordringlich verordneten Klassikern!), so daß er zum Abschluß zitiert werden soll, zumal auch die Problematik der Teilbarkeit des Autors wieder an unseren Ausgangspunkt zurückführt, das in der Anzeige herangezogene Vorurteil Salomon Heines an das erörterte poetische »Nichts« erinnert und alles in allem trotz der zur Schau getragenen marktschreierischen Geschäftstüchtigkeit das Vertrauen auf die Überzeugungskraft eines großen Autors vorwaltet. Überschrieben ist die Anzeige im Fettdruck: »›Ich nenne Heinrich Heine einen Schweinehund.‹ Börries Freiherr von Münchhausen, 1936«. Dann folgt der längere Text: »Jeder hat einen Teil von Heine begriffen; und jeder den, den er begreifen wollte. Für die Nazis war Heine Jude, womit sich jedes weitere Begreifen erübrigt. Heines Onkel Salomon wiederum, hamburgischer Bankier und Millionär, richtete sein Augenmerk vor allem auf des Dichters Unfähigkeit, Geld zu verdienen: ›Hätte der dumme Junge was gelernt, so braucht' er nicht zu schreiben Bücher.‹ Jeder hat einen Teil von Heine begriffen – und hat damit Heine nicht begriffen. Jetzt gibt es Heine für Leser: die von Klaus Briegleb herausgegebene 12bändige Taschenbuch-Gesamtausgabe für nur 120 Mark. Von Ullstein.«

Darunter steht die abschließende, zwar kleiner als das Münchhausen-Zitat, aber ebenfalls fettgedruckte Aufforderung: »Lehnt Heine ruhig ab. Aber lest ihn vorher!« Auch hier scheint mir, liegt eine gewisse schnodderige Familiarität im Umgang mit Heine vor. Ob wir Deutschen es damit nun wirklich so herrlich weit gebracht haben, wie es Heine verdient und den deutschen Lesern nottut, möge eine gute Zukunft zeigen. Der Kauf einer Heine-Ausgabe allein tut es noch nicht und auch eine eventuelle Ablehnung ist nicht allein die Folge einer kritisch-originellen Lektüre, sondern eher das Spiegelbild der deutschen Zustände und eines Publikums, das sich die verlorenen Söhne selber schafft und diese Tatsache am wenigsten den Söhnen, aber im letzten auch sich selber nicht verzeiht.

»Abstecher nach Holland«. Heine und die Niederlande

Die Heineschen Texte über die Niederlande und ihre Bewohner enthalten neben manchem Anerkennenden die berühmten ironischen Spitzen, die das Thema rasch lebendig machen. Heines nur kurze persönliche Berührung mit den Niederlanden setzt einen interessanten biographischen Akzent. Die ständige intensive Rezeption Heines in den Niederlanden überrascht den deutschen Betrachter, ist aber vielleicht auch manchem Niederländer nicht so geläufig. Einige Jahre vor der autorisierten Gesamtausgabe der Werke bei Hoffmann und Campe in Hamburg, die erst nach Heines Tod erschien, hatte man in Amsterdam längst die Heineschen Werke seit 1854 in Raubdrucken zu einer Ausgabe zusammengefaßt. Die literarisch interessierten Niederländer benötigten in der Regel keine Übersetzungen. Dennoch ist die Geschichte der Übertragungen von Heine-Texten ins Niederländische ein aufschlußreiches Kapitel in der sich langsam emanzipierenden niederländischen Literatur des 19. Jahrhunderts. Heine-Übersetzungen haben selbst gegenwärtig in den Niederlanden noch eine gewisse Bedeutung.

Die Forschung hat sich des Themas »Heinrich Heine und die Niederlande« besonders in den 30er Jahren dieses Jahrhunderts angenommen. Bei Oskar Walzel, dem verdienten Heine-Herausgeber, entstand in Bonn die 1930 erschienene Dissertation von Richard Mooren »Heinrich Heine's Wirkung in Holland«. Diese materialreiche und gründliche Arbeit gibt auch heute noch Aufschlüsse über die tiefe Verankerung des Heineschen Werks im literarischen und kulturellen Leben der Niederlande. 1931 widmete sich die freilich oberflächlich und unkonzentriert geschriebene Dissertation von Paul Feitscher in Wien »Heinrich Heines Einfluß auf die niederländische Literatur«. 1938 erschien in Zutphen die bei Scholte in Amsterdam gearbeitete Studie von Pieter Kieft »Heinrich Heine in westeuropäischer Beurteilung. Seine Kritiker in Frankreich, England und Holland«. Der Autor setzt sich gegen den gleichzeitigen Antisemitismus in Deutschland souverän zur Wehr und schließt mit einem Bekenntnis zu Heine, der »ein einmaliger Mensch« gewesen sei. Nach dem 2. Weltkrieg wurde das eigentlich große Heine-Buch, das sich ebenfalls dem Einfluß Heines in der niederländischen Literatur widmete, nicht von niederländischer Seite, sondern von dem Genter Gelehrten Herman Uyttersprot vorgelegt. Sein 1953 erschienenes Werk »Heinrich Heine en ziyn invloed in de Nederlandse letterkunde« versucht ein Gesamtbild Heines zu entwerfen und seinen Einfluß in den Niederlanden, die sich von Belgien auch durch die Art und Weise der Heine-Rezeption prinzipiell unterscheiden, geistvoll abwägend und belesen operierend auszumachen.

Neben diesen speziellen Untersuchungen belegen manche anderen Arbeiten niederländischer Germanisten die Lebendigkeit Heines und das Interesse an ihm. Besonders Léon Polak hat sich um Heine verdient gemacht. Er arbeitete über das »Buch Le Grand« (1922 und 1949) und über Heine und das Judentum. Aus seinem Besitz stammt das Ary Scheffer zugeschriebene mutmaßliche Heine-Portrait, das sich heute im Heinrich-Heine-Institut befindet. Waiswisz interessiert sich 1925 für Heines Verhältnis zum Sozialismus (in: De socialistische Gids, Amsterdam). Jan Hendrik Scholte hat 1948 in einer Sammelrezension »Heine und die Nachkriegswelt« neue Heine-Literatur nach dem Kriege eindringlich besprochen. Das Heine-Jahr 1956 wurde auch in den Niederlanden bedacht. Dafür kann die Tagespresse ein eindrucksvolles Beispiel liefern. Die Beiträge kommen unter anderem von Uyttersprot, Mooren und Polak. Im ertragreichen Aufsatz des Amsterdamer Germanisten Herman Meyer »Das Bild des Holländers in der deutschen Literatur« aus dem Sammelband »Zarte Empirie«, Stuttgart 1963, spielt Heine naturgemäß eine größere Rolle. Der Düsseldorfer Internationale Heine-Kongreß 1972 fand in den Niederlanden eine ausführliche Beachtung. Der Groninger Germanist H. Elema behandelte 1973 das in den Niederlanden beliebte »Buch Le Grand« im Heine-Jahrbuch. 1976 hat Ruth Wolf ihr niederländisches Heine-Buch in Amsterdam veröffentlicht, 1985 erschien eine Heine-Studie von Martin van Amerongen.

Besonders aufschlußreich sind die Beispiele niederländischer Heine-Ausgaben und -Texte, ob in Deutsch oder in der Übertragung. Die frühen Gesamtausgaben machen deutlich, daß Heine in den Niederlanden trotz mancher theologischer Kontroversen integriert war. Die Studentenalmanache vor allem der 60er Jahre des letzten Jahrhunderts spiegeln diese Wirkung und Heines Beliebtheit. Er wurde, wie Bijvank 1886 sagt, als »modern« empfunden. Zwei Jahre früher heißt es in der Zeitschrift »De Gids« (1884): Goethe und Schiller würden bewundert; Heine liebe man, mit Heine sei man vertraut. Wichtig ist die Rezeption bei den Autoren. Es entstand geradezu die Mode, »Heiniaantjes« zu fabrizieren. Namen wie da Costa, Potgieter, Huet, Multatuli, Vosmaer und Kloos stehen für die Wirkung Heines in den Niederlanden und für eine manchmal durchaus kritische Adaption. Ein Beleg für die Auseinandersetzung der niederländischen Literatur mit Heine auch in diesem Jahrhundert ist die »Buch Le Grand«-Ausgabe des Neuromantikers Nico van Suchtelen aus dem Jahre 1918. Daß Heine am Ende des 2. Weltkrieges, gleich nach der Befreiung, einer neuen Zeit Ausdruck verleihen konnte, beweist die bibliophile Ausgabe des »Buchs der Lieder« bei Parnassus in Amsterdam 1944.

Über das engagierte Eintreten der niederländischen Autoren und Forscher für Heine wird man angesichts mancher Heine-Dicta erstaunt sein. Es sind zwar nicht jene bösen Urteile wie über England, das allerdings ebenfalls eine ausgesprochen positive Heine-Rezeption entwickelt hat, doch hätten den national empfindenden Niederländer manche Passagen bei Heine über Land und Leute treffen können. Heine führt allerdings das literarische Erbe eines Holländer-Bildes in der deutschen Literatur fort, das den Philister und die langsamen Treckschuiten herausstreicht. Bereits Goethes »Werther« zielt in diese Richtung. Brentano und Eichendorff heben das holländische Philiströse noch mehr hervor. Heine befindet sich dann durch seine »Memoiren des Herren von Schnabelewopski« und andere Holland-Bemerkungen in bester Gesellschaft mit Immermann (»Münchhausen«) und dessen Düsseldorfer Freund Karl Schnaase, der 1834 »Niederländische Briefe« veröffentlichte. Ludolf Wienbarg hat mit seinem Holland-Buch von 1833 Heines »Reisebilder« imitiert.

Heines Fassung der Sage vom Fliegenden Holländer aus den »Memoiren des Herren von Schnabelewopski« (1834) hat bei Richard Wagners Oper Pate gestanden. Der holländische Kapitän war zu einem »ewigen Juden des Ozeans« geworden, der durch die Treue seiner Frau erlöst wird. Der Trotz dieses Kapitäns ist vergleichsweise harmlos im Verhältnis zur Abgebrühtheit der handelnden Figuren des späten Gedichts »Skavenschiff« (in den »Vermischten Schriften« von 1854), das die Unmenschlichkeit der Sklavenjagd und -ausbeutung und die Gefühllosigkeit des holländischen Superkargo Mynheer van Koek und seines sauberen Genossen, des Schiffsarztes Doktor van der Smissen, anprangert. Der kalte, ruhige Handelscharakter der Holländer war schon in den Briefen aus Helgoland von 1830, die in das

Börne-Buch aufgenommen wurden, ein festes Epitheton. Sein Nachbar, heißt es am 29. Juli, seit »weder Pietist noch Rationalist, sondern ein Holländer, indolent und ausgebuttert wie der Käse, womit er handelt. Nichts kann ihn in Bewegung setzen, er ist das Bild der nüchternsten Ruhe«. Diese Ruhe hatte aber auch Vorteile, beispielsweise für René Descartes, der erst in Holland »eine ganze Philosophie aus reinen Gedanken emporbauen« konnte, wie Heine in seiner »Geschichte der Religion und Philosophie in Deutschland« (1834) schreibt, in Holland, »dem stillen, schweigenden Lande der Trekschuiten und Holländer«.

Eine andere Eigenschaft korrespondiert der Ruhe. Heine weist im gleichen Buch auf den von ihm hoch verehrten Baruch Spinoza hin und erklärt dessen Größe unter anderem folgendermaßen: »Dazu kommt noch die Geduld des Holländers, die sich ebenfalls, wie im Leben, so auch in den Schriften des Mannes, niemals verleugnet hat.« Heines differenzierte Betrachtungsweise und sein politischer Instinkt haben noch weitere Qualitäten der Niederländer anerkannt. Am 13. Februar 1838 schreibt er an seinen Freund Varnhagen von Ense: »ich liebe die Holländer nicht, aber ich habe Achtung für sie, sie haben Charakter, sie besitzen Volkswürde, sie führten die Revoluzion aus, welche die Belgier nur beginnen konnten, und wie einst ihre Republik, so wissen sie auch jetzt ihren König zu vertheidigen.«

Die holländische Eigenschaft war für Heine eng mit jener verwandt, die er in Hamburg kennen, aber nicht schätzen gelernt hatte. In seinen »Göttern im Exil« (1854) spricht er vom Pleonasmus der Wortfügung »der holländische Kaufmann« – »da jeder Holländer Kaufmann ist«. Der pfiffige Gott Merkur ist Kaufmann geworden, »und um es vollständig zu sein, ward er sogar Holländer«. Überhaupt sind in den letzten Lebensjahren einige Boshaftigkeiten über die Niederlande zu verzeichnen. Man braucht nur an die Stelle in den »Memoiren« über die holländische Sprache zu erinnern: an »das Froschgequäke der holländischen Sümpfe«, dem der Düsseldorfer Heimatdialekt freilich ähnelt. Dem »Romanzero« von 1851 verdanken wir aber jene beiden launig tiefsinnigen Gedichte vom »Apollogott« und »Kleinen Volk«. Der ehemalige Rabbi Faibisch aus Amsterdam hat als theatralischer Apollo in Begleitung mehrerer Huren das Herz einer Nonne betört. Und das Lied vom »Kleinen Volk« beschreibt die Brautfahrt einer Maus nach Rotterdam, wo die Braut im »Pißpott« abgeholt wird.

Heines lebendige Darstellung der holländischen Welt lebt aus einer wenn auch noch so kurzen Anschauung und wird ihrerseits stilisiert. Besonders in den »Memoiren des Herren von Schnabelewopski« ist Holland, worauf Herman Meyer hingewiesen hat, in eine porzellanige Vexierwelt verwandelt gemäß dem verbreiteten Wort über die Holländer als »Chinesen von Europa«. Die Anschauung verdankt Heine einem oft hinausgeschobenen, von ihm aber gleich so benannten »Abstecher nach Holland«. Heine spricht davon in seinem Brief aus Norderney vom 14. August 1825 an den Göttinger Studienfreund Ferdinand Oesterley. Das Original des Briefes befindet sich im Heine-Institut. Es heißt dort: »Ende September werde ich nemlich in Lüneburg seyn; 4 Wochen bleib ich hier und mache unterdessen oder nachher einen Abstecher nach Holland«. Dieser holländische Reiseplan konnte aus Geldmangel nicht durchgeführt werden.

Im Jahr darauf will Heine wiederum von Norderney aus nach Holland gehen, verzichtet aber wegen der dort herrschenden Fieberepedemie. Sein Verleger Julius Campe kommentiert diesen zweiten vergeblichen Anlauf in seinem Brief vom 27. September 1826: »Jammerschade daß sie die vierkantigen Holländer nicht besuchten; gewiß bleibt manches ungeboren was die schöne Frucht von diesem Abstecher geworden wäre! Thorheit und Großartiges liegt dort näher wie sonst wo beisammen.« Im Oktober 1826 kommen Heine in Lüneburg Emigrationspläne. Seinem Freund Immermann schreibt er am 14. Oktober: »und was Sie keinem Menschen wiedersagen dürfen, das ist mein Plan, mein wiedergefaßter Plan: Deutschland auf immer zu verlassen, nachdem ich diesen Winter noch einige Zeit in Hamburg verweilt [. . .]. Von da soll es zur See nach Amsterdam gehen und von da nach Paris.« Im Brief an Varnhagen vom 24. Oktober heißt es dann ähnlich: »Ich [. . .] reise von hier wieder nach Hamburg [. . .]. Dort bleib ich bis Frühjahr, reise zur See nach Amsterdam, besehe Holland, und reise von da nach Paris.«

Nach Holland ist Heine tatsächlich aber erst im August 1827 gekommen. Er war achtzehn Wochen in England gewesen, nahm von Ramsgate aus vermutlich den Donnerstag-Dampfer am 16. August nach Rotterdam, wo er 36 Stunden später ankam. Er reiste über Leiden nach Amsterdam. Hier hat er sehr bald ein Schiff nach Norderney genommen, denn dort wird er bereits am 22. August im »Amtsblatt« unter den angekommenen Badegästen aufgeführt. In seinem ersten Brief aus Norderney an den Hamburger Freund Friedrich Merckel heißt es: »Ich hab in Holland viel Spaß gehabt. Doch eilte ich sehr um hierher zu kommen und die Badezeit nicht zu versäumen.« Damit blieb seine Hollandreise wirklich nur ein »Abstecher«. Ähnlich erging es ihm später von Paris aus. Bei der Rückreise nach dem zweiten Hamburg-Besuch im Herbst 1844 machte er in den Niederlanden Station. Er hatte Hamburg am 10. Oktober mit dem holländischen Dampfer »Willem I.« verlassen und reiste über Amsterdam und Den Haag weiter nach Paris, wo er am 16. Oktober eintraf.

Das Thema »Heinrich Heine und die Niederlande« kann innerhalb der Heine-Literatur gewiß kein Hauptinteresse beanspruchen. Es ist aber, wie mir scheinen will, ein lohnender »Abstecher«. Kleine Reisen, der kurze Blick über den Zaun machen häufig in der Tat den größten »Spaß«.

Langsamer Wettlauf: Deutsche Heine-Ausgaben

Der Briefwechsel Heinrich Heines mit seinem Freund und Verleger Julius Campe in Hamburg aus dem letzten, von Krankheit gezeichneten Pariser Jahrzehnt vor seinem Tod im Februar 1856 belegt sehr häufig die geradezu eifersüchtige Vorsorge des Dichters für sein literarisches Lebenswerk. Heine will mit allen noch verfügbaren Kräften und Mitteln zu Lebzeiten eine Gesamtausgabe seiner Werke zustandebringen. Er stellt deshalb beispielsweise eigens im November 1846, Juni 1848 und März 1852 liebevoll und umsichtig für seine poetischen und schriftstellerischen »Kinder« Pläne auf, die genau festlegen, in welcher Gruppierung und Reihenfolge die Texte einander folgen sollen. Er will sogar auf Umfang und Format der auf etwa 20 Bände veranschlagten Gesamtausgabe geachtet wissen, weil er an die Vorlieben seiner Leser und an die Bedürfnisse der Leihbibliotheken denkt. Heine ist sich nämlich aufgrund seiner eigenen modern anmutenden Publikationspraxis bewußt, daß die Nachwirkung von Autoren auf der guten Präsentation und Verbreitung ihrer Werke beruht. Er konnte nicht ahnen, daß bis heute etwa 80 deutsche Heine-Ausgaben, die als Gesamtausgaben oder größere Auswahlausgaben anzusehen sind, existieren.

Durch die Ungunst der Zeit und durch Campes Zögern kam es zu Heines Lebzeiten (abgesehen von den unrechtmäßigen in deutscher Sprache erschienenen Ausgaben im Ausland: wie die amerikanische Heine-Ausgabe, Philadelphia 1855, und die holländische Heine-Ausgabe, Amsterdam und Rotterdam 1854-1861) leider nicht zu einer Werkausgabe. Erst in den Jahren 1861 bis 1866 erscheint die erste rechtmäßige Originalausgabe von Heines Werken. Sie wurde herausgegeben von Adolf Strodtmann in Heines traditionsreichem Verlag Hoffmann & Campe, Hamburg, mit insgesamt 21 Bänden, wovon die drei letzten Briefe enthalten. 1869 und 1884 ist diese Ausgabe durch Supplementbände ergänzt worden, die Heines »Letzte Gedichte und Gedanken« und seine »Memoiren« brachten. Diese erste, von Strodtmann systematisch zusammengestellte Ausgabe der damals bekannten Werke und Briefe Heines greift allerdings sehr freizügig in die vom Autor geschaffene Ordnung seiner Werke ein: durch einen willkürlichen Umgang mit Titeln und durch manche Änderungen und Streichungen innerhalb der Texte selbst.

Erst durch die siebenbändige Heine-Ausgabe von Ernst Elster aus dem Bibliographischen Institut Leipzig und Wien 1887-1890, Neudruck 1893, wurde eine äußerst verdienstvolle und brauchbare wissenschaftliche Edition geschaffen, die als Grundlage für die Heine-Philologie dienen konnte. Elster legte Wert darauf, daß die Sammeltitel, unter denen Heines Gedichte und Schriften ursprünglich erschienen waren und unter denen sie ihre literarische Bedeutung gewonnen hatten (so zum Beispiel der »Salon«), in der alten Einheit beibehalten wurden. Dagegen wählte der Germanist Oskar Walzel in seiner berühmten Heine-Ausgabe des Insel-Verlages von 1910-1920 einen anderen Weg für die Anordnung der Werke. Auch er trennt die dichterischen Werke in gebundener Rede von denen in ungebundener Rede. Er ordnet aber innerhalb beider Werkgruppen nach chronologischem Gesichtspunkt, der dann in der Ausgabe von Fritz Strich 1925-1930 das einzige maßgebliche Kriterium wird. Die Trennung nach Gattungen wird hier nämlich aufgehoben. Alle Werke sind in chronologischer Reihenfolge, in ihrer ursprünglichen Gestalt und in dem Zusammenhang, in dem sie erstmals von Heine veröffentlicht wurden, angeordnet.

Die Zeit des Nationalsozialismus unterbrach in Deutschland die stetige Heine-Forschung aufs Empfindlichste. Heines Namen und Werk waren unopportun, wurden verunglimpft und verboten. Nach dem Zweiten Weltkrieg mußten in beiden deutschen Staaten die Sünden der Vergangenheit wieder gutgemacht und die Lücken ausgefüllt werden. Dabei wurden in den fünfziger Jahren vor allem Leseausgaben herausgebracht, um Heine überhaupt wieder greifbar zu machen. Der DDR kommt auf diesem Gebiet rascher und gründlicher Ausgaben ein besonderes Verdienst zu. Von großer Wirksamkeit für die Heine-Rezeption war in beiden Staaten die Hundertjahrfeier von Heines Tod. Die Geschichte der Heine-Ausgaben verdankt diesem Jahr 1956 die entscheidenden Impulse bis in unsere Tage. Denn unter anderem konnte der handschriftliche Nachlaß des Dichters für das seit 1905/1906 bestehende Düsseldorfer Heine-Archiv erworben werden, wodurch die Voraussetzung für alle historisch-kritische Forschung und für viele neue biographische Ansätze erst geschaffen war. Weiterhin wurde die Weimarer Heine-Säkularausgabe beschlossen. Das Unternehmen sollte anfangs eine Gemeinschaftsarbeit mit westdeutschen

Heine-Spezialisten werden, wie es bei der Schiller-Nationalausgabe immer der Fall gewesen ist. Die Verhandlungen scheiterten allerdings, so daß die Arbeiten an zwei nebeneinander bestehenden Heine-Ausgaben in Weimar und Düsseldorf begonnen wurden. Da mit dem Erscheinen beider wissenschaftlichen Großprojekte nur langfristig zu rechnen war, mußten in West und Ost andere für die Forschung und das Studium brauchbare Ausgaben geschaffen werden. So erschien in den Jahren 1961-1964 die erste vollständige Heine-Ausgabe des Aufbau-Verlages, Berlin und Weimar, in 10 Bänden, herausgegeben vom anerkannten DDR-Germanisten Hans Kaufmann, die weitgehend mit der Ausgabe von Walzel übereinstimmt und in der Bundesrepublik Deutschland sogleich als Taschenbuchausgabe übernommen wurde.

Die eigenen westdeutschen Bemühungen um Heine brachten zwar verspätet, aber seit 1968 doch erheblichen Erfolg. Die politischen Diskussionen über Heine, vor allem über die vom Senat der Universität abgelehnte Benennung der Düsseldorfer Hochschule nach seinem Namen, erweckten besonders unter den Studenten der Bundesrepublik eine wahre Heine-Renaissance, die noch anhält und der sich auch die Massenmedien wie Presse, Rundfunk und Fernsehen wirkungsvoll angenommen haben. Unter den zahlreichen Auswahl- und Gesamtausgaben des Insel-, Winkler-, Beck-, Hanser- und Ullstein Verlages, die seither eine breite Leserschicht erreichen konnten, soll die von Klaus Briegleb herausgegebene sechsbändige Ausgabe im Münchener Hanser-Verlag aus den Jahren 1968-1976, die nach ihrem kompletten Erscheinen sogleich auch als Taschenbuchausgabe auf den Markt gebracht und schließlich von Ullstein übernommen wurde, besonders hervorgehoben werden. Sie verwendet außer den thematischen Gesichtspunkten der Anordnung wiederum den von Fritz Strich eingehaltenen Ordnungsgedanken der Chronologie, so daß die Lyriksammlungen, Tragödien und Epen zwischen die Prosawerke eingeordnet sind. Der Text der Ausgabe stützt sich wiederum auf Walzel. Die Kommentarteile sind informativ und reichhaltig, oft freilich sehr eigenwillig in der Materialzusammenstellung und Interpretation. Das Register der Briegleb-Ausgabe ist neben dem Walzel-Register ein mittlerweile unentbehrliches Hilfsmittel der Forschung. Als Klassikerausgabe hat sie für ein breites Publikum nachhaltige Bedeutung.

Das meiste wissenschaftliche Aufsehen und Interesse verdienen allerdings nach wie vor die beiden großen, im Entstehen begriffenen Heine-Ausgaben in Düsseldorf und Weimar, die beide in Zusammenarbeit mit französischen Gelehrten erstellt werden. Für eine populäre Verbreitung sind sie wegen ihrer Spezialisierung und des enormen Umfangs freilich weniger geeignet. Während sich die Düsseldorfer Historisch-kritische Heine-Ausgabe, die auf 16 Bände berechnet ist, als reine Werkausgabe versteht, bietet die Weimarer Heine-Säkularausgabe mit über 50 Bänden, da Texte und Kommentare prinzipiell getrennt sind, auch Heines Briefe und Lebenszeugnisse. Der mittlerweile abgeschlossene Briefkorpus der Briefe von und an Heine ist eine vielbeachtete Leistung der DDR-Philologie und führt wesentlich über die 6bändige Heine Briefausgabe von Friedrich Hirth hinaus, die 1950-1957 in Mainz erschienen ist (fotomechanischer Nachdruck 1965 in zwei Bänden). Von weitreichender und erst nach und nach zu ermessender Bedeutung ist, daß die Briefe an Heine zum ersten Mal mit eigenem wissenschaftlichen Gewicht und vollständig dargeboten werden. Leider ist trotz aller editorischen Leistung der Kommentar mehr als asketisch. Gerade die Briefe leben ja von Anspielungen und schwer verständlichen Erwähnungen, für die der heutige Leser und wissenschaftliche Benutzer der Erläuterung bedarf. Die Werke Heines werden innerhalb der Weimarer Ausgabe sowohl in ihrer deutschen Fassung wie in den französischen Übersetzungen, die eine eigene Abteilung bilden, abgedruckt. Als Prinzip gilt die historische Treue und Präsentation im historischen Kontext, das heißt: die Texte sollen so dargeboten werden, wie sie den Leser der Heine-Zeit erreicht haben.

Im Unterschied dazu legt die Düsseldorfer Ausgabe den größten Wert auf die Autornähe: die Texte werden so wiederhergestellt, wie Heine sie, wenn nicht Zensureingriffe und Druckereigentümlichkeiten hinzugekommen wären, inhaltlich und orthographisch bei seinen Publikationen gewollt hätte. Sorgfältig werden bei der Düsseldorfer Ausgabe der Lesartenapparat und der Kommentar behandelt. Die Textentstehung wird dadurch bis auf den Ansatz des Gedankens und den ersten Entwurf dokumentiert. Das historische Umfeld, die soziale, politische und literarische Situation von Entstehung und Aufnahme der Heineschen Werke werden mikroskopisch aufgearbeitet und in den Erläuterungen kompendienhaft zusammengefaßt. Daher trifft die Düsseldorfer Ausgabe häufig ein der Weimarer Ausgabe entgegengesetzter Vorwurf, nämlich der zu großer Informationsfülle und der Stoffhuberei; manche Probleme des Kommentars könnten, so sagen die Kritiker nicht ohne Grund, in eigenen Monographien abgehandelt werden, um den Fortgang der Ausgabe zu beschleunigen.

Es sieht ganz so aus, als wenn in Zukunft beide Ausgaben gleichberechtigt nebeneinander benutzt werden. Der Schwerpunkt der Weimarer Ausgabe wird beim Briefkorpus liegen, die Düsseldorfer Ausgabe wird wegen der vollständigen Lesarten und des üppigen Kommentars gefragt sein. Insofern spiegelt jener Dichter, der zu Lebzeiten bereits als der »Zerrissene« deklariert wurde, auch in der gegenwärtigen Rezeption diesen Zustand wider. Heinrich Heine hebt aber zugleich durch die Schönheit seines Werkes und die Modernität seiner Persönlichkeit alle momentane, zeitbedingte Verschiedenheit im überzeugenden Ganzen seines Lebens, Schaffens und seiner Nachwirkung auf. Heine hat als Autor Zukunft, und somit ist auch die Geschichte seiner Werkausgaben noch längst nicht an ein Ende gelangt.

Anhang

Die Beiträge von »Denk ich an Heine« stellen mit wenigen Ausnahmen überarbeitete Fassungen von zumeist entlegeneren oder nicht auf deutsch erschienenen Veröffentlichungen des Verfassers dar. Soweit Anmerkungsteile und Literaturhinweise vorhanden waren, wurden sie der besseren Lesbarkeit wegen hier weggelassen. Weiterführende Quellen und Verweise sind aber jederzeit verifizierbar (vgl. die unten folgenden Angaben).

Die Heine-Bibliographien von Gottfried Wilhelm und Eberhard Galley sowie von Siegfried Seifert, weiterhin die jährliche Fortschreibung im Heine-Jahrbuch sind die Voraussetzung für jede Beschäftigung mit Heine.

Die Heine-Ausgabe von Klaus Briegleb, dann natürlich die großen Düsseldorfer und Weimarer Heine-Ausgaben bilden mittlerweile die geläufigste Textgrundlage für Werke und Briefe von und an Heine (vgl. Langsamer Wettlauf: Deutsche Heine-Ausgaben). – Auch hier wird für Heines Werke die Ausgabe von Briegleb, für die Briefe von und an Heine die Weimarer Ausgabe benutzt.

Die »Gespräche« von H. H. Houben wurden durch Michael Werner weitergeführt: Begegnungen mit Heine. Berichte der Zeitgenossen. 2 Bände. Hamburg: Hoffmann und Campe Verlag 1973.

Eine kleine übersichtliche Ausgabe aus der geradezu unübersehbaren Heine-Literatur findet sich in meinem Band: Heinrich Heine. Leben und Werk in Daten und Bildern. Frankfurt: Insel Verlag 1983 (it 615), S. 313-317. Auf die seither erschienene große Heine-Biographie von Wolfgang Hädecke (München: Hanser Verlag 1985) sei ebenfalls verwiesen.

Generell sind für jeden, der sich mit Heine beschäftigen will, das Heine-Jahrbuch (seit 1962) und die Heine-Studien (seit 1971), beide im Hoffmann und Campe Verlag, Hamburg, von Nutzen.

Für die einzelnen, hier allerdings meist neu überschriebenen Beiträge gelten folgende »Fundorte«:

Heines Großmütter Heinrich Heine. Dokumentation der Veranstaltungen zum 125. Todestag am 17. Februar 1981 in Düsseldorf. Hrsg. vom Kulturamt in Verbindung mit dem Heinrich-Heine-Institut. Düsseldorf 1981, S. 24-27.

Hofmedikus Joseph van Geldern Düsseldorfer Jahrbuch 56, 1978, S. 122-127.

Neujahrs-Kusinen Heine-Studien, hrsg. von Kenzo und Kazuko Suzuki. Bd. III, Tokio 1980, S. 94-102 (japanisch), S. 390 f. (deutsche Zusammenfassung).

»Zufällig dort geboren«. Düsseldorf Börsenblatt für den Deutschen Buchhandel – Frankfurter Ausgabe – Nr. 77, vom 27. September 1977. Aus dem Antiquariat A 334-344.

»In den dumpfen Bogengängen des Franziskanerklosters«. Schulzeit Das Tor. Düsseldorfer Heimatblätter. 41. Jahrgang, Heft 4 und 5, April und Mai 1975, S. 70-72 und S. 90-92.

Heine in Düsseldorf. Variationen 1. Heine Stätten Marginalien. Zur deutschen Literatur und Politik 1830-1890. Bd. 1. Mit einer umfangreichen Heinrich-Heine-Sammlung. Antiquariat Gunnar Kaldewey Düsseldorf. Katalog 52, Juni 1979, S. 5-10. 2. *Heine Monument* Das Düsseldorfer Heine-Monument. Hrsg. vom Presseamt der Landeshauptstadt Düsseldorf. Düsseldorf 1981 (2. aktualisierte Auflage), S. 7-9.

»Die Qual dieser armen Schwäne«. Hamburg: Realität und Fiktion Annali – Studi tedeschi. Istituto Orientale di Napoli. XX, 1, Januar-April 1977, S. 131-154.

»Residenz der Langeweile«. Lüneburg Lüneburger Blätter 21/22, 1970/71, S. 21-47 (dann in vorliegender neuer Form als Broschüre des Stadtarchivs Lüneburg, Lüneburg 1985).

»In meiner Brust ward es plötzlich so heiß«. Goslar unveröffentlicht.

»Auf der Spitze der Welt«. Paris Das Tor. Düsseldorfer Heimatblätter. 41. Jahrgang, Heft 10, Oktober 1975, S. 195 f.

Heines Popularität und seine populären Texte Wirkendes Wort 4/1983, S. 215-223.

»Ich selber bin Volk«. Heines Darstellung »Zur Geschichte der Religion und Philosophie in Deutschland« Düsseldorf. Das Magazin für Gäste und Freunde der Landeshauptstadt Düsseldorf. 3/1978, S. 13 f.

»Ein Abkömmling jener Märtyrer«. Heine, die Juden und das Judentum Emuna/Israel-Forum. Vereinigte Zeitschriften über Israel und Judentum. Heft Nr. 3 und Nr. 4, 1977, S. 33-35 und S. 21-30.

Heines Kunst der Agonie Westdeutsche Zeitung. Düsseldorfer Nachrichten. Samstag, 14. Februar 1981, Nr. 38 (Das aktuelle Thema).

»Abstecher nach Holland«. Heine und die Niederlande Ausstellungskatalog anläßlich der Niederländischen Kulturtage in Düsseldorf 21. Mai bis 26 Juni 1977. Düsseldorf: Heinrich-Heine-Institut 1977, S. 7-11.

Heinrich Heine, der Deutsche, und die Deutschen Bulletin des Leo Baeck Instituts, 71/1985, S. 3-19.

Langsamer Wettlauf: Deutsche Heine-Ausgaben unveröffentlicht.

Abbildungen

Die Originale der Bildvorlagen befinden sich im Heinrich-Heine-Institut, Düsseldorf.

I. Günter Schöllkopf: »Die vier Lebensalter Heines«. Radierung 1975. Blatt 8 von 25 des Heine-Zyklus von Schöllkopf aus den Jahren 1975/76, Stuttgart.

II. Bert Gerresheim: »Matratzengruft avenue matignon 3«. Skizze, Bleistift 1978.

III. Günter Schöllkopf: »Heine in der Campagna«. Radierung 1975. Blatt 3 von 25 des Heine-Zyklus von Schöllkopf aus den Jahren 1975/76, Stuttgart.

IV. Marianne Gürich: »Heines Matratzengruft«. Pastellzeichnung 1982.

V. Horst Janssen: »Heinrich Heine – nach einem Porträt von François Louis Laynand«. Radierung: Ätzung auf Zink, 30. März 1974.

Fotos: I. und III. Heine-Institut (Waldemar Kühn); II., IV. und V. Walter Klein, Düsseldorf.

Weitere Bücher
von Joseph A. Kruse

Heines Hamburger Zeit
Hoffmann und Campe Verlag Hamburg

Heine in Paris
(Hrsg. mit M. Werner)
Droste Verlag Düsseldorf

Robert Schumann
Universalgeist der Romantik
(Hrsg. mit J. Alf)
Droste Verlag Düsseldorf

Der späte Heine 1848–1856
Literatur – Politik – Religion
(Hrsg. mit W. Gössmann)
Hoffmann und Campe Verlag Hamburg

Heinrich Heine
Leben und Werk in Daten und Bildern
Insel Verlag Frankfurt

Heine und Düsseldorf
Droste Verlag Düsseldorf

Wilhelm Gössmann

Annette von Droste-Hülshoff

Ich und Spiegelbild

Zum Verständnis der Dichterin und ihres Werkes

242 Seiten mit Abbildungen, Linson mit Schutzumschlag

Sie gilt als die bedeutendste deutsche Lyrikerin. Auch ihre Balladen und Erzählungen finden immer neue, immer mehr Leserinnen und Leser. Wilhelm Gössmann, der sich seit seiner Dissertation kontinuierlich zur Droste geäußert hat, sucht in diesem Buch das gesamte Werk der Dichterin in seiner literarischen Aktualität aufzuschlüsseln. Durch die Einbeziehung der biographischen wie auch zeitgeschichtlichen Bedingungen, die Abgrenzung zu einem Dichter wie Heine oder die Verweise auf die Rezeption in der heutigen Frauenliteratur wird das Werk der Droste aus der Isolation herausgelöst und in die historischen wie gegenwärtigen Zusammenhänge gestellt.

Droste Verlag

Studia humaniora
Düsseldorfer Studien zu Mittelalter und Renaissance

Das Ritterbild in Mittelalter und Renaissance

Hrsg. vom Forschungsinstitut für Mittelalter und Renaissance

Studia humaniora. Düsseldorfer Studien zu Mittelalter und Renaissance, Bd. 1
190 Seiten, Paperback

Urban Küsters

Der verschlossene Garten

Hohelied-Auslegung und monastische Lebensform im 12. Jahrhundert

Studia humaniora. Düsseldorfer Studien zu Mittelalter und Renaissance, Bd. 2
352 Seiten, Paperback

Brigitte Kasten

Adalhard von Corbie

Die Biographie eines karolingischen Politikers und Klostervorstehers

Studia humaniora. Düsseldorfer Studien zu Mittelalter und Renaissance, Bd. 3
228 Seiten, Paperback

Edeltraud Werner

Liber Scale Machometi

Die lateinische Fassung des Kitab al mi'radj

Einleitung – Edition – Glossar

Studia humaniora. Düsseldorfer Studien zu Mittelalter und Renaissance, Bd. 4
272 Seiten, Paperback